Leona Rostenberg
und
Madeleine Stern

Zwei Freundinnen, eine Leidenschaft

Unser Leben für seltene Bücher

Aus dem Amerikanischen von
Christian Liedtke

Hoffmann und Campe

Die Originalausgabe erschien 1997 unter dem Titel
»Old Books, Rare Friends. Two Literary Sleuths and Their Shared Passion«
im Verlag Doubleday, New York.

1. Auflage 2004
Copyright © 1997 by Leona Rostenberg und Madeleine Stern
Für die deutschsprachige Ausgabe
Copyright © 2004 by Hoffmann und Campe Verlag, Hamburg
www.hoffmann-und-campe.de
Schutzumschlaggestaltung: Katja Maasböl
Foto: privat
Satz: Dörlemann Satz, Lemförde
Druck und Bindung: Clausen & Bosse, Leck
Printed in Germany
ISBN 3-455-09429-5

HOFFMANN
UND CAMPE

Ein Unternehmen der
GANSKE VERLAGSGRUPPE

❧ Inhalt ❧

Prolog *11*

Anfänge *17*

Plötzlich bist du eine »Miss« *43*

Morningside Heights *74*

Straßburg am Rhein *98*

Glengarry und Bergstock *109*

Ebbe *132*

Doppelte Lehrzeit *145*

Die Maske der Louisa May Alcott *156*

Leona Rostenberg – Seltene Bücher *175*

Bücher nach dem »Blitzkrieg« *205*

Fingerspitzengefühl *223*

ABAA *245*

Unsere zwei Doppelleben *269*

Epilog *294*

Danksagungen *299*

Bibliographie *301*

Für Madeleine

in Liebe und Dankbarkeit

von Leona

Für Leona

in Liebe und Dankbarkeit

von Madeleine

Ein Freund kann mit Fug und Recht
als das Meisterstück der Natur angesehen werden.

RALPH WALDO EMERSON

✑ Prolog ✒

EINES MORGENS IM SEPTEMBER 1995 KLINGELTE in aller Frühe das Telefon. Wir waren noch in unserem Landhäuschen in East Hampton, das wir für den Sommer gemietet hatten, und dachten, dass die Flut von Anrufen doch langsam einmal abebben müsste. Ende August hatte Dinitia Smith für die *New York Times* ein Interview mit uns geführt, und ihr Artikel »Über treue Freundinnen und Alcott-Expertinnen« hatte dazu geführt, dass unser Telefon nicht mehr stillstand. Dinitia Smith hatte ein wundervolles Porträt unserer langen Freundschaft, unserer fünfzigjährigen Partnerschaft als Antiquariatsbuchhändlerinnen sowie unserer Schriften gezeichnet, insbesondere derjenigen, die sich mit dem literarischen Doppelleben der Verfasserin von *Betty und ihre Schwestern* beschäftigten.

»Hier ist der Doubleday-Verlag. Wir haben den Artikel über Sie in der *Times* gelesen und wüssten gern, ob Sie vielleicht ein Buch für uns schreiben würden.«

Wir waren nicht sicher, ob wir wirklich den Namen Doubleday gehört hatten. »Wer spricht dort?«, fragten wir.

»Hier ist Betsy Lerner, Cheflektorin im Verlagshaus Doubleday.«

Etwas weniger verunsichert, aber noch immer ziemlich erstaunt, fragten wir: »Was für ein Buch schwebt Ihnen denn vor?«

Verschiedene Möglichkeiten wurden kurz erörtert, dann schlug Betsy Lerner vor: »Wie wäre es mit einer gemeinsamen Autobiographie? Mir scheint, Sie beide haben eine besondere Geschichte zu erzählen.«

Unsere Reaktion darauf war eine Mischung aus Überraschung, Verunsicherung und Ungläubigkeit. Wir müssten miteinander darüber sprechen und würden uns dann wieder bei ihr melden. Und, ja, wir würden in einigen Wochen in die Stadt zurückkommen. Vielleicht könnte man sich dann treffen.

Zwischen dem Telefonanruf vom September und dem Treffen mit Betsy im Oktober sprachen wir tatsächlich darüber. Nicht ernsthaft, am Anfang – wie könnten wir es auch ernst meinen mit einer gemeinsamen Autobiographie? Während wir auf der Sonnenveranda saßen und zusammen am Strand entlangspazierten, spielten wir die Idee durch. Betsy hatte gesagt, wir hätten »eine besondere Geschichte zu erzählen«. Das stimmte, vor allem, wenn wir uns unsere Freundinnen und Freunde ansahen – alle von ihnen verheiratet, die meisten im Ruhestand; ihre Leben waren anders als unseres. Aber was genau hatte Betsy gemeint? Inwiefern waren wir anders? In welcher Hinsicht hatten wir »eine besondere Geschichte zu erzählen«?

Wenn wir mit dem Anfang anfingen, so gab es dort Besonderheiten: unsere Herkunft. Unsere Eltern waren Deutsch-Amerikaner der zweiten und dritten Generation, wohl situiert, gebildet, voller Bewunderung für Wissen und Gelehrsamkeit, aber alles im rechten Maße. Das Zuhause bot Sicherheit, finanziell wie emotional, und dieses Gefühl der Geborgenheit durchdrang uns bis ins Mark und verlieh uns Stärke. Unsere Eltern nahmen es als selbstverständlich hin, dass wir uns weiterentwickelten, und sie halfen uns dabei, nicht nur durch Grundsätze und Regeln, sondern auch durch ihr Beispiel. Sie waren die Vorbilder unserer Jugend.

Außerdem gehörten wir in religiöser Hinsicht zu einer Minderheit innerhalb einer Minderheit. Wir waren Juden, aber wir stammten von Juden ab, die einen radikalen Weg beschritten hatten. In unseren Gebeten hielten wir uns weniger ans Hebräische als ans Englische, wir mieden die orthodoxe Ernährungsweise, konnten kein Jiddisch und benutzten das *Union Prayer Book* für unsere Lesungen. Ein Orthodoxer konnte zu uns Reformjuden sagen: »Ihr seid ja nicht einmal Juden!«, während ein jüdisches Mitglied der Ethical Culture Society uns als konservativ ansehen konnte. Auch hierin lag also eine Besonderheit.

Wir erhielten diese Besonderheiten aufrecht, indem wir zu Hause wohnen blieben, solange noch ein Elternteil am Leben war. Die meisten unserer Freundinnen und Freunde (wie auch unsere älteren Brüder) verließen die elterlichen vier Wände, sobald sie verheiratet waren oder sich eine eigene Wohnung leisten konnten. Wir beide entschieden uns bewusst dafür, zu Hause zu leben, weil wir dort glücklich waren. Wir waren gern mit unseren Eltern zusammen; wir betrachteten sie als Gefährten, und in dieser engen Bindung an unsere Familien wurden wir genährt und gehätschelt. In gewisser Weise war das fast eine Fortsetzung unserer Kindheit.

Der Prozess unserer Ausbildung, den unsere Eltern angestoßen hatten, setzte sich fort. Nach dem College kam die Universität, zum Teil bedingt durch die landesweite Wirtschaftsdepression, in der viele studierten, weil sie ohnehin keine Arbeit fanden. Der formalen akademischen Ausbildung folgte autodidaktisches Lernen, und autodidaktisches Lernen wurde uns zur Gewohnheit. Wir hörten niemals auf zu studieren. Selbst heute noch, nach fünfzig Jahren im Antiquariatsgeschäft, lernen wir durch jedes Buch, das durch unsere Hände geht, etwas hinzu.

Die Hauptursache für vieles, das unser Leben von anderen unterscheidet, ist natürlich die Tatsache, dass keine von uns beiden geheiratet hat. Es gab Männer in unseren Leben, aber sie blieben stets Randfiguren unseres Daseins. Keine von uns empfand mehr als ein oberflächliches Interesse für sie, niemals fühlten wir uns einem von ihnen nahe genug, um eine dauerhafte Bindung in Erwägung zu ziehen. Daraus folgte, dass wir keine Kinder haben würden, aber wie sagte doch Madys Mutter: »Die Menschen können nicht vermissen, was sie niemals besessen haben«, und das ist wohl richtig.

Der Artikel in der *Times*, der zu dem Anruf von Doubleday geführt hatte, sorgte auch für einige Spekulationen über unser Sexualleben. Einige Leserinnen und Leser zogen daraus den Schluss, dass unsere Beziehung eine lesbische sei. Das war ein Missverständnis. Die »tiefe, tiefe Liebe«, die zwischen uns bestand und besteht und die Dinitia Smith in ihrem letzten Absatz erwähnt, hat nichts mit Sex zu tun.

Louisa Alcott hat einmal geschrieben, dass sie die Feder zum Bräutigam genommen habe. In gewisser Weise waren unsere Bücher auch unsere Kinder. Leona, die von der Vorstellung beherrscht war, dass der Drucker und Verleger eine treibende Kraft der Zivilisation sei, machte das England des siebzehnten Jahrhunderts zu ihrer Domäne und schrieb mehrere bedeutende, in der Fachwelt anerkannte Bücher, in denen sie diese These vertrat. Ihre ursprüngliche Doktorarbeit, in der sie die aktive, schöpferische Rolle des Druckers und Verlegers belegte, war als unzureichend abgelehnt worden, als sie sie in den dreißiger Jahren bei der Columbia University eingereicht hatte. In den siebziger Jahren wurden dann ihre späteren Bücher anstelle dieser Dissertation als Doktorarbeit angenommen. Diese Ablehnung, wie auch deren spätere Aufhebung, sollte den Kurs, den wir beide einschlugen, verändern und sich als eine der produktivsten Ironien des Lebens erweisen.

Madeleine fuhr unterdessen damit fort, das Papier stapelweise zu verbrauchen. Wie so viele Schriftstellerinnen und Schriftsteller begann sie ihre Laufbahn mit einem langatmigen autobiographischen Roman. Später stürzte sie sich dann auf feministische Biographien, beschrieb das Leben von Margaret Fuller, Louisa May Alcott, Mrs. Frank Leslie und gab einen Sammelband mit dem Titel *Wir, die Frauen* heraus. Ihre Reaktion auf die sechziger Jahre führte zu zwei eher abseitigen Publikationen: über einen exzentrischen amerikanischen Sozialreformer des neunzehnten Jahrhunderts und über einen phrenologischen Verlag.

Davor, währenddessen und danach machte Leona die überraschende Entdeckung von Louisa Alcotts Pseudonym und ihrer unter Pseudonym veröffentlichten Sensationsromane. Madeleine spürte diese Romane auf und stellte sie zu einer Serie von Anthologien zusammen.

Wenn Bücher wirklich unsere Kinder sind, dann haben wir große Familien.

Im Grunde besteht der wesentliche Unterschied zwischen uns beiden und den meisten anderen auf der Welt darin, dass wir seit über fünfzig Jahren Partnerinnen in einem ungewöhnlichen, manchmal esoterischen Geschäft sind – dem Handel mit seltenen Büchern. Es ist ein Geschäft, bei dem Wissen Macht bedeutet und detektivische Fähigkeiten oft eine wichtige Rolle spielen. Das elektrisierende Gespür dafür, was an einer Erstausgabe oder einem frühen Druck besonders bemerkenswert ist, wird in unserer Branche als Fingerspitzengefühl* bezeichnet. Wenn Fingerspitzengefühl* sich mit glücklichem

---

* Ausdrücke, die im Original auf Deutsch stehen, werden durch * gekennzeichnet. (Anm. d. Übers.)

Zufall paart, dann öffnet sich für diejenigen, die mit dem Alten und Seltenen handeln, die Pforte zum Paradies. Leona hat diese Faszination während einer langen Lehrzeit kennen gelernt, und Madeleine hat sie von ihr gelernt. Alle beide sind wir seit einem halben Jahrhundert dieser Faszination erlegen und werden ihr auch weiterhin immer wieder aufs Neue erliegen.

In all dieser Zeit hat unsere Freundschaft zueinander uns beide aufrechterhalten. Unsere geschäftliche Partnerschaft ist zugleich eine Lebenspartnerschaft – die Partnerschaft zweier »treuer Freundinnen«, die durch eine »tiefe, tiefe Liebe« verbunden sind.

Unser Verlagsvertrag mit Doubleday verlangt von uns ein Buch, in dem Fingerspitzengefühl* und Detektivarbeit eine Hauptrolle spielen, sowohl im Hinblick auf seltene Bücher als auch bei der Enthüllung von Louisa Alcotts literarischem Doppelleben. Und er verlangt von uns »eine besondere Geschichte«. Elektrisiert von der Jagd, haben wir uns auf die Pirsch nach seltenen Büchern begeben. Mit Sherlock-Holmes-Mütze und Vergrößerungsglas haben wir unsere Entdeckungen gemacht. Bei der Suche nach dem Alten und Seltenen haben wir Verbindungen hergestellt – zwischen Vergangenheit und Gegenwart, zwischen unseren Büchern und uns selbst. Wir waren vereint durch das Jagdfieber und die Freude über unsere Funde. Aber auch noch durch etwas anderes: Wir waren vereint durch unsere Besonderheiten. All das hat Eingang gefunden in die »gemeinsame Autobiographie« zweier Freundinnen, die eine »besondere Geschichte« erlebt haben und noch immer erleben.

Anfänge

LEONA Zurückzukehren in das Reich der eigenen Kindheit erfordert Ehrlichkeit und Selbstdisziplin. Die Zeit hat die Neigung, alles – Ereignisse und Orte, was man geliebt, was man gehasst und was man gefürchtet hat – mit einem rosigen Glanz zu überziehen. Die Jahre, die inzwischen vergangen sind, haben meine Kindheitserinnerungen zu einem Gewebe aus lauter Freude und Liebe ausgeschmückt. Aber natürlich gibt es immer viel mehr als das.

In meiner frühesten Erinnerung bin ich zwei Jahre alt, reiche bis zum untersten Regal des Bücherbords meiner Eltern und höre meine Mutter ausrufen: »Leonchen ist groß genug, um das unterste Bücherregal zu erreichen. Sie hat die Bücher angesehen. Sie wird eines Tages Schriftstellerin werden, das weiß ich genau!« So nahm eine Familienprophezeiung ihren Lauf, die ich erfüllen sollte, hier und im Ausland und zu einer Zeit, in der nur wenige Frauen Forscherinnen auf dem Gebiet der historischen Bücherkunde wurden.

Die Familienfotos, die im selben Jahr aufgenommen wurden, zeigen mich in einem kleinen Sessel sitzend, lachend und glucksend, während ich eine Zeitung in den Händen halte und mit meiner kleinen silbernen Brille die Neuigkeiten des Jahres 1910 »lese«. Mein älterer Bruder, Adolph jun., ist auch fotografiert worden: in einem weißen Matrosenanzug, mit aufmerksamem Blick die Szenerie um sich herum taxierend – den Fotografen in seinem Studio, der sich über seine Kamera beugt, die mit einem großen schwarzen Tuch verhängt ist.

Meine wunderbare Mutter, Louisa, war das erstgeborene Kind eines erfolgreichen Juwelengroßhändlers aus New Orleans, Leon Dreyfus, und dessen Frau Bertha; beide waren Auswanderer aus Deutschland. Als ältestes von sieben Kindern herrschte sie uneingeschränkt über ihre Geschwister und wurde von ihrem Vater verwöhnt. Bezaubert von ihrer dramatischen und deklamatorischen Begabung, überhäufte er sie mit Geschenken und nannte sie seine kleine Sarah Bernhardt. Mit ihrem Charme und ihrer Schönheit zog sie die Männer an, aber aus irgendeinem Grunde gelang es ihr nie, sie an sich zu binden, und im Alter von dreißig Jahren suchte sie verzweifelt einen Ehemann. Endlich, 1902, als sie zweiunddreißig war, fing sie einen deutschen Arzt ein, Adolph Rostenberg, sechs Jahre jünger als sie selbst und ihrem Temperament nicht ganz gewachsen. Durchdrungen von der in Deutschland vorherrschenden Vorstellung von der Überlegenheit des Mannes betrachtete er »Kinder und Küche«* als das einzig geeignete Betätigungsfeld für Frauen. Weihnachten desselben Jahres heirateten sie. Den gesellschaftlichen Ambitionen meiner aristokratischen Mutter zum Trotz ließen sie sich in der Bronx nieder, wo mein Vater eine Praxis für Allgemeinmedizin eröffnet hatte.

Ich kann mich gut an unser großes, düsteres Haus an der Washington Avenue erinnern. Gleich nebenan war ein Pferdestall, dessen unverwechselbaren Geruch ich liebte, obwohl

meine Mutter es niemals unterließ, ein Taschentuch hervor-
zuziehen und sich vor die Nase zu halten, wenn wir Arm in
Arm zu dem großen Einkaufszentrum an der Tremont Avenue
gingen. Ein Ausgleich gegen die Ausdünstungen aus den Stal-
lungen war der Duft eines links von unserem Haus gelegenen
Gartens. Er grenzte an ein kleines Gebäude aus rotem Ziegel-
stein, das die Aufschrift NEW YORK PUBLIC LIBRARY trug.
»Lass uns in die Bibothek gehen!«, lag ich meiner Mutter fast
jeden Tag in den Ohren. »Bibliothek«, verbesserte sie mich.
»Bibothek!«, erwiderte ich.

Einmal dort angekommen, betraten wir einen Saal mit dem
ominösen Schild »Nur für Erwachsene«, wo Miss Graves, die
Bibliotheksleiterin, meine Mutter herzlich begrüßte. »Ich
habe ein neues Buch für Sie zurückgelegt, Frau Doktor.« Vielleicht war es Somerset Maughams jüngster Erfolg *Der Menschen Hörigkeit*. Vielleicht war es das Neueste von Mary Roberts Rinehart. »Möchtest du nicht in die Kinderabteilung
gehen, kleine Leona?«, fragte Miss Graves jedes Mal. Dort
fand ich mich dann umgeben von Regalen voller Bücher, gebunden in leuchtendes Rot, Blau, Grün und Gelb. Eines der
ersten Bücher, auf das ich mich gestürzt habe, enthielt, wenn
ich mich recht entsinne, großformatige Abbildungen der Präsidenten und trug den Titel *Bilderbuch unserer großen Führer*.
»Kann ich dies hier mitnehmen?«, fragte ich meine Mutter.
»Gewiss doch, Liebling.« Stolz marschierte ich mit meiner
Wahl von dannen, noch immer den muffigen, staubigen Geruch von Büchern in der Nase, ein Geruch, der irgendwie
warm, beruhigend und aufregend zugleich war und der mich
für immer begleiten sollte.

Im Erdgeschoss unseres Hauses lagen die Küche und das Esszimmer. Der erste Stock gehörte dem medizinischen Arbeitszimmer meines Vaters – verbotenes Gebiet für die Kinder –, im

zweiten waren das Wohnzimmer und das Elternschlafzimmer untergebracht, wo wir jederzeit willkommen waren. Es war der dritte Stock, bekannt als das Reich der Kinder, wohin ich mein Buch mitnahm und mich zurückzog. Dort wurde mein Bruder, der starke, der tapfere, der wagemutige, der wilde Adolph jun. zum Erzbösewicht meiner Kindheit – mein Bruder, der mich immer und immer wieder zu jedem Kinderstreich aufstachelte, den man sich nur ausdenken konnte. Er war ein starker Kerl für sein Alter (als ich vier war, war er siebeneinhalb), und wenn er nicht in der Schule war, verbrachte er die Zeit meistens damit, das Treppengeländer hinunterzurutschen oder Regenwürmer aus unserem Hinterhof zu besorgen, um mich zu erschrecken. Er verleitete mich dazu, auf Strümpfen einen schneebedeckten Zaun hinaufzuklettern, meinen Finger in kochendes Wasser zu stecken oder ein Formaldehyd-Gebräu zu trinken, das er heimlich im Arbeitszimmer meines Vaters zusammengemixt hatte. Und manchmal spielten wir auch miteinander, rasten im Esszimmer umher, wobei Adolph mutwillig die Stühle umschmiss, bis ihn einmal einer davon am Kopf traf. In dem Augenblick, so erinnere ich mich, schrie ich auf – ein wenig besorgt, vor allem aber schadenfroh. »A. hat ein zweites Loch in seinem Kopf!«, sang ich laut, bis ich das Blut bemerkte, das ihm von der Stirn rann. Vater kam zur Rettung und stillte den Blutstrom. Er starrte Adolph an, dann ging er in die Luft. »Du wilder Junge, du!«*, rief er und stapfte aus dem Zimmer.

So wuchsen wir auf, in dem Haus an der Washington Avenue, wo meine Vergnügungen meistens drinnen stattfanden. Meine Mutter erlaubte mir nicht, mit den Nachbarskindern zu spielen. Die meisten von ihnen waren Italiener, ihre Eltern waren Einwanderer, und nach den Worten meiner Mutter taten sie nichts anderes, als zu rauchen, sich zu prügeln und auf der Straße Karten zu spielen. Ihrem Überlegenheitsdünkel als

Deutsche, den sie ererbt hatte, hatte meine Mutter noch einen eigenen Hauch Snobismus beigefügt. Ihre Vorurteile gründeten auf dem Glauben, dass sie von besserer ethnischer Herkunft sei als andere.

Mein Vater, ein äußerst musikalischer Gentleman, erwarb 1915 ein Pianola. An manch einem Sonntag wurde die Familie – die Schwestern und Brüder meiner Mutter und deren Nachkommenschaft – zusammengerufen, um einem Konzert meines Vaters beizuwohnen. In der Vorstellung, er sei die Zweitbesetzung für Paderewski[1], trug er einen Cutaway, gestreifte Hosen, Stehkragen und ein Plastron mit einer perlenbesetzten Anstecknadel, setzte sich feierlich ans Pianola und »spielte« die Mondscheinsonate oder einen Chopin-Walzer. Die Kinder, die steif in gestärkten weißen Kleidern oder im Anzug dasaßen, durften keinen Mucks von sich geben. Wir waren gezwungen zuzuhören, wie Daddy mit theatralischen Bewegungen die Hebel des Pianolas justierte und die Pedale betätigte. Am Ende applaudierten die Erwachsenen und beglückwünschten den Künstler. Die Kinder rannten aus dem Zimmer und reagierten ihre aufgestauten Energien bei einer Kissenschlacht ab. Gewöhnlich montags, wenn Daddy die Walze im Pianola gelassen hatte, spielte Adolph jun. sie rückwärts, drückte mit dem Fuß das Pedal und wartete auf das »Klack, Klack, Klack« des Finales, wenn die Walze sich aufrollte. Nicht selten kam genau in dem Augenblick mein Vater herein, zog seinen Erstgeborenen am Ohr und versetzte ihm prompt eine Backpfeife auf die linke Wange. Sein geliebtes Leonchen schlug er natürlich niemals.

---

[1] Ignacy Jan Paderewski (1860–1941), polnischer Pianist, Komponist und Politiker. (Anm. d. Übers.)

An anderen Sonntagen kletterten wir alle zusammen mit dem Bruder meiner Mutter, Max, seiner Frau Amy und ihrer Tochter Marion, die zwei Jahre jünger war als ich, in Daddys Ford, um einen Besuch bei der Familie meiner Mutter im weit entfernten Ridgewood, New Jersey, zu machen. Unsere Mütter befahlen Marion und mir simultan, uns zu setzen, und strichen unsere gestärkten weißen Röcke glatt, um jede nur mögliche Falte zu vermeiden. Während unsere Mütter und wir beide in den Rücksitz gequetscht wurden, wurde Adolph jun. auf einem kleinen Klappstuhl platziert, der die ganze Zeit hin und her rutschte. Das Auto setzte mit der Fähre über den großen Hudson River – wohl eines der aufregendsten Ereignisse meiner Kindheit. An Bord war jedes Mal ein italienischer Sänger mit einem kleinen Affen auf seiner Schulter, der ein kurzes rotes Samtjäckchen anhatte und einen schief sitzenden Pagenhut trug. Während sein Herr und Meister an den vielen Autos vorbeiging, hielt der Affe ein Tamburin hin, in das Pennys hineingeworfen wurden. Wenn wir das gefährliche Ufer von Jersey erreicht hatten, wurde Daddys Ford unweigerlich von einem Plattfuß ereilt. Unter Verwünschungen meines Vaters gegen die verdammte* Familie seiner Frau und den gesamten Staat New Jersey wurde eine Handpumpe hervorgeholt, um den Reifen aufzupumpen. Wenn wir dann endlich Ridgewood erreicht hatten, wurden wir immer mit Liebe, gutem Essen, Platz zum Spazierengehen und Gärten zum Spielen empfangen.

Drinnen versammelten sich meine Großmutter, meine Eltern, meine Tanten und Onkel, um Whist zu spielen. Meine Mutter, geschmückt mit einem viel bewunderten neuen Kleid, führte immer Buch über den Spielstand. Ihr Kleid war von der Schneiderin meiner Mutter, Mary Walsh Conroy, gefertigt worden. In jenen Tagen, als Kleidung noch nicht in Massen-

produktion hergestellt wurde, gab es ein ganzes Heer von Nä-
herinnen, die Hausbesuche machten. Mary Conroy war eine
der prägenden Perönlichkeiten meiner frühen Kindheit. Jeder
dritte Freitag im Monat stand im Zeichen ihres Besuches.
Miss Conroy war eine große, massige Frau mit einem weiß
gepuderten Gesicht. Ihr Busen steckte in einer eng anliegen-
den rosa Baumwollbluse; ihr plumper Faltenrock wäre keine
Empfehlung für das Atelier Coco Chanels gewesen. Miss
Conroy kam vor dem Mittagessen und blieb dann für den Rest
des Tages; sie arbeitete nach Butterick-Schnittmustern, die
meine Mutter nach eigenen Vorstellungen abgewandelt hatte.
Sie entwarf auch meine Kleider, die ich durch und durch verabscheute, zog ich doch die prunkvoll verzierten Gingan-Stü-
cke vor, die in Geschäften wie Hearn's oder Adams Flanigan
hingen.

»Tillgetanden!«, befahl Miss Conroy mit Stecknadeln zwischen den Lippen, die aussahen wie bewaffnete Posten, die
vor ihrem Mund Wache standen. »Still gestanden«, übersetzte
meine Mutter, »damit Conroy deinen Saum abstecken kann.«
Geschickt zog Conroy Nadel für Nadel aus ihrem Mund und
steckte sie in meinen Rock.

Durch Conroy lernte ich, was »katholisch« bedeutet, denn
einmal fragte ich meine Mutter, warum es immer Fisch zum
Essen gab, wenn Conroy zu uns kam. »Miss Conroy ist katholisch, Liebling«, erklärte meine Mutter, »und wir richten uns
nach den Regeln ihres Glaubens.« – »Aber wir essen doch
auch Fisch, und wir sind Juden!«

Conroy beherrschte die Konversation bei Tisch und ließ
sich ausführlich über die Großtaten ihrer Familie aus, insbesondere ihres Bruders James Michael, eines Polizisten, der im
nahe gelegenen Revier Bathgate stationiert war. »Haben Sie
schon gehört, dass Jim zwei italienische Kerle geschnappt hat,

die Orangen von einem Hausierer geklaut haben?« Und mit ihrer speziellen Sorte von Vorurteilen fügte sie hinzu: »Wir sollten die Einwanderung von Italienern verbieten.« Ehrlich gesagt, interessierte ich mich mehr für die beiden Töchter von Bruder Jim, die Zwillinge Jeanne Frances und Margaret Cecile. »Man würde nie darauf kommen, dass die beiden Mädchen Zwillinge sind. Margaret Cecile hat die schönsten langen blonden Locken«, erklärte Conroy und blickte mitleidig auf mein glattes braunes Haar, »Jeanne Frances hat herrliches schwarzes Haar und singt wie ein Engel.« Ich erinnere mich an einen Besuch, bei dem Conroy am Mittagstisch so stark husten musste, dass sie beinahe erstickt wäre. Mit derselben Geschicklichkeit, mit der sie auch die Stecknadeln herausholte, entfernte sie eine Gräte aus ihrem Mund, und als ob nichts geschehen wäre, nahm sie sich umgehend eine große Portion Apfelkuchen und bemerkte: »Meine Schwägerin Maureen verwendet ja Flako-Kruste für ihre Zitronenbaisers.« In dem Moment entschuldigte sich mein Vater, leicht rot im Gesicht. »Ich glaube, in der Praxis warten einige Patienten auf mich«, obwohl die Klingel seiner Praxis gar nicht geläutet hatte.

Nachdem er sich verabschiedet hatte, holte Adolph jun. sein kleines Haustier, Jonathan, eine Schildkröte, aus einer Streichholzschachtel heraus und setzte sie auf das Tischtuch. Miss Conroy schnappte nach Luft. Jonathan bewegte sich kaum und zog sich sogleich in seinen Panzer zurück. Auch er war überwältigt von der Couturière meiner Mutter. Dann griff Mutter ein: »Adolphchen, nimm dieses Tier vom Tisch und mach dich für die Schule fertig, junger Mann. Und denk daran, deine Schwester an die Hand zu nehmen.«

Sobald wir außerhalb des Hauses waren, zog Adolphchen – von seinen Schulfreunden wegen seiner flammend roten

Haare Rusty genannt – seine Rollschuhe an, warf seine Bücher, die von einem roten Lederriemen zusammengehalten wurden, in meine Richtung – »Hier, kleine Krabbe, trag das!« – und flitzte davon. Ich trottete langsam hinterdrein. Als ich die Schule erreicht hatte, war Rusty bereits in eine Prügelei mit seinem ehemaligen Freund Shorty Williams verwickelt.

Adolph jun. nahm mich niemals an die Hand, half mir niemals über die Straße. An der großen Kreuzung an der Webster Avenue rannte er voraus, nach einem seiner vielen Freunde Ausschau haltend. Und so kam es, dass der brüderliche Schutz, den meine Mutter sich für mich erträumte, niemals Wirklichkeit wurde.

Als wir älter wurden, bemerkte ich, wie meine Eltern sich miteinander berieten und sich immer mehr darauf freuten, dass sie endlich ihr eigenes Haus besitzen würden. Eines Tages sagte meine Mutter: »Liebling, ich zeige dir unser neues Zuhause. Es ist wie ein Palast.« Und so gingen wir von unserem Mietshaus über die Tremont Avenue, den Hügel hinauf zum Grand Concourse. Einen Block westlich vom Concourse zeigte mir meine Mutter das neue Haus. Ich hatte mit einem Palast wie dem König Arthurs gerechnet, hatte Mauern mit Zinnen und einen hohen Turm erwartet. Ich wandte mich zu ihr hin und bemerkte: »Oh, wie du immer übertreibst.«

Es war aber tatsächlich ein wundervolles Haus mit vierzehn Zimmern, Veranda und Balkon, und ich hatte einen großen Raum ganz für mich allein, während Adolph jun. mit seinen Tieren und seinem Chemiebaukasten auf der anderen Seite des Flurs residierte. Erstaunlicherweise war das unsere eines von nur drei Häusern in der ganzen Straße. Jenseits von ihr lagen Felder, und wenn ich zur Schule ging, warnte meine Mutter mich: »Ich will nicht, dass du durch die Felder zur Schule gehst. Bleib lieber auf dem Concourse.« In jenen längst vergangenen Tagen hatte die Bronx sich noch nicht entwickelt. Sie war ein Viertel mit Eigenheimen, Gärten und Feldern, eine friedvolle Gemeinde. Aber schon damals fürchtete meine Mutter, dass in den Feldern ein Entführer oder vielleicht ein Vergewaltiger lauern könnte. Ich spürte ihre Besorgnis und gehorchte.

1918 wurde durch die gellenden Ausrufe der Zeitungsjungen mit ihrem »Extrablatt! Extrablatt!« endlich der Frieden verkündet. Unser Hausmädchen, Honora Elliot Macdonald, begrüßte das Ende des Ersten Weltkrieges mit ihrem Siegesruf: »Jetzt töten wir den Kaiser!« Honora hatte ein besonderes Merkmal – sie hatte sechs Zehen an ihrem rechten Fuß. Als ich einmal Trost bei Honora suchte, weil ich mir einen Zeh gestoßen hatte, vertraute sie mir an: »Denk doch nur, Liebes, für mich wäre das noch viel schlimmer gewesen. Ich habe nämlich sechs Zehen.« Ich vergaß meine Schmerzen und fragte: »Kann ich mal sehen?« Als ich sie am selben Abend in ihrem Zimmer besuchte, führte sie mir ihre Zusatzzehe vor. Ich sah ganz genau hin, fasziniert und abgestoßen zugleich. Ich habe nicht noch einmal darum gebeten, sie sehen zu dürfen.

Als Kind in der Volksschule 28 war ich von einer überwältigenden Vaterlandsliebe erfüllt. Bei Versammlungen sangen wir »My Country 'Tis of Thee« und »Hail Columbia«, zum Schluss »The Star-Spangled Banner«. Jeden Tag leisteten wir den Treueeid auf die Fahne der Vereinigten Staaten und die Republik, für die sie steht. Die Wände der Schule waren geschmückt mit Porträts unserer erhabenen Präsidenten – Washingtons, Lincolns und des Amtsinhabers, Warren Gamaliel Harding.

1921, als ich zwölf Jahre alt war, verbrachten wir den Sommer in Jackson, New Hampshire, und dort trug sich eines der größten Ereignisse meiner Kindheit zu. Ein Hotelgast hatte meine Mutter und meine Tante davon unterrichtet, dass der Präsident der Vereinigten Staaten das nahe gelegene Crawford Notch besuchen würde, und erklärt, dass er gern bereit wäre, die Kinder dorthin zu fahren, damit sie ihren glorreichen Führer sehen könnten. Meine Kusine Marion und ich wurden für diese Ehre auserwählt, und so sahen wir den Führer der Vereinigten Staaten, Präsident Harding, wirklich und wahrhaftig auf einer Rednertribüne stehen.

Der Präsident lächelte uns wohlwollend zu, als wir unsere Kameras auf ihn richteten. Wie gewöhnlich hielt ich dabei meine Hand vor die Linse, und das veranlasste Mr. Harding dazu, vom Podest herabzusteigen und zu mir zu sagen: »Kleines Mädchen, so kann man kein Foto machen. Du musst deine Hand von der Linse wegnehmen.« Ich war in Ekstase. Der Präsident der Vereinigten Staaten hatte mich persönlich angesprochen. Unterdessen filmte Fox' Tönende Wochenschau die schöne Szene, wie der große Mr. Harding einem kleinen Mädchen half. Jetzt empfand ich eine tiefe persönliche Verbundenheit mit dem Präsidenten und blieb in seinem Schlepptau, als er auf den Golfplatz zuschlenderte. Prompt schritt ein Sicherheitsbeamter ein. »Kleines Mädchen, du kannst dem Präsidenten nicht auf den Golfplatz folgen.« »Aber ich bin eine enge Freundin des Präsidenten«, erwiderte ich mit der Abgeklärtheit meiner zwölf Jahre. Vergeblich. Unsere tiefe persönliche Verbundenheit hatte ein jähes Ende gefunden.

Dennoch war meine patriotische Inbrunst gründlich erregt worden, und ich konnte es kaum erwarten, meiner Mutter von dem Ereignis zu berichten. »Ich habe den Präsidenten gesehen, und ich bin im Film!«, rief ich. Sofort überbrachte meine Mutter, beinahe ebenso begeistert wie ich, meinem Vater die Neuigkeit per Telefon. Als Folge davon verbrachte er drei Abende hintereinander in einem heißen Kino ohne Klimaanlage, in der Hoffnung, sein jüngstes Kind in den Menschenmassen zu erblicken. Schließlich wurde er belohnt und sah, wie der gutmütige Mr. Harding die kleine Leona in die Kunst der Fotografie einwies. Es spielte überhaupt keine Rolle für ihn, dass Fox' Tönende Wochenschau die kleine Leona mit dem Rücken zur Kamera gefilmt hatte.

Den darauf folgenden Sommer verbrachten wir im Ausland. Mein Vater war uns vorausgereist, um an der Medizinischen Fakultät der Universität Berlin an Kursen in Dermatologie teilzunehmen. Meine Erinnerungen an diese Reise bestehen aus vielen Kirchen, ein paar Museen und olfaktorischen Wahrnehmungen. Als Kind der Prohibition war ich nicht an den durchdringenden Geruch von Bier und Spirituosen gewöhnt, der in ganz Deutschland in der Luft lag. Als ich nach Hause zurückkehrte und nach meinen Eindrücken von Europa gefragt wurde, antwortete ich: »Es riecht einfach anders.« Die Leute interessierten sich für meine Beobachtungen, denn Auslandsreisen waren etwas Ungewöhnliches für eine Familie aus der Mittelschicht. Allerdings reisten wir an Bord des Hamburg-Amerika-Liners *Resolute* erster Klasse – vermutlich eine Extravaganz, aber ich kann mir einfach nicht vorstellen, dass meine liebe aristokratische Mutter jemals anders auf Reisen gegangen wäre.

Der nächste Sommer hielt eine ganz andere Herausforderung bereit. Ich war inzwischen vierzehn und sehr klein, sehr schüchtern und nach innen gewandt, versunken in meine Bücher und literarischen Versuche. Nachdem ich »Evangeline« und »Miles Standish« gelesen hatte, schrieb ich ein langatmiges Epos mit dem Titel »Peter van Dennsler«, zum größten Teil abgekupfert von Mr. Henry Wadsworth Longfellow. Um dieselbe Zeit schenkten meine Eltern mir zum Geburtstag Louisa Alcotts *Betty und ihre Schwestern* mitsamt Fortsetzungen, jedes Buch in braunes Leinen gebunden. Ich verschlang die Romane einen nach dem anderen, auch wenn ich im Anschluss daran kein Epos verfasste. Ich hatte wenige Freunde außerhalb meiner Bücher. Besorgt wegen meiner außerordentlichen Schüchternheit, nahm meine Mutter das Heft in die Hand und beschloss, mich ins Ferienlager zu schicken, wo ich mich notgedrungen unter meine Altersgenossen mischen würde. Für mich sollte das eine Frage von Schwimmen oder Untergehen sein.

Das Ferienlager, das sie aussuchte, war vor allen Dingen eines, das ihren eigenen gesellschaftlichen Ambitionen entsprach. Ich war dort das einzige Kind aus der Bronx, das einzige Kind, das nicht auf eine Privatschule ging, und das einzige Kind, dessen Kleidung nicht vom Inbegriff der Kindermode, De Pinna, stammte. Zu jener Zeit hatte ich keine Ahnung, ob De Pinna ein Staatsmann, ein seltenes afrikanisches Tier oder ein weit entferntes Land war. Ich wusste nur, dass ich nie davon gehört hatte, was auch immer es war, und ich saß in der Klemme. Ich war schlicht ein Fremdkörper in einem Lager voll versnobter Kinder, die allesamt aus Manhattan kamen und jede Bewegung ihrer Mütter nachäfften. Trotz alledem sicherte mein Status als komischer Vogel mir eine gewisse Prominenz, und zu meiner großen Überraschung fand ich mich unter den Beliebten wieder. Sie nannten mich Peanut und wählten mich zum Maskottchen der »Brown«-Mannschaft. Ich wusste nicht besonders viel über Basketball, behauptete aber selbstbewusst, ich würde auf der Außenposition spielen. Verstöße gegen die Spielregeln wurden mir stets bereitwillig verziehen. Als der Sommer verging, bemerkte ich, dass ich viele Freundinnen und Freunde hatte, und meine Schüchternheit war verflogen. Die drei Jahre, in denen ich die Sommerferien in Camp Kearsage am Sebago-See im Staat Maine verbrachte, sollten sich für mich als gute Vorbereitung auf das turbulente High-School-Leben in der Bronx erweisen.

MADELEINE   Für mich begann das Leben in einem siebenstöckigen Wohnhaus an der Ecke Lenox Avenue und 126. Straße in Harlem, gegenüber der Pension von Mrs. Hempel. An einem heißen Sommertag des Jahres 1912 wurde ich dort – wahrscheinlich auf dem Küchentisch – geboren. Meine Eltern hatten bereits einen Sohn, damals fast zehn Jahre alt. Meine Mutter war vor einer zweiten Schwangerschaft gewarnt worden und stand zweifellos einige Ängste aus, als sie im Alter von vierzig Jahren erfuhr, dass sie noch einmal schwanger war. Obwohl ich gewiss nicht geplant war, war ich herzlich willkommen – ein kleines Mädchen, und dazu nach langer Zeit das erste in der ganzen Familie.

Ich habe nie aufgehört, mich willkommen zu fühlen. Im Grunde kam ich mir sogar vor wie der Dreh- und Angelpunkt, der eigentliche Daseinsgrund des Harlemer Quartetts. Ich kam mir natürlich weitaus wichtiger vor, als ich war, aber gerade das machte die besondere Wärme meiner ersten Dekade aus. Es gab immer eine liebende Mutter, die mich erwartete, wenn ich nach Hause kam, immer einen liebenden Vater, der mich in seinen Armen herumwirbelte, wenn er aus seiner Spirituosengroßhandlung zurückkehrte und mir auf der Straße entgegenkam. Mein Bruder, Leonhard, war lieb und sanft auf eine leichtherzige Art und Weise. Er war mir fern – im Grunde eine andere Generation – und entfernte sich im Verlauf der Jahre immer mehr.

Mein Vater, Moses R. Stern, war ein Sohn deutsch-jüdischer Emigranten. Sie waren, wie die Eltern meiner Mutter, zu

Beginn der 1850er Jahre ausgewandert, mit dem Strom deutscher Juden, die nach dem Scheitern der europäischen Revolutionen von 1848 ihr Heimatland verließen. Sie suchten die Freiheit und wirtschaftliche Sicherheit, die sie, wie sie fühlten, verloren hatten. Die Eltern meines Vaters ließen sich in Hartford, Connecticut, nieder, während die Eltern meiner Mutter nach Cincinnati, Ohio gingen, beides Städte mit einer ansehnlichen deutsch-jüdischen Bevölkerung.

Die Familie meines Vaters blieb in Hartford, und mein Vater blieb ein Yankee, selbst nachdem er New Yorker geworden war. Niemals verlor er seinen Yankee-Akzent oder Yankee-Humor. Er war etwa zehn Jahre älter als meine Mutter – um die fünfzig – und kam mir alt vor im Vergleich zu den Eltern meiner Freundinnen. Aber er verstand Kinder und wusste mit ihnen umzugehen. Sonntagsmorgens nahm er mich mit zum Schlittenfahren oder zum See im Central Park zum Schlittschuhlaufen, das er mir beibrachte, oder ins Naturkundemuseum. Später brachte er mich auch zur Sonntagsschule, obwohl er selbst, soweit ich weiß, niemals zum Gottesdienst ging. Er war gläubig, vor allem, was das Leben nach dem Tod betraf, aber er war nie ein Jude strenger Observanz. Er hatte Freude an mir, so wie ich Freude an ihm hatte.

Mein Vater lernte meine Mutter, Lillie Mack, 1901 auf einer Bowlingbahn kennen – Bowling war damals, genau wie Radfahren, ein beliebtes Freizeitvergnügen für Männer und Frauen –, und sie heirateten 1902. Meine Mutter war eine Frau von besonderer Weisheit und Güte. Sie war Absolventin des Normal College – später umbenannt in Hunter College –, und solange sie lebte, sollte sie die Prüferin und scharfsinnige Kritikerin von allem sein, was ich schrieb. Sie konnte außerdem den besten Apfelkuchen in ganz Amerika backen, und noch dazu fast ohne jede Anstrengung. Sie war ein Zwilling, und ihre Familie, mit Namen Mack, zog nach New York um, als sie sechs Monate alt war. Es wird erzählt, dass meine Großmutter zu dem Entschluss gekommen war, sie wolle lieber ein Laternenpfahl in New York als Bürgermeisterin in Cincinnati sein (eine Ansicht, die ich von Herzen teile). Die Familien meines Vaters und meiner Mutter waren beide gut situiert, aber nicht reich, und hatten vieles gemeinsam.

Nach ihrer Hochzeit ließen sich meine Eltern in der Nähe meiner Großmutter mütterlicherseits in Harlem nieder, einer Gegend, die ich oft zusammen mit meinem Vater erkunden sollte. Nach dem Abendessen nahm er mich mit zu einem Spaziergang auf dem glitzernden Boulevard, der die 125. Straße damals war. Dort flanierten wir an den hell erleuchteten Geschäften vorbei, blieben stehen, um einem Glasbläser bei der Arbeit zuzusehen oder das große Alhambra Theatre zu betrachten, wo Vaudeville-Aufführungen stattfanden; manchmal kaufte er mir bei Loft's eine Tüte »Plantations« – zähe, mit Schokolade überzogene Bonbons aus Sirup. Harlem, dessen Niedergang damals noch nicht begonnen hatte, war zuerst das Gartenviertel Manhattans gewesen. Seine Sandsteinhäuser, alle mit gut gepflegten Gärten, reihten sich an ruhigen Straßen aneinander, in denen bei Einbruch der Dämmerung die Laternen von Laternenanzündern angesteckt wurden. Die Geschäftsleute in der Nachbarschaft kannten ihre Kunden mit Namen. Das Viertel schien wie geschaffen für Familien, Grün und Gelassenheit. Das einzige Apartmenthaus war das, in dem wir wohnten, 101 West 126. Straße, Ecke Lenox Avenue.

In derselben Straße, im Haus Nummer 133, wohnte meine Großmutter, eine sehr alte Dame, die an einem langwierigen, mysteriösen Gebrechen litt und immer Schwarz trug. Ihr Leiden, so vermutete ich, hatte begonnen, als ihr geliebter

Mann – mein Großvater – starb, und es äußerte sich in der Verweigerung von Nahrung und Schlaflosigkeit. Sie lebte zusammen mit einem unverheirateten Sohn (dem Zwillingsbruder meiner Mutter) und einer unverheirateten Tochter, was für die beiden eine harte Prüfung gewesen sein muss. Vor mir zog sie sich immer vollkommen zurück. Die meiste Zeit beachtete ich sie kaum und rannte immer in ihren Hinterhof, wo ich so hoch schaukelte, wie ich konnte. Einmal versteckte ich mich mit kindlicher Boshaftigkeit in einem Schrank und sprang sie plötzlich an, aber selbst da zeigte sie nur leichte Verwunderung. Sie starb, als ich fünf war, und an dem Tag sagte meine Mutter zu mir: »Nur heute möchte ich, dass du ausnahmsweise versuchst, still zu sein.« Meine gefühllose Antwort war: »Müssen all die anderen Kinder in der Straße heute auch still sein?«

Mit meiner Tante Clara, der Frau des älteren Bruders meiner Mutter, Will, war es etwas ganz anderes. Sie war eine stämmige, gemütliche Frau, eine wunderbare Zuhörerin und das beste Publikum, das ich je hatte. Als ich klein war, musste sich meine Mutter einer Operation im Roosevelt Hospital unterziehen, und während dieser Zeit wohnte ich bei meiner Tante und meinem Onkel, die in der Nachbarschaft lebten. Es war eine verzauberte Zeit für mich. Dazu gehörte auch die Feier meines sechsten Geburtstages, die so mit Aufregungen und Geschenken angefüllt war, dass ich am Ende dieses herrlichen Tages nur sagen konnte: »Wie soll ich nur morgen überstehen, wenn dieser Tag vorbei ist?«

Eines der Geschenke, von der Kusine meiner Mutter, war, was ich meine Schatzkiste nannte. Das war eine braune Schatulle, die in Dutzende von Fächern unterteilt war, und in jedem von ihnen fand sich eine Auswahl an Schreibutensilien. Es gab Büroklammern, Kärtchen und Schlüsselringe, es gab

Etiketten, Gummibänder und Schreibfedern, es gab alles, wovon eine Schriftstellerin träumen konnte, und vielleicht sah ich mich damals sogar schon als Schriftstellerin. Ich besaß diese Schatulle viele Jahre lang und hielt sie in Ehren.

Eines Tages während meiner »Ferien« bei Tante Clara nahm mich mein Vater mit, um meine Mutter im Krankenhaus zu besuchen. Sie erschien mir sehr hoch oben in ihrem Bett, so hoch, dass es mir vorkam, als wäre sie bis zur Zimmerdecke emporgehoben. Sie blickte mit einem liebevollen Lächeln auf mich herab, aber sie wirkte sehr weit entfernt, und für einen Moment fürchtete ich mich. Dann sollte ich zu ihrer Unterhaltung ein Gedicht aufsagen, und ohne den vor einer solchen Rezitation üblichen Knicks stellte ich mich an ihr Bett und deklamierte eine komische Ballade, die ich auswendig gelernt hatte, mit dem Titel »Epaminondas«. Jahre später sollte ich erfahren, dass Epaminondas ein thebanischer General gewesen war, doch in meinem Gedicht war von keinem thebanischen General die Rede. Mein Epaminondas war ein kleiner Junge, der alle möglichen komischen Abenteuer erlebte. Ich brachte meine Mutter nicht zum Lachen, sie lächelte nur schwach. Und mein Vater grinste.

Ich liebte meine Tante Clara, und ich liebte meine Unabhängigkeit. Etwa ein Jahr nach meinem Aufenthalt bei ihr beschloss ich, meinen Eltern zu zeigen, dass ich ganz allein, ohne Begleitung, zu ihrem Haus gehen konnte. Tante Clara wohnte in der 119. Straße, Ecke St. Nicholas Avenue, ungefähr achthundert Meter südwestlich von uns. Also brach ich an einem Sommermorgen auf. Ich ging flinken Schrittes, voller Aufregung. Ich wusste, dass ich gegen Regeln verstieß, aber ich wusste auch, dass ich »ihnen« beweisen wollte, dass ich selbständig sein konnte. Unterwegs bemerkte ich wenig – der Plan war, so schnell wie möglich anzukommen. Nach zehn

Minuten tauchte ich unerwartet und unangekündigt in Tante Claras Wohnung auf. Ihre ersten Worte waren: »Weiß deine Mutter, dass du hier bist?« Als ich verneinte, rief sie sofort meine Mutter an, aber die hatte meine Abwesenheit noch gar nicht bemerkt und hatte gar keine Zeit gehabt, sich Sorgen zu machen. Was mich betraf, so hatte ich meine persönliche Unabhängigkeitserklärung abgegeben.

Von Anfang an war ich ein Wildfang und spielte auf der Straße mit den Jungen – Fangen, Verstecken, Schnitzeljagd, Räuber und Gendarm. Einer der Jungen, Dickie Loeb, wohnte im selben Apartmenthaus. Er war drei Jahre älter als ich, aber wir wurden gute Freunde. Er war es auch, der den Anstoß zu meinen beiden bemerkenswertesten frühen Abenteuern gab.

Wenn ich jetzt darauf zurückblicke, wird mir klar, dass diese Abenteuer nicht nur typisch waren für mein Leben in Harlem, sondern dass sie bereits auf mein späteres Leben hindeuteten. An einem bitterkalten Wintertag machte Dickie den Vorschlag, wir könnten uns durch Schneeschaufeln etwas Geld verdienen. Wir klingelten an der Tür eines Sandsteinhauses in unserem Block und machten der Dame des Hauses, die ein rotes Trägerkleid anhatte, ein Angebot. Für fünfunddreißig Cents würden wir den Schnee aus ihrem Vorhof schaufeln. Sie war einverstanden. Dickie, etwa zehn Jahre alt, und ich, sieben, nahmen unsere Schaufeln und machten uns an die Arbeit. Das Pflaster war meterdick mit Schnee bedeckt, und wir brauchten mindestens eine Stunde dafür, den ganzen Hof zu räumen. Als wir fertig waren, klingelten wir erneut, um unseren Lohn in Empfang zu nehmen. Diesmal trug die Dame, die uns öffnete, Blau. Sie sagte, sie hätte uns nie darum gebeten, den Schnee fortzuschaufeln, und weigerte sich, irgendetwas zu bezahlen. Ich fing sogleich an, eine Geschichte zu erfinden, die erklären konnte, was geschehen war. »Ich glaube, sie hat ihr Aussehen verändert und extra ein anderes Kleid angezogen, nur damit sie uns nicht bezahlen muss«, fantasierte ich. Dann fassten wir einen Entschluss: »Los, wir schaufeln alles wieder zurück.« Wir brauchten eine weitere Stunde dafür, aber Gerechtigkeit war geschehen, und darauf kam es an.

Dickie spielte auch eine wichtige Rolle bei meinem ersten bezahlten Job. Ein gewisser Mr. Joseph war der Besitzer eines kleinen Zeitungsstandes an der Straßenecke gegenüber von unserer Wohnung. Man konnte ihn von uns aus sehen, wenn man aus dem Fenster schaute. In einem Sommer, vermutlich dem nach der Schnee-Episode, teilte Dickie mir mit, dass Mr. Joseph einen Assistenten brauchte und wollte, dass einer von uns seinen Stand »bemannte«. Ich muss damals ungefähr acht gewesen sein, und ich war von einem geradezu unheimlichen Ehrgeiz erfüllt, Dickie auszustechen und den Job zu bekommen. Die Schule – ich ging auf die Volksschule 128 – war vorüber, und ein langer Sommer stand bevor. Ich hörte mir Mr. Josephs Bedingungen genau an. »Wer von euch beiden um sieben Uhr morgens hier ist, hat den Job.« Pünktlichkeit war nie Dickies Stärke, und ich bekam den Job mit Leichtigkeit, hatte ich doch meinen Wecker eine gute Stunde zu früh gestellt.

Die Verwandtschaft schäumte. Sie schickten sogar Abgesandte aus, die meiner Mutter versicherten, sie würde vor Gericht gestellt werden, wenn sie mir erlaubte, einen bezahlten Job anzunehmen. Meine Mutter war genauso unnachgiebig wie ich. Sie hatte Verständnis für meinen Wunsch, diesen Posten an der Ecke zu übernehmen. Und, noch wichtiger für sie, sie wusste, dass sie in der Lage sein würde, genau zu sagen, wo ihre oft herumstreunende Tochter sich aufhielt – sie musste nur aus dem Fenster gucken. Ich bekam den Job – und behielt ihn. Druckerschwärze füllte meine Nase und meine Seele. Die Vielfalt an Tages- und Wochenzeitungen erstaunte mich. Es gab Rennzeitungen und Sportzeitungen, Wirtschaftszeitungen und Zeitungen mit Geschichten, ausländische Zeitungen und natürlich einfach Zeitungen. Die meisten kosteten zwei Cents.

Eines glücklichen Tages, als ich in meinen khakifarbenen Pumphosen den Stand beaufsichtigte, legte mir ein Mann zwei Cents für eine Tageszeitung hin. Ich gab sie ihm. Dann legte er ein Zehn-Cent-Stück hin. Ich fragte ihn, wofür das sei, und er antwortete: »Das ist für dich.« Ich verstand nicht. Er hatte zwei Cents für seine Zeitung bezahlt und gab mir zehn Cents dafür, dass ich sie ihm gegeben hatte? Wie konnte das sein? Es ergab keinen Sinn für mich. »Es ist für dich«, wiederholte er lächelnd und ging davon. Ich war überwältigt. Das war es also, was man Glück nannte. Das war es, was in Märchen passierte. Später rannte ich nach Hause, um meiner Mutter davon zu erzählen, und ich glaube, seit diesem Tage bin ich Optimistin.

Zwischen solchen Unternehmungen und Abenteuern gab es Klavierstunden – das war so üblich bei Mädchen aus Mittelschichtfamilien, unabhängig von Neigung oder Talent. Jeden Montag kam Professor Frank zu Besuch und setzte sich neben mich das Knabe-Klavier im Wohnzimmer. Manchmal wohnten meine Eltern der Vorführung bei. Mein erstes Stück war »To a Robin«, und mein Vater summte manchmal mit: »Robin, why do you sing, beautiful songs of the springtime? Tell me, where is your mate, singing both early and late?« Die ganze Zeit über verbarg Professor Frank stoisch seine Enttäuschung über meinen vollständigen Mangel an musikalischem Talent. Möglicherweise war er – genau wie ich selbst das noch immer bin – fasziniert von meiner Verkleidung. Aus irgendeinem Grund, der längst meiner Erinnerung entschwunden ist, bestand ich nämlich darauf, während der Klavierstunden mein Indianerkostüm zu tragen. Es bestand aus langen, khakifarbenen Hosen, einer gelbbraunen, perlenbestickten Jacke und einem langen Stirnband, aus dem Indianerfedern hervorsprossen.

Schon aus der Zeit, bevor ich meinen Job antrat, kann ich mich an den Geruch von Druckerschwärze erinnern, der sich entfaltete, wenn mein Vater die Zeitung mit nach Hause brachte und ich den Comic Strip über Little Mary Mixup las, an den Geruch von Buchleim in der Schule, an die freudige Erregung bei einer Aufführung im Alhambra, einem Einakter, in dem zwei Kinder durch einen stockfinsteren Tunnel laufen mussten, bevor sie im Sonnenschein wieder auftauchten – von der Dunkelheit ins Licht. Aber in all der Zeit kam das Viertel, wie ich meine Eltern oft sagen hörte, immer weiter herunter. Ein Umzug stand bevor. Inzwischen war mein Vater, der Wermut-Produzent mit einem riesigen Lagerhaus an der West 57th Street gewesen war (»Ganz gleich, ob nah, ob fern: Kauft Wermut bei M. R. Stern!«), durch die Prohibition gezwungen worden, sich einem anderen Gewerbe zuzuwenden – er belieferte Bäckereien. Das Ende des Ersten Weltkrieges hatte eine Ära scheinbaren Reichtums eingeläutet. Die zwanziger Jahre kamen ins Rollen und nahmen ihren blendenden, optimistischen, aber am Ende zerstörerischen Verlauf. Und Harlem war nicht länger attraktiv für die deutsch-jüdische Bevölkerung, unter der meine Familie sich am wohlsten fühlte. Wir zogen nach Downtown, in ein Apartment in der 99. Straße, am Fuße des Hügels und in der Nähe des Riverside Drive. Dort sollte ich meine Jugendjahre verbringen. Von dort sollte ich jeden Tag zu Fuß zum Barnard College gehen, und nach der Hochzeit meines Bruders und dem Tod meines Vaters sollte ich dort allein mit meiner Mutter leben, bis sie starb. Die Gegend war angenehm, wohlhabend, bourgeois, und der Blick auf den majestätischen Hudson hatte immer etwas Erhebendes. Ich sollte mehrere Gedichte zu seinem Lob verfassen.

Auf der nahe gelegenen Joan of Arc Junior High School entwickelte sich eine enge Freundschaft zwischen mir und Shirley Phillips, eine Freundschaft, die zum größten Teil auf unserer gemeinsamen Sucht basierte, Gedichte zu schreiben. Zu der Zeit produzierte jede von uns mindestens ein Gedicht am Tag, gelegentlich ergänzt von »Rapsodien« [sic] in Prosa auf unsere Englischlehrerin. Irgendwann fiel uns eine Informationsbroschüre der Columbia University in die Hände; wir blätterten sie durch und strahlten, als wir darin auf den Eintrag »Englisch S 15, Englische Prosodie« stießen. Der Kurs wurde beschrieben als »Lehrgang für Versdichtung«. Besonders verlockend war das Versprechen, »dass Gedichte der Studierenden im Unterricht diskutiert werden. Die Diskussion wird sich vor allen Dingen mit Bildern als Grundlage der Poesie und mit Verslehre beschäftigen.« Der Kurs sollte in der Hamilton Hall der Columbia University stattfinden und von Mr. H. N. Fairchild geleitet werden.

Wenn wir auch wenig über Verslehre wussten, so waren unsere Werke doch auf jeden Fall angefüllt mit blendenden Bildern, und es konnte einfach keinen größeren Segen geben, als unsere Gedichte im Unterricht zu diskutieren. Shirley und ich – beide im frühen Teenageralter – sprachen jenen Sommer in den zwanziger Jahren ordnungsgemäß bei Mr. H. N. Fairchild vor. Ich sollte später erfahren, dass Mr. Fairchild einen feinen Sinn für Humor besaß, aber er ließ sich nichts davon anmerken, als wir die Zulassung für »Englisch S 15« beantragten. Wir besuchten den Kurs von Anfang bis Ende, und unsere Bemühungen wurden von ihm in aller Offenheit kritisiert. Über mein Gedicht auf John Masefield[2] urteilte er, es sei »nicht ohne Ver-

---

[2] John Masefield (1878–1967), englischer Dichter. (Anm. d. Übers.)

dienst«, obwohl mein »Versmaß in sich zusammenbricht«. Neben meinen Vers »Deine Gedanken sind so rein wie Regen im April« schrieb Mr. Fairchild: »Gewöhnlich arbeitete er in einer Kneipe.« Nicht die geringste unter den vielen kleinen Ironien meines Lebens ist die Tatsache, dass der Zufall es wollte, dass ich Mr. Fairchild wenige Jahre später wieder begegnen sollte. Als er mich im Flur des Barnard College erspähte, erinnerte er sich an mich. »Sie sind also schließlich angekommen«, sagte er. Dort sollte er einer meiner Mentoren im Englisch-Leistungskurs werden.

Aber noch war ich auf der Joan of Arc High School, und in einem denkwürdigen Sommer brach ich zu meiner ersten Reise nach Übersee auf. Als die Schwester meiner Mutter, meine allein stehende Tante Annie, und zwei ihrer Freundinnen beschlossen, auf Europareise zu gehen, und anboten, mich mitzunehmen, machten meine Eltern mir einen Vorschlag. Ich hatte die Wahl zwischen dieser Reise in ferne Länder oder vier aufeinander folgenden Sommern im Ferienlager. Ohne zu ahnen, dass mein späteres Leben geprägt sein sollte von jährlichen Auslandsreisen, um Bücher einzukaufen, entschied ich mich für Europa, und am 30. Juni 1925 schiffte ich mich in Gesellschaft von drei unverheirateten Damen, mein in rotes Leder gebundenes Oktavheft mit dem Titel MEINE REISE NACH ÜBERSEE fest umklammernd, auf der S. S. *Stockholm* ein.

Das Tagebuch, das ich noch immer besitze, verbirgt, wenn auch mit geringem Erfolg, das Heimweh, unter dem ich während der gesamten zweimonatigen Reise litt. Dennoch begann ich meine Aufzeichnungen, sobald wir abgelegt hatten, mit den üblichen Ausrufen:

Wohlan, wir sind unterwegs! Die Gangway ist eingeholt, Hüte und Taschentücher werden geschwenkt, es geht eine frische Brise! Doch trotz des herrlichen Wetters ist mir das Herz nicht leicht, wenn ich an den Abschied von meinen Eltern und meinem Bruder denke. Aber ich werde dieses Gefühl besiegen! Wir haben bereits zu Abend gegessen, und eben sind wir an Deck spazieren gegangen, statt in den Stühlen zu liegen.

Ich feierte meinen dreizehnten Geburtstag an Bord und fuhr fort, mein Tagebuch mit langen Wörtern zu füllen statt mit kurzen, mit weitschweifigen Formulierungen statt direkten Aussagen – und mit meinen eigenen Interpretationen der Erklärungen unserer Reiseführer:

19. August 1925. Paris. Wir sind zum Trianon gefahren und durch den friedvollen Wald und Garten Marie Auntoinettes [sic] spaziert, wohin sie sich zurückzog, wenn sie des Hoflebens müde war … Schließlich … wandten wir uns zum Grand Trianon, in dem es viele interessante Zimmer gibt, von denen eines für Königin Victoria von England eingerichtet worden war, die es jedoch ablehnte, dort zu schlafen, da das Zimmer zuvor von der Gräfin du Barrie [sic] bewohnt worden war.

Mein Tagebuch war voller Superlative und Ausrufe über die »wundervolle« Welt, die sich vor mir ausbreitete, insbesondere das »wundervolle« Nordkap:

Hammerfest: Nordkap (an Bord der S. S. Irma, 28. Juli 1925). Wir waren wirklich auf der Spitze der Welt. Hoch über dem Rest dieses wundervollen Planeten Erde standen wir, überwältigt von Ehrfurcht. Dieses berühmte Nordkap erhebt sich majestätisch und einsam aus den arktischen Gewässern, und ein Pfad erstreckt sich bis zum höchsten Punkt, von wo man bis zum Rand weitergehen kann. Einige Leute unternahmen die mysteriöse Reise dorthin, auf der Suche nach der »Mitternachtssonne«, die, wie man uns

41

gesagt hatte, bald auftauchen sollte … Die zart gefärbten Wolken, umrahmt von leuchtendem Gold, kündigten das Erscheinen jenes großen Feuerballs an, um den die Welt sich dreht. Auf ihrer niemals endenden Reise raste die Sonne voran, bis sie bereit war, über einem neuen Kontinent aufzugehen und die Rückkehr der Morgendämmerung und das Verschwinden der Nacht mit sich zu bringen.

Nach den »letzten Worten, die ich in dieses kleine Buch schreibe«, kehrte ich nach Hause zurück, mit meinen Erinnerungen, meinen Berichten und einem Männerhaarschnitt aus einem Pariser Frisiersalon – was damals in der Heimat noch nicht in Mode war. Er machte mich zur Zielscheibe beträchtlichen Gespötts an der Joan of Arc Junior High School. Shirley hielt jedoch loyal zu mir, und wir nahmen schnell unser gewohntes gemeinsames Leben wieder auf. Immer waren unsere Abenteuer mit unserer Lektüre verflochten, mit Sherlock Holmes und Horatio Alger, *Sturmhöhe* und *Jane Eyre*. Bei *Betty und ihre Schwestern* war es aber nie eine Frage des Lesens, sondern des Wiederlesens. Jo March war unser Alter Ego – oder wir waren ihres. Außerdem bereiteten unsere Lehrerinnen und Lehrer an der Junior High School uns auf die Senior High School vor. Eine Methode, mit der sie das taten, bestand darin, uns mit »Miss« anzusprechen. Die Kunst war, nicht zu kichern, wenn das geschah, sondern es mit Würde zu nehmen – es gehörte zum Erwachsenwerden. Ich war kein Kind mehr, sondern »Miss Stern«, die kurz davor stand, auf das Hunter College zu gehen.

Plötzlich bist du eine »Miss«

Madeleine Das Hunter College hob sich vor allem durch drei Dinge von den meisten anderen öffentlichen High Schools ab. Es verlangte eine Aufnahmeprüfung und pflegte hohe wissenschaftliche Ansprüche. Es war eine reine Mädchenschule, an der ausschließlich Lehrerinnen unterrichteten. Seine Direktorin, Louisa M. Webster, war der Inbegriff von Tugendhaftigkeit.

Doch all das störte mich nicht. Das Hunter College mag wie ein Nonnenkloster gewirkt haben, aber für mich hatte es nie etwas Klösterliches. Als Mitglied einer kleinen, fröhlichen und lebhaften Gruppe gleichaltriger Freundinnen bemerkte ich nichts vom weltabgewandten Wesen der Schule. Zu unserer Gruppe gehörte auch Helen Keppler, die zusammen mit mir auf der Joan of Arc High School gewesen war. Als Helen den Vorschlag machte, in eine Aufführung von *Cyrano de Bergerac* am Broadway zu gehen, gab meine Mutter sofort ihr Einverständnis: »Wenn Helen den *Cyrano* ansehen möchte, dann muss sie ein sehr nettes Mädchen sein.« Weniger begeistert war sie von den anderen Mitgliedern unseres

Kreises, betrachtete sie doch deren russische oder polnische Herkunft als minderwertig im Vergleich zu der ihren. Ich hatte nichts an ihnen auszusetzen. Wir gingen zur Schule, ins Theater, lasen Gedichte, tratschten und kicherten – immer zusammen.

Meist tratschten wir über unsere Lehrerinnen. Wir kicherten über unsere Mathematiklehrerin, die wir in Lizzie Senk umbenannt hatten – kurz für Senkrechte. In Latein hatten wir eine wundervolle Lehrerin, die in die Klassiker verliebt war. Auf ihrer ersten Auslandsreise, so erzählte sie uns, war sie nach Rom gefahren, und seitdem konnte sie nie mehr den verheißungsvollen, melodiösen Ausruf des Schaffners vergessen, als der Zug in den Bahnhof einfuhr: »ROMA.« Für mich – für uns alle – verwandelte sie Roma in eine Romanze.

Unsere Französischlehrerinnen eroberten unsere Herzen auf andere Weise. Eine von ihnen trug immer Stiefel und Reithosen, manchmal verborgen von einem Rock. Eine andere, Miss Dalton, schwärmte beständig von *brioche et chocolat*, und ihr französisches Loblied brachte uns dazu, nach der Schule sogleich zu Constantine's zu eilen und *brioche et chocolat* zu bestellen. Um während des Unterrichts unseren Appetit stillen zu können, bewahrten wir unter einem der Pulte einen gemeinschaftlichen Mayonnaisetopf auf, in den wir den Finger stippten, wann immer uns danach war.

Niemals werde ich einen Vorfall in Miss Daltons Französischunterricht vergessen, der meine Zukunft zu verändern drohte. Als Miss Dalton gerade den Konjunktiv erklärte, hatte Helen sich in den Kopf gesetzt, mir ein Zettelchen zuzuwerfen, in dem sie mir schrieb, dass sie eine Affäre mit dem großen Stummfilmidol John Gilbert hätte. Sofort antwortete ich mit einem Zettelchen des Inhalts, dass ich – was für ein Zufall! – Ernest ein Kind gebären würde. Ernest war damals mein imaginärer Geliebter, ein sanftes Geschöpf, in dem die reinen Gedanken John Masefields mit dem guten Aussehen Lord Byrons kombiniert waren. Diesmal landete das Zettelchen nicht am Ziel. Miss Dalton bemerkte es, unterbrach ihre Betrachtungen über den Konjunktiv und befahl in deutlichem, unmissverständlichen Englisch: »Geben Sie mir den Zettel!«

Auf dem Heimweg erörterte ich meine Situation mit meinen Freundinnen. Ohne Zweifel war die Lage ernst. Wir besuchten eine Schule, in der Moral das oberste Gebot war. Wenn unsere Direktorin, die puritanische Louisa M. Webster, ein Mädchen sah, das Rouge oder Lippenstift trug, ging sie einfach zu ihm, holte ein Taschentuch heraus und wischte das Gesicht des Mädchens ab. Und da stand nun ich – schwanger von Ernest. Miss Dalton würde mit Sicherheit befinden, dass ich zur tiefsten Verkommenheit herabgesunken war, und ich würde umgehend und ohne Standgericht der Schule verwiesen werden. Die einzige andere Entscheidung, zu der sie gelangen könnte, war die, dass ich verrückt sei. Diese Entscheidung, die ohne Zweifel durch eine ärztliche Untersuchung bestätigt werden würde, würde ebenfalls zu meinem Rauswurf führen. Ich hatte also keine Wahl – ich musste ernsthaft die Möglichkeit in Betracht ziehen, dass ich das Hunter College verlassen und mich zu irgendwelchen kaufmännischen Kursen einschreiben müsste, bei Gregg, Drake oder Eastman-Gaines. Vielleicht sollte ich schon gleich anfangen, mich zu bewerben!

Am nächsten Tag rief mich Miss Dalton im Französischunterricht nach vorne. Meine Freundinnen sahen voller Bestürzung zu. Langsam schritt ich meiner Verdammung entgegen. »Bitte konjugieren Sie an der Tafel das Verb *aimer*«, wies sie mich an. Ich klammerte mich an das Stück Kreide, setzte meine Studien am Hunter College fort und nahm mein gewohntes Leben wieder auf. Miss Dalton verlor nie mehr ein Wort darüber, und bis zum heutigen Tag weiß ich nicht, ob sie das Zettelchen gelesen oder meinen pubertären Humor schlichtweg ignoriert hat.

Diejenige unter meinen Lehrerinnen, die mich am stärksten beeinflusst hat und die ich am meisten verehrt habe, war Hazel Sebring, meine Englischlehrerin. Zierlich, klein, mit olivfarbenem Teint und dunklem Haar, kam sie mir vor wie der Inbegriff der Poesie. Gewiss lebte sie die meiste Zeit mit der Muse der Poesie. Genauso gewiss, wie ich das auch tat. An der Joan of Arc Junior High School hatte meine Englischlehrerin Grace Macdonald mit ihrer begeisternden Lesung von Shelleys »An eine Lerche« gerade erst begonnen, mir die Wonnen der Poesie zu erschließen. Wo sie aufgehört hatte, machte Miss Sebring weiter; jeden Tag las sie uns im Unterricht Gedichte vor. Ihre hingebungsvollen Rezitationen waren ansteckend.

Die greifbaren Folgen dieser Inspiration haben sich in einer 59-seitigen Broschüre erhalten, in einen festen, terrakottafarbenen Umschlag gebunden und mit dem Wort »GEDICHTE« auf der Vorderseite. In der Titelei steht *Gedichte, geschrieben von Studentinnen der Hunter College High School*, im Impressum New York, Dezember 1927. Das Werk wurde von Cumberland Press gedruckt. Die Gedichte sind alphabetisch nach den Namen der Verfasserinnen angeordnet. Meine Freundin Helen Keppler ist mit zwei kurzen Gedichten darin vertreten, ich mit drei. Eines davon ist das Oktett auf John Masefield, das zweite ein Liebesgedicht mit dem Titel »Später Juni« und das dritte ein aufrüttelndes Loblied auf »Diesen Herbsttag«.

Die Broschüre und die darin enthaltenen Gedichte stammen alle von Mitgliedern des Lyrik-Clubs, den ich mitbegründet hatte und der von Miss Sebring geleitet wurde. Es gibt ein Foto des Clubs, das ein Jahr später in *The Argus* abgedruckt wurde, dem Jahrbuch, das die Studentinnen des Hunter College herausgaben. *The Argus* vom Dezember 1928 enthält nicht nur Gedichte und Kurzessays, sondern auch Fotos der Absolventinnen mit Bildunterschriften, die sie charakterisieren, sowie einen Artikel ohne Verfasserinnenangabe mit dem Titel »Feder, Bleistift und Persönlichkeiten«. Darin heißt es: »Madeleine Stern spielte eine wichtige Rolle dabei, den Lyrik-Club ins Leben zu rufen. Ihre Gedichte rechtfertigen das Zutrauen, mit dem ihre Klassenkameradinnen sie als diejenige auswählten, die die größten Aussichten hatte, berühmt zu werden.« An der Joan of Arc Junior High School hatte ich einige Auszeichnungen gewonnen, am Hunter College dagegen keine einzige; aber das zuversichtliche Versprechen künftigen Ruhmes im *Argus* war besser als jede Auszeichnung, wie ich fand.

Wenn meine Freundinnen und ich nicht gerade Gedichte schrieben, Latein, Französisch, Algebra, Geschichte oder Englisch lernten, schwatzten wir unablässig und lachten viel. Den größten Teil unserer Hausaufgaben erledigten wir im Ninety-sixth-Street-Bus, der uns zur Schule und wieder zurück brachte. Für gewöhnlich fertigte ich eine Lateinübersetzung an, die die anderen abschrieben, oder wir lösten gemeinsam ein Geometrie-Problem. Der Busfahrer auf unserer Strecke war ein gut aussehender blonder Skandinavier, den wir Chico tauften (nach dem Film *Seventh Heaven*) und in den wir uns prompt verliebten. Er war sehr tolerant und duldete all unsere Mätzchen, selbst wenn wir in seinem überfüllten Bus ein ganzes Fass Tinte verschütteten oder den Ausgang blockierten, während eine von uns lautstark und in allen Einzelheiten irgendeine vertrauliche Geschichte erzählte.

Der Überschwang, der meinen Schulalltag charakterisierte, fand jedoch zu Hause keine Entsprechung. Mein Leben hatte sich zu verändern begonnen. Mein Bruder hatte geheiratet und war ausgezogen. Die erfreuliche Folge davon war, dass ich nun zwei Zimmer mein Eigen nennen konnte, und eines davon verwandelte ich in ein Arbeitszimmer. Weniger erfreulich war, dass mein Vater zwei Schlaganfälle erlitten hatte – einen leichten und einen schwereren, der seine Gehfähigkeit beeinträchtigt hatte. Er verkaufte sein Geschäft und verbrachte seine Zeit zu Hause und las all die Bücher, die er bisher nicht hatte lesen können – vor allem Scott und Thackeray. Die ältere Schwester meiner Mutter zog in unsere Nähe und verbrachte den größten Teil des Tages mit uns. Sie war eine Frau, die man im neunzehnten Jahrhundert als »überflüssig« abgetan hätte – meine unverheiratete Tante Annie, groß, hager, mit rötlichem Haar, die sich unablässig um mich sorgte, mir die Gummistiefel in die Schule brachte, wenn es zu regnen begonnen hatte, nachdem ich aus dem Haus gegangen war, und die ein vollkommen selbstloses Leben führte. Ich lehnte mich beständig gegen ihre Einmischung auf. Die Egoistin Stern verschwendete nie einen Gedanken an Tante Annies Lage – immer nur daran, wie deren eingeschränktes Dasein ihr eigenes Leben beeinflusste.

Die tieferen Probleme unserer häuslichen Situation kamen mir nie zu Bewusstsein. Meine Mutter mit ihrer Kraft und Weisheit hielt alles zusammen, und ich selbst glaubte nach wie vor, trotz des Zustands meines Vaters, dass die ganze Welt sich nur um die Person drehte, »die die größten Aussichten hatte, berühmt zu werden«.

LEONA 1922 war ein wichtiges Jahr für mich. Ich schaffte meinen Abschluss an der Volksschule 28 mit einer hohen

Auszeichnung – einem Exemplar von *Lights to Literature*, versehen mit einer Widmung des Direktors –, es blieb mir aber verwehrt, das Buch bei der förmlichen Zeremonie entgegenzunehmen, weil wir das Land verließen, um mit meinem Vater in Deutschland zusammenzutreffen. Er hatte inzwischen seine Kurse in Dermatologie abgeschlossen, und wir sollten Ferien *en famille* machen. Ferien bedeuteten für meine Mutter Einkaufen, und da der Kurs der Reichsmark gefallen war, konnte sie Meißner Porzellan, wunderschöne, handbestickte Tischwäsche und Kleidung für ihre Kinder kaufen. Trotz der heftigen Proteste Juniors suchte Vater einen giftgrünen Anzug mit passendem scheußlichen Mantel für ihn aus. Für mich wählte meine Mutter verschiedene, mit Stickereien und Rüschen verzierte Popelinekleider sowie einen braunen Filzhut mit hochgeklappter Krempe. Von meinen eigenen Ersparnissen kaufte ich mir einen schwarzen Füllfederhalter, bei dem man die Tinte hineinpumpen musste, wobei man häufig welche verschüttete. Dennoch war ich begeistert davon, meinen ersten eigenen Federhalter zu besitzen, denn ich betrachtete mich bereits als Schriftstellerin.

Als wir nach Hause zurückkamen, warf Junior seinen scheußlichen grünen Anzug sofort weg und sagte zu meinem Vater: »Hältst du mich für einen Hunnen? In der Schule möchte ich nicht einmal tot in diesem grässlichen Aufzug gesehen werden.« Zu seinem Geburtstag Ende September bekam er einen grauen Plaidanzug von Rogers Peet, eine angemessene Kleidung für einen Oberschüler an der Evander Childs High School.

Was mich betraf, so sollte ich auf die Unterstufe derselben Schule kommen. Laut Beschluss der New Yorker Schulbehörde durfte ich nicht das Hauptgebäude dieser Anstalt besuchen, obwohl ich genau sechs Häuserblocks davon entfernt wohnte.

Alle neuen Schüler wurden in die Dépendance geschickt, die in Wakefield lag. Selbst mein Vater, der durch seinen Beruf schon überall in der Bronx zu tun gehabt hatte, kannte sich in Wakefield nicht aus. Wie sich herausstellte, sollte die genaue Lage dieses Stadtteils für immer unbekannt bleiben.

Mit meinem blauen Popelinekleid, passenden Strümpfen und meinem braunen Filzhut brach ich zu meiner ersten Reise nach Wakefield und zu meinem ersten Tag in der High School auf. Besonderen Glanz erhielt mein Aufzug durch meinen Füllfederhalter, der an einem schwarzen Band um meinen Hals baumelte. Den Anweisungen eines Freundes der Familie gemäß stieg ich in der Webster Avenue in die Straßenbahn. Ich wusste, dass ich irgendwo umsteigen musste, aber mir war nicht klar, an welcher Haltestelle genau. Nach einer Stunde Fahrt fragte ich den Schaffner. »Du hättest in der 189. Straße aussteigen müssen. Du musst dahin zurückfahren und die Linie quer durch die Stadt nehmen.« Ich stieg aus und wartete nervös auf die Bahn aus der Gegenrichtung. Eine Dame sah mich mitleidig an und fragte, wohin ich wolle. »Ich möchte zum Umsteigebahnhhof in der 189. Straße.« – »Da gibt es gar keinen Umsteigebahnhof, Liebes.« – »Aber ich muss nach Wakefield.« Sie hatte noch nie von Wakefield gehört und empfahl mir, zur Kreuzung Webster und Tremont zurückzufahren und die Reise noch einmal von vorn anzufangen. Drei Stunden waren mittlerweile vergangen, mir war heiß, ich war erschöpft und vollkommen niedergeschlagen. Ich setzte meinen schweren braunen Filzhut ab und bemerkte, dass mein blaues Popelinekleid über und über mit schwarzer Tinte besudelt war. Mein wunderschöner Füllfederhalter war ausgelaufen und hatte mein neues Kleid verschmutzt. Zu guter Letzt erreichte ich Webster und Tremont, ging den Hügel hinauf und kam schließlich wieder zu Hause an. »Ich habe meinen ersten Schultag versäumt«, sagte ich heftig schluchzend. Vater erbebte sofort vor Zorn. »Diese Idioten!* Ein kleines Mädchen an diesen verdammten* Ort zu schicken, wo es doch eigentlich zu Fuß zur Schule gehen könnte! Was für eine Dummheit!*«

Am nächsten Tag stattete Vater dem Hauptgebäude der Evander Childs High School, das sechs Blocks von unserem Zuhause entfernt war, persönlich einen Besuch ab. Ich habe nie erfahren, was er dort gesagt hat, aber ihm wurde mitgeteilt, dass seine Tochter im Hauptgebäude zur Schule gehen könne, wenn sie Deutsch belegte. Nach seiner triumphalen Rückkehr sagte er zu meiner Mutter: »Stell dir vor! Sie haben vorgeschlagen, dass Leonchen Deutsch nehmen soll. Welche Sprache hätte sie denn sonst nehmen sollen?«

Als Junior erfuhr, dass ich Zutritt zu seinem Gebäude erhalten hatte, sagte er: »Hör zu, Kleine, wenn du mich da siehst, dann kennst du mich nicht, ist das klar?« Später, als ich meine missglückte Reise nach Wakefield längst verwunden hatte, erspähte ich meinen Bruder im Gespräch mit seinem Physiklehrer. Ich ging zu ihm hin und sagte schüchtern: »Hallo, A.« Nach ein paar Sekunden blickte er herablassend zu mir hinunter, lächelte seinen Lehrer an und sagte verlegen, als ob er sich entschuldigen wollte: »Die kleine Schwester – was soll man machen?«

Mein offizieller Aufenthaltsraum während meines ersten Jahres auf der High School war auch der Aufenthaltsraum der Baseballmannschaft. Sie waren die Helden der ganzen Schule und schenkten dem schüchternen kleinen Mädchen Leona kaum Beachtung. Einige der Baseballgötter nahmen auch am Deutschunterricht teil. Als mich dort die Lehrerin, Miss Ackerle, aufrief, reagierte ich nicht. Als sie mich ein zweites Mal aufrief, stieß mich der Werfer der Mannschaft an: »Sie meint dich!« Ich hatte meinen neuen Titel – »Miss Rostenberg« – nicht mit der »kleinen Leona« in Verbindung gebracht.

Die Unterschiede zwischen Grundschule und High School waren gewaltig. Hier stand ich, ein kleines, friedfertiges, wohlerzogenes Kind mit Strümpfen und einem kurzen Rock, das auf einmal mit »Miss« angesprochen wurde. Und dort standen meine Altersgenossinnen, sie kamem mir wie »Erwachsene« vor, Mädchen, die Make-up benutzten und mit Jungen flirteten, Damen von Welt. Viele dieser »Erwachsenen« wohnten in den neu errichteten Apartmenthäusern an der Creston Avenue. Die »Felder« des Viertels begannen zu verschwinden.

Mein erstes Jahr auf der High School war einsam. Ich fand keine Freunde. Nur wenige Kurse gefielen mir, viele verabscheute ich zutiefst. Ich hasste Geometrie, und der Trost meiner Mutter – »Mein kleines Mädchen ist eben eher literarisch begabt« – war keine Hilfe, wenn meine Mathematiklehrerin, Miss Morley, verkündete: »Die schlechteste Zensur geht an Miss Rostenberg.« Erstaunlicherweise hatte ich die Stirn, diese öffentliche Anprangerung der Verwaltungsassistentin zu melden, die sich für mich einsetzte. Die beharrliche Miss Morley bestand darauf, meine bisherigen Noten in den anderen Fächern zu sehen, und als sie bemerkte, dass ich eine Eins in Englisch, eine Eins in Deutsch und eine Eins in Latein bekommen hatte, trat sie den Rückzug an.

Erst in meinem zweiten Jahr auf der High School traf ich dort eine frühere Freundin aus der Grundschule wieder, Lucy Bender. Sie hatte lange Locken, war keck und liebte Vergnügungen – besonders solche außerhalb der Schule. Wenn sie vorschlug, lieber eine Limonade trinken zu gehen, ging ich bereitwillig mit. Für die nächsten zwei Jahre war sie meine Anführerin, der ich blind folgte.

Lucy vertraute mir an, dass sie Schauspielerin werden wollte und dass sie mit sechzehn die Schule verlassen und zum Theater gehen würde. Einstweilen schien ihr Verhalten im Unterricht darauf angelegt zu sein, ihren Abgang von der Schule sogar noch zu beschleunigen. Unser Botanik-Kurs wurde von der Mehrheit der Baseballmannschaft besucht und von einer Miss Merchant geleitet, deren Unterröcke länger waren als ihre Röcke. Als sie einmal Proben von keimenden Bohnen und Rosskastanien herumgehen ließ, sah Miss Merchant, wie Lucy eines der Gläser öffnete, den Inhalt herausnahm und daran zu knabbern begann. Kurzsichtig, wie sie war, verwechselte Miss Merchant mich mit Lucy. Sofort schrieb sie einen Tadel auf ein rosa Verwarnungskärtchen: »Spielt herum und sorgt fast jeden Tag für Tummult.« Mir wurde aufgetragen, mich mit dem Kärtchen und mit einer Bohne ins Büro der Direktorin zu begeben. Indigniert nahm ich die Karte entgegen, las sie laut vor und wies Miss Merchant zurecht: »Miss Merchant, Sie haben das Wort *Tumult* falsch geschrieben. Es hat nur ein *m*.« In dem Augenblick stand Lucy auf und sagte edelmütig: »Ich werde gehen. Ich bin die Schuldige.« Jetzt waren wir wirklich Komplizinnen.

Lucy Bender wurde bei mir zu Hause nicht wirklich geschätzt. Ihre russische Herkunft gefiel meiner snobistischen Mutter ganz und gar nicht. Unsere geliebte Haushälterin aber, Babette Sternecker, fand Fräulein Lucy »sehr amüsant«[*].

Babette war eine wichtige Persönlichkeit meines häuslichen Lebens und sollte eine meiner Hauptstützen für die nächsten fünfundvierzig Jahre werden. Babettes Leben hatte nichts »Amüsantes«[*] an sich gehabt. Geboren in der kleinen bayerischen Stadt Straubing, war sie früh Waise geworden und hatte es auf sich genommen, für ihre jüngere Schwester und ihren Bruder zu sorgen. Vor dem Ersten Weltkrieg war sie mit einem jungen Geschirrmacher verlobt gewesen, der dann in der ersten Schlacht an der Somme fiel. Kurz darauf starb ihre Schwester an einer Bauchfellentzündung. Am Ende des Krieges, als sie ihr kleines Vermögen verloren hatten, wanderten Babette und ihr Bruder, verlockt durch Zeitungsversprechungen von einem blühenden Orangenhain bei Rio de Janeiro, nach Brasilien aus. Der »blühende Orangenhain« erwies sich als trostlose Einöde voll giftiger Schlangen. Kurz darauf kam Babette in die Bronx und lebte für kurze Zeit bei einem Onkel, der ihr riet, sich schleunigst Arbeit zu suchen. Sie setzte eine Annonce in die *Staats-Zeitung*, New Yorks größte deutschsprachige Zeitung.

Auf der Suche nach einer Köchin und Haushälterin blätterten meine Eltern die Anzeigenseiten der *Staats-Zeitung* durch. Da mein Vater schließlich ein deutscher Herr Doktor* war, riet meine Mutter dazu, Fräulein Sternecker zu einem Vorstellungsgespräch einzuladen. Es kam, wie es kommen musste. Babette machte unser Heim zu ihrem. Wenn sie in der Küche stand, erinnerte sie an eine Madonnenfigur, von Holbein oder Weiditz für ein deutsches Stundenbuch entworfen. Anfangs war sie natürlich einsam, aber ihre Einsamkeit fand ein schnelles Ende, als mein Bruder eines Tages einen streunenden Welpen ins Haus brachte, dem das Schicksal ähnlich übel mitgespielt hatte wie Babette. Schon bald waren Skeezie und Babette ein Herz und eine Seele. Babette hatte Respekt vor den Männern des Hauses. A. Junior, inzwischen Medizinstudent im Propädeutikum an der Columbia University, war für sie Herr Adolph, und sie machte Hasenpfeffer und Kirschstrudel für ihn. Ich war immer ihre Miss Leona. Sie liebte mich und meine Hunde. Und wenn Lucy nach der Schule mit mir nach Hause kam, konnten wir uns immer an Babettes »kleinem Gebäck«* gütlich tun, den Haselnussplätzchen, die ihre Spezialität waren.

Wie sie es vorhergesagt hatte, verließ Lucy die High School mit sechzehn. Sie schaffte es nicht direkt auf die Bühne, aber sie schloss sich der wunderbaren Komödiantin Bea Lillie[3] an, die ihr gestattete, hinter den Kulissen des Palace Theatre zu stehen und ihr Requisiten zu reichen. Nach Lucys Abschied blieb ich verlassen und einsam zurück. Überdies hatten ihre Streiche und meine sklavische Anhänglichkeit an sie verheerende Auswirkungen auf meine Schullaufbahn. Zu viele Unterrichtsstunden hatte ich geschwänzt, zu viele Mittwochsmatineen besucht und zu wenig Hausaufgaben gemacht. Als ich mich um die Aufnahme in das Barnard College bewarb, wurde ich abgewiesen.

MADELEINE   Im Februar 1929 kam ich in die zweite Jahresklasse auf dem Barnard College. Anfangs war ich verzweifelt. Da mein Schuljahr im Februar begann, verlor ich den Anschluss an meine Kommilitoninnen, die im vorangegangenen September die Abschlussprüfungen für das erste Jahr abgelegt hatten und nun schon erfahrene Veteraninnen waren. Außerdem fand ich mich nun abgeschnitten von meinen Freundinnen aus der High School, von denen die meisten jetzt die New York University oder das Hunter College besuchten, und diese Trennung war sehr schmerzhaft für mich. Mein Vater bemerkte: »Zuerst hast du geweint, weil du dachtest, Barnard würde dich nicht nehmen, und jetzt weinst du, weil du dort bist.« Mit der Zeit lebte ich mich ein, aber es dauerte doch eine ganze Weile. Während meines täglichen Spaziergangs von der 99. Straße, Höhe Riverside Drive, die breite West End

---

[3] Beatrice (Gladys) Lillie, verh. Lady Peel (1894–1989), eine der berühmtesten Komödien- und Revue-Schauspielerinnen ihrer Zeit. (Anm. d. Übers.)

Avenue hinauf bis nach Morningside Heights philosophierte ich vor mich hin. Die anderthalb Kilometer, die an komfortablen, großzügigen Apartmenthäusern der Wohlhabenden vorbei zu den Randbezirken der Columbia University auf der einen und dem Barnard College auf der anderen Straßenseite führten, boten mir eine ruhige, ungestörte Kulisse sowie genügend Zeit für die nötige Selbstreflexion.

In meinen ersten beiden Jahren auf dem Barnard College belegte ich alle Pflichtkurse außer Englisch, wovon ich befreit worden war. Ich schrieb weiterhin Gedichte, die meisten davon traurig. Zu meiner Traurigkeit trug außerdem die Tatsache bei, dass meine alten Freundinnen aus der High School nicht nur auf andere Colleges gingen, sondern auch mit der Pärchenbildung begonnen hatten.

Shirley, meine Gefährtin aus der Junior High School, hatte sich in einen ästhetischen jungen Mann namens David verliebt, der im Kleidergeschäft seines Vaters arbeitete und sich zum Ausgleich als Laienschauspieler betätigte. Mir erschien David als ein durch und durch seelenvoller Mensch, auch wenn seine physische Präsenz natürlich deutlich spürbar war. Zur selben Zeit ging meine High-School-Freundin Helen mit Davids Freund Raymond – groß, schlank, gut aussehend, elegant und höchst beneidenswert. Unweigerlich fühlte ich mich ausgeschlossen und kam mir vor wie das einsam für sich stehende Stückchen Käse aus dem Kinderlied. Einige Jahre später sollte ich über dieses Gefühl und das Kinderlied in meinem ersten Buch schreiben.

Doch zu jener Zeit legte ich meinen Geistes- und Gemütszustand in einem gedrechselten Brief an Helen dar. Er trug das mysteriöse Datum »Montag – nach Sonnenuntergang« und vertraute ihr an: »Ich weiß kaum, was das alles soll – dieses so genannte Leben. Ich habe einige Bücher gelesen ... und ein paar neue Ideen bekommen. Norman Douglas zum Beispiel behauptet in *Sirokko*, dass das Leben eigentlich eine ganz einfache Sache sei. Komplex werde es erst durch die Tatsache, dass wir, die wir uns für etwas ganz Besonderes halten, eine Gottheit konstruiert haben, die über uns steht. Ich denke jedoch, dass dies eher ein Versuch der Menschen ist, der Komplexität gerade aus dem Weg zu gehen, indem sie sich selbst die simple Führung und Überwachung eines Aufpassers verordnen. Nun ja, jedem das Seine.«

Meine Zunge schien sich ein wenig gelockert zu haben, als ich den folgenden aufschlussreichen Absatz hinzufügte: »Was mein Gefühlsleben anbetrifft, so muss ich erneut feststellen, dass sich gar nichts tut. Das große Drängen hat ein wenig nachgelassen, aber mein innerstes Bedürfnis, eine Zigeunerin der Liebe zu sein, zu lieben und geliebt zu werden, schreit noch immer laut genug nach seinem Recht, denn noch bin ich jung.«

1929, nach einem Semester auf dem Barnard College, verbrachte ich meinen siebzehnten Sommer in Richfield Springs, einem beliebten Ferienort. Nach meiner Rückkehr schrieb ich wieder an Helen, und diesmal erklärte ich: »Ich bin erwachsen genug, um zu sagen, dass ich wünschte, ich wäre nicht erwachsen. Um eine ohnehin kurze Geschichte abzukürzen: In Richfield habe ich einen Mann kennen gelernt, der verrückt nach mir zu sein schien. Wir gingen um ein Uhr nachts spazieren, er küsste mich bei Mondschein im Park, er tanzte mit mir den ›Merry Widow Waltz‹, und beim Tanzen sang er mir die köstlichen Worte auf Französisch ins Ohr. Ich habe nichts von ihm gehört, seit ich von dort abgereist bin – vor zehn Tagen … Ich muss nicht eigens betonen, dass ich einige Begebenheiten auslasse, die dazu beitragen könnten, dieses Rätsel zu lösen. Er ist ein Mann, ein Junge von zweiundzwanzig Jahren. Es könnte gut sein, dass ich verrückt nach ihm bin. Wie sehr ich mir wünsche, ihn wiedersehen zu können! Wie glücklich wäre ich dann! ... Zu lieben und geliebt zu werden ist doch letzten Endes das, wozu wir erschaffen sind. Es ist besser, glücklich zu sein als interessant (leb wohl, Adolescentia).«

In der Tat hatte mein Brief an Helen »einige Begebenheiten« ausgelassen, »die dazu beitragen könnten, dieses Rätsel zu lösen«. Eines Abends, als wir den »Merry Widow Waltz« tanzten, sah ich über seine Schulter und erblickte eine strahlend schöne junge Spanierin, die in unserer Nähe stand. Sogleich machte ich ihn auf sie aufmerksam, und schon bald begann er, meiner »Rivalin« nachzustellen. Mein Geliebter verschwand aus meinem Leben. Ich war zu ehrlich, zu offen, zu aufrichtig gewesen. In meinem Brief versuchte ich, ihn zu romantisieren und als einen mysteriösen Schatten darzustellen. Erwachsenwerden, so musste ich erfahren, konnte wehtun.

Das Mädchen, das sich gewünscht hatte, nicht erwachsen geworden zu sein, und das ihrem »Leb wohl, Adolescentia« mit einigen Ängsten entgegensah, sollte schon bald in ein neues Stadium der Reife katapultiert werden. Draußen hatte die Große Depression begonnen. Scharen von Apfelverkäufern tauchten auf den Straßen auf, vor den Suppenküchen standen die Bedürftigen Schlange, die Banken begannen zusammenzubrechen, Hoover, anscheinend von alldem unberührt, verkroch sich im Weißen Haus. Und dann, am 24. September 1930 um elf Uhr abends, als ich gerade von einer Verabredung nach Hause gekommen war, starb plötzlich mein Vater an seinem dritten Herzinfarkt.

Der Tod meines Vaters kam plötzlich, aber nicht unerwartet. Nach seinem schweren Herzinfarkt behindert, hatte er seit einigen Jahren ein zurückgezogenes Leben geführt. 1930, als ich achtzehn war, war er siebzig und kam mir sehr alt vor. Er ertrug seinen Zustand mit großer Stärke, aber, wie junge Leute eben sind, mir war das oft peinlich. Am Abend des 24. September war ich mit einem attraktiven jungen Mann ausgegangen, der von den Jungferninseln stammte. Er hatte mich nach Hause gebracht, und ich ging nach oben. Meine Eltern lagen im Bett, schliefen aber noch nicht, und ich fing an, ihnen von meinem Abend mit Albert zu erzählen. Auf einmal sahen meine Mutter und ich, dass mein Vater sich verkrampfte, und wir hörten ein fürchterliches Geräusch – das Todesröcheln. Es war beinahe vorüber, bevor es begonnen hatte. Dann hatte ich meinen Vater verloren.

Es war zu schnell gegangen, um es sogleich zu begreifen. Ich trauerte um ihn, aber ich konnte damit fertig werden. Mein Verlust ließ sich überhaupt nicht mit demjenigen vergleichen, den meine Mutter erlitten hatte. Ich hatte den Vater verloren, der mit einem kleinen Mädchen Schlitten fahren gegangen war. Sie hatte den Gefährten verloren, der über dreißig Jahre lang an ihrer Seite gewesen war. Eines der ersten Dinge, die meine Mutter nach dem Tod meines Vaters tat, war, seine Briefe wegzuwerfen. Sie wollte nicht, dass neugierige Augen ihre Liebe beurteilten und deuteten. Meine erste und anhaltendste Reaktion war Dankbarkeit dafür, dass es nicht meine Mutter war, die gestorben war. Ich wusste, dass ich es nicht verwunden hätte, sie zu verlieren. Meinen Vater zu verlieren, konnte ich verwinden. Nur wenn ich den Tisch für zwei statt für drei deckte oder wenn mein flüchtiger Blick auf das Sofakissen im Wohnzimmer fiel, auf dem er immer zu sitzen pflegte, vermisste ich ihn heftig, und eines Abends dachte ich, ich sähe ihn in meinem Zimmer sitzen. Es kam mir ganz natürlich vor, dass meine Mutter und ich uns nun noch stärker einander zuwandten und uns noch näher waren.

Zu keiner Zeit wurde je erwogen, dass ich das College verlassen müsste. Es wäre ohnehin unmöglich gewesen, Arbeit zu finden, und meine Eltern hatten dafür Sorge getragen, dass ausreichend Mittel für meine Ausbildung zurückgelegt worden waren. Ein Weg, meine Jugendzeit endgültig für beendet zu erklären – und möglicherweise auch Arbeit zu finden –, schien mir intensives Studieren zu sein, und 1931 war ich reif für Barnards Leistungskurs in englischer Literatur.

Dieser Studiengang war wie geschaffen für mich. Er erforderte keine regelmäßige Teilnahme an bestimmten Unterrichtsstunden, keine Klausuren, keine Halbjahresarbeiten – nur die gelegentliche Beaufsichtigung durch einen Mentor. Erst im Examen würde ich meine Fähigkeiten unter Beweis stellen müssen. Einstweilen konnte ich alle Kurse besuchen, die mich interessierten, konnte lesen und recherchieren, meine Mentoren konsultieren, wann immer ich wünschte, nachdenken, schreiben, studieren – und das alles vollkommen selbständig. So besuchte ich die Vorlesung meines alten Professors Hoxie Fairchild über *Hamlet* und die des Theaterspezialisten Minor White Latham über die Regeln des mittelalterlichen Dramas. Ich hörte zu, wie Charles Baldwin Chaucer wieder zum Leben erweckte und William Haller John Milton rezitierte. Die gesamte englische Literatur breitete sich vor mir aus wie ein fruchtbarer Garten, in dem ich nach Herzenslust umherwandeln konnte. Stunden brachte ich in den Bibliotheken von Barnard und Columbia zu, noch mehr Stunden in der New York Public Library. Das Gebäude an der 42. Straße hatte damals bis zehn Uhr abends geöffnet, und oft bestellte ich um halb zehn noch Bücher, um nur schnell einen Blick hineinzuwerfen und sie für den nächsten Tag zurückzulegen zu lassen. Barnard hatte mir ein Festmahl vorgesetzt, und ich machte mich gierig darüber her, kostete die Genüsse geistiger Unabhängigkeit aus. Sie waren kein Ersatz für Liebe, sondern eine Liebe ganz eigener Art.

Das College bot mir aber auch manche Abwechslung von meinem Leben als Wissenschaftlerin. Stets darauf erpicht, etwas Geld zu verdienen, war ich hocherfreut, als Professor Baldwin mir mitteilte, dass er an Bord eines Schiffes eine adlige Dame kennen gelernt habe, die gern Unterricht in der Verskunst nehmen wollte. Die Dame war Gräfin Colloredo-Mansfield; sie war mit einem österreichischen Diplomaten verheiratet, sie selbst entstammte der Familie Iselin von Long Island. Er glaubte, die Arbeit könnte mir gefallen. Sie bot drei Dollar die Stunde und wünschte eine Stunde in der Woche. Für mich war das Manna vom Himmel. Verskunst? War ich darin nicht schon früh ausgebildet worden durch den Unterricht bei Mr. H. N. Fairchild, den ich zusammen mit Shirley genossen hatte? Drei Dollar die Woche? Das war ein hübsches Einkommen zu einer Zeit, da die Dekanin Virginia Gildersleeve Studentinnen fünfunddreißig Cents pro Stunde für das Ausführen ihrer Hunde zahlte.

Mit dem Bus fuhr ich zum Domizil der Gräfin im Osten Manhattans, in meiner üblichen Aufmachung mit Gingham-Kleid und Baskenmütze. Falls sie meinen Aufzug belustigend fand, ließ sie es sich nicht anmerken. Stattdessen zeigte sie mir ihre Gedichte – teils auf Englisch, teils auf Deutsch, viele handelten von Mimosen –, und wir sahen sie zusammen durch, überprüften Reime, Versmaße und den Aufbau von Oktetten und Sonetten. Während meines zweiten Jahres auf der Universität zog sie in das Hochhaus des Hotel Ritz um. Ich war inzwischen neunzehn und hatte einen Führerschein. Ich hatte es mir leisten können, für hundert Dollar einen Ford zu kaufen, ein frühes Modell, arg strapaziert – einen Zweisitzer mit einem Klappsitz. Noch immer mit Gingham-Kleid und Baskenmütze, fuhr ich vor dem Ritz vor, wo sogleich der Portier auf mich zukam. Als er fordernd fragte, zu wem ich wolle, antwortete ich herablassend: »Zur Gräfin Colloredo-Mansfield.« Er musterte mich, mein Gingham-Kleid und meine Baskenmütze von oben bis unten und fragte dann: »Sind Sie ihr Hausmädchen?« – »Keineswegs! Ich bin ihre Lehrerin, guter Mann.« Stolz erklomm ich die Stufen, um meine Stunde in Verskunst zu geben.

Meine eigene Verskunst fand derweil ein Ventil im *Barnard College Quarterly*; die dort veröffentlichten Gedichte wurden auch in zwei Anthologien nachgedruckt, in *Columbia Poetry 1931* und *Columbia Poetry 1932*. Als ich den Leistungskurs in englischer Literatur besuchte, waren meine meisten Veröffentlichungen allerdings in Prosa und entstanden für das *Barnard Bulletin*.

Das wöchentlich erscheinende *Barnard Bulletin* lag in den kompetenten Händen des so genannten Intelligenzkartells: Helen Block, Herausgeberin, Evelyn Raskin, Chefredakteurin. Ich selbst hatte einen weniger verantwortungsvollen, aber in meinen Augen weitaus attraktiveren Posten bei der Zeitschrift. Ich war Redakteurin einer Kolumne mit der Überschrift »Hier und dort in der Stadt«, Untertitel: »Der zweite Rang«. Das versetzte mich in die beneidenswerte Lage, ein oder zwei Mal pro Woche Pressekarten fürs Theater zu bekommen. In dieser Zeit, als die Theater überall in der Stadt wie Pilze aus dem Boden schossen – wo es heute eines gibt, muss es damals zwölf gegeben haben –, reizte es viele Schriftsteller, für die Bühne zu schreiben, und das Publikum hatte eine schier unbegrenzte Auswahl. In den Depressionsjahren kosteten die besten Plätze 3,30 Dollar, aber wenn man behände war, bot der zweite Rang für 55 Cents eine gute, wenn auch etwas ferne Sicht. Ich hatte es am besten: Für mich war es ganz umsonst. Ich ging mindestens einmal in der Woche ins Theater, und samstags besuchte ich nicht selten eine Matinee und auch noch eine Abendvorstellung.

Oft wurde ich von einem jeweils aktuellen »Bekannten« ins Theater begleitet. Albert, der von den Jungferninseln stammte, wo sein Vater Konsul irgendeiner europäischen Stadt gewesen war, liebte es, Geschichten über den Voodoo-Zauber der dortigen Eingeborenen zu erzählen, doch an meinen Ansichten zu literarischen Fragen war er weniger interessiert. Ein anderer trug gern Smoking und machte eine sehr gute Figur als Begleiter, besonders bei Broadway-Premieren. Aber keiner meiner »Bekannten« teilte meine Leidenschaft für Poesie und Bücher. Meine Beziehungen zu meinen männlichen Altersgenossen waren angenehm, aber flüchtig. Es mangelte an wirklicher Geistesverwandtschaft, besonders jetzt, da ich mir wie ein echter Profi vorkam – in der Tat sollte ich mich später niemals wieder so »professionell« fühlen wie zu dieser Zeit.

In den Jahren 1931 und 1932 hob sich für mich der Vorhang zu Melodramen, Komödien und Tragödien, neuen Stücken und Wiederaufnahmen: Dramen von Eugene O'Neill in der Theatre Guild, Stücken von August Strindberg, Luigi Pirandello und Somerset Maugham – Aufführungen, die mich in ihren Bann zogen und meine Fantasie beflügelten. Entsprechend freigebig verteilte ich in meinen Theaterkritiken, die ich mit M. B. S. unterzeichnete, jede Menge guter Ratschläge an die Dramatiker von einst und jetzt. Nachdem ich Strindbergs *Vater* gesehen hatte, sprach ich die Empfehlung aus, dass es dem Stück »gut täte ... wenn man den letzten Akt streichen und dafür Akt eins und zwei erweitern würde«. Aus meinem reichen Erfahrungsschatz heraus nahm ich eine tiefgründige Analyse der Figuren in Pirandellos *Sechs Personen suchen einen Autor* vor und befand, eine von ihnen sei »geplagt von dem Dualismus der Kräfte, unter dem ältere Männer zu leiden pflegen«. Mein strengstes Urteil aber traf W. Somerset Maugham, der sich, wie ich feststellte, »seit seinem *Brief* kaum weiterentwickelt« hatte und der »überhaupt kein Dramatiker« war.

Für »Hier und dort in der Stadt« berichtete ich über mehr als nur das Theatergeschehen, und wenn ich nicht gerade in der Bibliothek las oder meine Freundinnen »bei Jake« traf (dem Eingang zum Barnard-Hauptgebäude, das von dem Philantropen Jacob Schiff gestiftet worden war), besuchte ich Ausstellungen. Allerdings fielen meine Berichte, die ich darüber für das *Barnard Bulletin* schrieb, etwas weniger kritisch aus als meine Theaterrezensionen. Außerdem war immer irgendetwas Aufregendes am Barnard College selbst los – Rafael Sabatini hielt eine Vorlesung über Literatur, Joseph Auslander sprach über amerikanische Lyrik. Amelia Earhart kam zu einem Vortrag. Norman Thomas, der vornehme Sozialist, hielt ein Plädoyer für die Anerkennung der Sowjetunion und gegen die Kriegsanleihe und erörterte die Gefahren eines zukünftigen Krieges.

Schon bald verfiel ich auf die Idee, selbst im College eine Ausstellung zu präsentieren, und lud keinen Geringeren als Ben Shahn – damals gerade auf dem Weg zum Weltruhm – ein, seine Bilder an die Barnard-Wände zu hängen und zur Vernissage einen einleitenden Vortrag zu halten. Shahn war einverstanden, und ich begann mit den Vorbereitungen für das Ereignis. Ich dachte an alles. Ich reservierte einen Saal, kümmerte mich um die Aufhängung der Gemälde, forderte Rednerpult und Lautsprecheranlage an und bestellte

Tee, Sandwiches mit Kresse und Eiersalat, Biskuitgebäck und Kekse.

Am festgesetzten Tag erschien mein Künstler pünktlich zur vereinbarten Zeit. Doch außer ihm kam niemand. Wie sich herausstellte, hatte ich doch nicht an alles gedacht. Nirgends war ein Hinweis auf die Veranstaltung erschienen, nicht einmal in der Kolumne »Hier und dort in der Stadt« von M. B. S. Ich bemühte mich, mein Versäumnis wieder gutzumachen, indem ich hinauslief und jede vorbeikommende Studentin mit dem Ruf »Tee und Gebäck – kostenlos!« anzulocken versuchte.

Im Mai 1932 legte ich mein Examen am Barnard College ab und erhielt den »Phi-Beta-Kappa«-Schlüssel sowie eine Auszeichnung. Letztere wurde mir nach einer ausgedehnten schriftlichen Prüfung und einem gleichermaßen langwierigen mündlichen Examen zuerkannt, bei dem mich all meine Mentoren über Philologie, literarische Gattungen und britische Autoren ausfragten. Ich kann mich nicht mehr an bestimmte Fragen oder an irgendeine meiner Antworten erinnern. Aber ich weiß noch genau, dass ich während der ganzen Prüfung meine weiße Baskenmütze aufbehielt.

Viel war während meiner Zeit auf dem College passiert. Ich hatte mich bemüht, meine Jugend endgültig hinter mir zu lassen, und in gewissem Maße war ich tatsächlich reifer geworden. Ich hatte viel gelesen und ausgiebig geschrieben. Ich hatte die Freuden des selbständigen Studiums genossen. Und doch war es eine vollkommen andere Begebenheit, die sich als das wichtigste Ereignis meines Lebens erweisen sollte. Während meines ersten Jahres auf dem Barnard College hatte ich Leona Rostenberg kennen gelernt.

LEONA   Nachdem das Barnard College mich abgewiesen hatte, fand ich keinen rechten Halt im Leben. Ich verschwendete ein Jahr mit weiterführenden Kursen an der Columbia University, die zu gar nichts führten. Im Frühjahr 1927 wurde mir klar, dass ich irgendwann einen akademischen Abschluss brauchen würde, und so schrieb ich mich für das zweite Studienjahr am Washington Square College der New York University ein. Die U-Bahn-Fahrt zum Astor Place war lang und ermüdend, und das College, das östlich vom Washington Square lag, erinnerte an eine Fabrik. Es gab keinen Campus, kein Grün, keine Baumwipfel in der Ferne, keine von Geranien gesäumten Spazierwege. Ich besuchte Kurse in einem Gebäude, das wie ein Lagerhaus aussah.

Auch wenn die meisten Studierenden Männer waren, gab es doch eine große Anzahl von Frauen. Ein College-Abschluss war für jede berufliche Laufbahn wichtig, vor allem in den Geisteswissenschaften. Mit Ausnahme von Lucy Bender, die einen Job im Kaufhaus Macy's ergattert hatte, gingen all meine Freundinnen aufs College. Eine oder zwei von ihnen waren auch auf der New York University, und wir belegten dieselben Seminare und tratschten miteinander. Ihr Tratsch handelte meist von ihren Freunden. Ich hörte dabei eher zu, als selbst zu reden. Meine eigenen Verabredungen beschränkten sich auf Rendezvous mit zwei oder drei Söhnen von Freunden meiner Eltern, mit denen ich wenig gemeinsam hatte. Dorothy Parkers Zeilen »Selten macht sich mal ein Mann / An eine Frau mit Brille ran« kamen mir oft in den Sinn – und den Männern offenbar auch. Und so lauschte ich Elises Geschichten über ihren Arthur oder Bernices Geschichten über ihren Harold, während wir außerhalb des NYU-Campus spazieren gingen.

Jenseits des College lagen der Washington Square Arch

und die eleganten Federalist Houses aus rotem Backstein westlich der Fifth Avenue. Dort lag auch Greenwich Village mit seinen faszinierenden Straßen – Minetta Lane, Macdougal Street, Eighth Street mit ihren vielen Antiquitätengeschäften, Buchhandlungen, kleinen Restaurants und Cafés voller Künstler, Schriftsteller, Poeten und aufstrebender Genies.

Durch Greenwich Village zu schlendern entschädigte jedoch nicht zur Gänze für die Stunden, die ich in einem Bürogebäude zubringen musste. Erst in meinem dritten Studienjahr begann ich Gefallen am College-Leben zu finden. Ich hatte Freundschaften geschlossen, aber vor allen Dingen hatte ich eine Entdeckung gemacht: meine Leidenschaft für Geschichte.

Im Herbst 1928, in einem Seminar über englische Geschichte, das von Joseph Parks gehalten wurde, begann ich zu begreifen, wie stark die Gegenwart von der Vergangenheit geprägt war. Ich war verzaubert von seinen Ausführungen über die Dynastien der Tudors, Stuarts und des Hauses Hannover. Ich las Lytton Stracheys Biographie über Königin Victoria und vertiefte mich in die Bücher von Macaulay und Trevelyan. Später schrieb ich mich dann für ein Seminar in französischer Geschichte bei dem attraktiven André Alden Beaumont ein, dessen Aussehen ebenso aufregend war wie seine Vorlesungen. Er faszinierte mich mit seinen Schilderungen des farbenprächtigen Zeitalters des Sonnenkönigs Ludwig XIV. und ließ mir durch seine blutrünstigen Beschreibungen der Schreckensherrschaft das Blut in den Adern gefrieren. Zu dieser Zeit wurden die Ereignisse in der Sowjetunion, die sich gerade erst gefestigt hatte, nicht nur in den Zeitungen, sondern praktisch an jedem Esstisch diskutiert. Ein Seminar von Alexander Baltzly behandelte den Aufstieg und Fall der Romanows und erklärte belustigten Studenten den russischen Fünf-jahresplan. Wohl einer meiner anregendsten Kurse trug den Titel »Die Renaissance«. Er machte mich mit der Schönheit, der Kunst, der Literatur und den großen europäischen Namen des fünfzehnten und sechzehnten Jahrhunderts bekannt. Er behandelte die Wiederentdeckung der klassischen Bildung und ihren enormen Einfluss auf die Gelehrten. Und wo gerade von diesem Einfluss die Rede ist: Das vielleicht faszinie-rendste meiner Seminare in Geschichte war das über das alte Rom, das von dem eleganten und belesenen John Kasper Kra-mer gehalten wurde. Ich wanderte durch das Forum und er-blickte die Tempel der Juno und der Vestalinnen. Ich sah den Gladiatoren im Kolosseum zu. Und zum ersten Mal verstand ich das Aufkommen des Christentums, seine Ausbreitung und seine Unterdrückung durch Rom.

In meinem letzten Studienjahr hatte ich noch keinerlei Vorahnung meiner zukünftigen Laufbahn. Aber die Hausar-beit, die ich für einen literaturgeschichtlichen Kurs mit dem Titel »Von Beowulf zu Thomas Hardy« schrieb, war gewiss eine erste Andeutung. Ich beschäftigte mich darin nicht mit irgendeiner literarischen Größe, sondern mit dem ersten Ver-leger der *Canterbury Tales*, William Caxton. Damals war mir die Bedeutung der Wahl dieses Themas überhaupt nicht be-wusst, aber zweifellos war es ein Indiz für den Beginn meines Interesses an der Geschichte des Buchdrucks. Für das Titel-blatt meiner Hausarbeit zeichnete ich Caxtons Wappen ab: seine Initialen W. C.

1930 paradierte ich bei der Abschlussfeier mit den anderen hoffnungsvollen Bachelors of Art durch die Aula. Ich wusste nun über die Dynastie der Bourbonen, die Romanows, die zwölf Caesaren und die Erbfolge der Habsburger Bescheid. Doch was würde mir das nützen in der Welt der Depression, die mich umgab? Wie würde mein Wissen über die Vergangenheit mir helfen, der Zukunft zu begegnen?

In Wirklichkeit hatte meine Zukunft im Verlauf meines letzten Studienjahres auf dem Washington Square College bereits Gestalt angenommen, ohne dass ich es bemerkt hätte. Denn damals lernte ich eine Barnard-Studentin namens Madeleine Stern kennen. Zunächst beäugten wir einander herablassend. Madeleine war bloß Erstsemester in Barnard, und mein College zählte nicht zu den ersten Adressen in der akademischen Welt. Unser Zusammentreffen verlief kühl und wenig verheißungsvoll.

Es trug sich an einem Samstagmorgen im September 1929 in der Hebräischen Mädchenschule zu, einem Gebäude an der Fifteenth Street, Ecke Second Avenue. Damals unterstützte der angesehene Tempel Emanu-El eine Sabbat-Schule für die Kinder aus dem Viertel. Sie wurde von Henrietta Solomon geleitet, einer ehemaligen Lehrerin der Sonntagsschule von Emanu-El. Miss Solomon, eine allein stehende Frau von beachtlicher Leibesfülle, regierte ihr Reich mit leichter Hand und zwangloser, lässiger Manier. Den größten Teil des Vormittags machte sie es sich am Telefon bequem, organisierte ihre privaten Verabredungen und beaufsichtigte dabei die Schule. Sie kümmerte sich nicht allzu sehr um Disziplin, und so verliefen die Sabbat-Vormittage in entspannter, sorgloser Atmosphäre.

Wir waren beide auf unterschiedliche Weise mit Miss Henrietta Solomon verbunden, und es waren diese Verbindungen, die schließlich uns miteinander verbinden sollten. Meine Verbindung mit Miss Solomon begann im Sommer 1928 an Bord eines Schiffes, als meine Mutter und ich nach Übersee reisten. Am zweiten Tag auf See begrüßte uns eine große Dame, die einen Kneifer trug. »Sieh an, Louisa Dreyfus!« Meine

Mutter erwiderte: »Henrietta Solomon!« Sie umarmten sich. »Henrietta, das ist meine Tochter Leona.« An den darauf folgenden Tagen trafen wir uns immer zum Tee. Irgendwann wandte sich Miss Solomon mir zu und fragte, ob ich Lust hätte, an ihrer Sabbat-Schule zu unterrichten. Ich kam damals gerade ins zweite Studienjahr am Washington Square College. Ich hatte nie Unterricht in traditioneller jüdischer Geschichte gehabt. Ich hatte nie die Sonntagsschule besucht. Dennoch antwortete ich unerschrocken: »Sehr gern.« Sie sagte: »Wir zahlen 2,50 Dollar für jeden Vormittag, musst du wissen.«

Im September bereitete ich mich auf meine erste bezahlte Stelle vor, indem ich die Zehn Gebote las. Als ich in der Schule ankam, ordnete Miss Solomon an: »Leona, du wirst die jüngeren Kinder unterrichten. Meine Nichte bekommt die ältere Gruppe.« Da ich auf keinerlei Ausbildung in jüdischer Geschichte zurückgreifen konnte, basierte mein Unterricht auf den Geschichtsseminaren der Herren Parks und Beaumont. Ich erzählte den Kindern ebenso viel über König Artus und den Schwarzen Ritter wie über die Könige Israels. Sie waren begeistert. Wenn es Zeit wurde für ihren Hebräischunterricht, zog ich mich zurück. Ich setzte mich hinten ins Klassenzimmer und beschäftigte mich mit einer überfälligen Hausaufgabe fürs College. Wenn einer meiner äußerst gewissenhaften achtjährigen Schüler ankam und mich nach meiner Deutung eines bestimmten hebräischen Wortes fragte, kaschierte ich meine Unwissenheit, indem ich erwiderte: »Meinst du, es wäre anständig, wenn ich dir vorsagen würde?« Meine Fähigkeiten wurden oft in Frage gestellt, und mein Job war oft in Gefahr, am heftigsten, als ich in der Hebräischen Mädchenschule eine Weihnachtsfeier veranstaltete, zu der ich meine alte Freundin Lucy – die wie immer zu allem bereit war – einlud, die Tochter des Weihnachtsmannes zu spielen.

Das neue Jahr verlief ohne besondere Vorkommnisse, bis wir im September eine neue Lehrerin für die älteren Kinder der Sabbat-Schule begrüßten. Miss Solomon kündigte ihre Ankunft mit den Worten an: »Wir bekommen eine neue Lehrerin, die alles über jüdische Geschichte weiß.«

Die »neue Lehrerin« hatte genau in dem Tempel Religionsunterricht gehabt, an dem Miss Solomon unterrichtet hatte. Ja, sie war Miss Solomons Schülerin gewesen, und als Belohnung war ihr ein in Leder gebundenes *Buch der Psalmen* überreicht worden, das Miss Solomon mit der Inschrift »Für meine liebe kleine Madeleine Stern« versehen hatte. Als Miss Solomon 1929 bemerkte, dass ihre Schule mehr Kinder aus dem Viertel anzog, als sie vorausgesehen hatte, setzte sie sich mit Madeleine in Verbindung und bot ihr den üblichen Satz an: 2,50 Dollar den Vormittag. Mady war noch nicht verwöhnt von den drei Dollar pro Stunde, die sie bei Gräfin Colloredo-Mansfield verdienen sollte, und 2,50 Dollar für den Vormittag erschienen ihr noch als reicher Lohn.

Im September 1929, in dem Gebäude an der Fifteenth Street und Second Avenue, wurden wir schließlich einander vorgestellt. Es war keine viel versprechende Begegnung. Keine von uns fühlte sich zur anderen hingezogen. Eine Studienanfängerin aus Barnard? Nicht ernst zu nehmen. Eine Studentin der New York University? Nicht sehr beeindruckend.

Während ich für meine Klasse Achtjähriger meine eigenen Unterrichtsstunden über die Artussage aufwärmte, griff Madeleine auf ihren umfangreichen Zettelkasten zurück und schritt zu Nutz und Frommen ihrer Elfjährigen von der Schöpfungsgeschichte bis zum Auszug aus Ägypten voran. Als sie einmal versuchte, die Theorie der Evolution in ihre Schilderung der Geschichte des jüdischen Volkes einzuflechten, und in großen Buchstaben das Wort an die Tafel schrieb, meldete sich ein aufgeweckter Junge und fragte: »Miss Stern, gehört da nicht noch ein R vor Evolution?«

Trotz des Mangels an Interesse füreinander wurden wir gezwungenermaßen zusammengeführt. Wenn die Schüler Unterricht bei ihrem Hebräischlehrer hatten, trafen wir uns oft und zogen uns in die Eisdiele auf der gegenüberliegenden Straßenseite zurück. Unsere Gespräche waren jedoch kaum besonders denkwürdig. Weitaus denkwürdiger war die Bemerkung, die eine Barnard-Studienanfängerin im Beisein einer NYU-Studentin gegenüber einer Freundin am Telefon machte: »Es macht Spaß, mit Leona zusammen zu sein, aber sie ist *keine Intellektuelle.*« In den langen Jahren, die folgten, wurde diese Bemerkung immer wieder hervorgeholt und gab immer neuen Anlass zum Schmunzeln.

In der Zwischenzeit lief die Sabbat-Schule weiter. Im Frühling, zum jüdischen Purimfest, bekam Madeleine eine Sonderaufgabe von Miss Solomon. Offenbar hatte Miss Solomons Nichte mit den Kindern ein Purimspiel einstudiert. Bei der Generalprobe war die Nichte verhindert, und das Stück sollte am selben Tag aufgeführt werden. Ob Madeleine das übernehmen würde?

In ihrer forschen, unverwüstlichen Art erklärte sich die Barnard-Studienanfängerin dazu bereit. Sie merkte schnell, dass kein einziges Ensemblemitglied seinen Text konnte. Alle waren vollkommen unvorbereitet für eine Aufführung vor den Eltern, die zu dieser Gelegenheit erwartet wurden. Trotzdem musste das Stück über die Bühne gehen. Als sich der Vorhang hob, erblickte man auf der Szene die pummelige Königin Esther – mit verwirrtem Gesichtsausdruck. Madeleine war hinter den Kulissen mit dem Bösewicht, Haman. Haman hörte sein Stichwort, um die Bühne zu betreten, blieb aber wie angewurzelt stehen und weigerte sich, sich von der Stelle zu rühren. Da gab die Studienanfängerin ihm einen Schubs und sagte laut und deutlich: »Raus mit dir, du verdammter Idiot! Beweg dich!« Es sollten die einzigen verständlichen Worte bleiben, die während der gesamten Aufführung zu hören waren. Als Haman auf die Bühne katapultiert wurde – sein weißer Bart aus Watte war ihm auf die Nase gerutscht –, landete er unter einem kleinen Tisch. Esther beugte sich hinunter, um ihn anzusprechen, und er blieb während der ganzen Aufführung dort sitzen. Ich saß neben Miss Solomon in der ersten Reihe. »Kann ich irgendwie helfen?«, fragte ich ängstlich. Noch heute habe ich Miss Solomons wütende Antwort im Ohr: »Du bleibst, wo du bist. Es ist auch so schon schlimm genug.«

Keine von uns beiden war überrascht, als die Sabbat-Schule am Ende des Jahres schloss. Und als ich einen meiner Schüler fragte: »Eddie, wirst du im nächsten Jahr wiederkommen?«, war seine Antwort: »Nee, ich lern hier gar nix.« Die Barnard-Studienanfängerin und die NYU-Studentin sollten niemals mit Gewissheit erfahren, ob sie oder die Große Depression dem Experiment an der Fifteenth Street ein Ende gesetzt hatten. Die Freundschaft jedoch, die in diesem Jahr begann, sollte sich als dauerhafter erweisen – dauerhafter sogar, als wir selbst uns vorstellen konnten.

LEONA Die Große Depression traf die NYU-Abschlussklasse von 1930 hart. Vielleicht schritten wir noch mit etwas Hoffnung und Ehrgeiz durch die Aula, doch dann mussten wir versuchen, Arbeit zu finden. Ich hatte sogar meinen 2,50-Dollar-Job an der Sabbat-Schule verloren. Trotz meines Wissens über die Vergangenheit war ich nicht vorbereitet auf die Gegenwart. Ich hatte keine Kurse in Pädagogik belegt und konnte mich darum nicht einmal auf eine Stelle als Lehrerin bewerben, die traditionelle Position für Frauen. Wenn mir als Kind die unvermeidliche Frage gestellt wurde: »Was willst du einmal werden, wenn du groß bist, kleine Leona?«, kam meine Antwort ohne Zögern: »Reporterin!« Nun, wenn ich über die Scheidungen Heinrichs VIII. oder die Frivolität Marie Antoinettes berichten konnte, konnte ich vielleicht auch über etwas aktuellere Begebenheiten schreiben – die Unfähigkeit Herbert Hoovers, die Stagnation des Landes, insbesondere die missliche Lage meiner Generation. Ich würde es versuchen.

Ein Freund meines Bruders hatte einen Freund, dessen Cousin eine Stelle bei der Sonntagsausgabe der *Daily News* hatte. Eine derartige Verbindung musste ich mir zu Nutze machen. Als ich ihn um Rat fragte, sagte er mir frei heraus, dass es absolut keine freie Stelle bei irgendeiner Zeitung in New York City gebe. Allerdings, vielleicht in Westchester ... Und so fand ich mich in Dobbs Ferry wieder. Doch wie ich dahin gekommen war, bleibt ein Rätsel. Die zukünftige Nelly Bly[4] stand schließlich dem Chefredakteur der Lokalzeitung gegenüber. Und er stand mir gegenüber – mit meinen 1,50 Meter, meinem zerzausten Haar, meiner Hornbrille und meinem begehrlichen Blick.

»Einen Job, Kleine? He, wir entlassen Leute. Warum versuchen Sie es nicht in Tarrytown?«

»Ist das sehr weit von hier?« Mein Budget ging zur Neige.

»Einfach über den Hügel, Kleine. Sie können zu Fuß hingehen.«

»Einfach über den Hügel« dauerte drei Stunden. Meine Schuhe waren so ramponiert wie meine Moral. Dennoch, die Jugend ist strapazierfähig, und als ich schließlich beim *Tarrytown Tatler* ankam, gelang es mir schon wieder, etwas Hoffnung und Optimismus zu verströmen. Weder das eine noch das andere fiel auf fruchtbaren Boden. Ein dicker, freundlicher Gentleman mittleren Alters wiederholte die vertrauten Worte: »Einen Job, Kleine? He, wir entlassen Leute.« Leicht mitleidig fügte er hinzu: »Sie kommen aus New York. Warum machen Sie nicht einen von diesen Apfelständen auf? Sie können Äpfel für fünf Cents das Stück verkaufen!«

Meine Westchester-Mission war gescheitert. Ich würde es

---

4 Eigentlich Elizabeth Cochrane (1867[?]–1922), legendäre Star-Reporterin, die durch ihre Reise um die Welt in 72 Tagen international berühmt wurde. (Anm. d. Übers.)

in einer anderen Richtung versuchen, nach Osten. Ich nahm den Nahverkehrszug nach Battery, stieg um auf die Fähre und fuhr über die Bucht nach Staten Island. Ein Bus brachte mich zum Büro des *Staten Island Advance*. Der Chefredakteur beäugte mich skeptisch. »Woher kommen Sie, Miss?« Ich hatte Angst, ihm zu sagen, dass ich in der abgelegenen Bronx wohnte, und antwortete dreist: »Manhattan.« Er schwieg einen Moment und sagte dann: »Sie können nicht jeden Tag von Manhattan aus hierher pendeln, Kleine. Und davon mal abgesehen – selbst wenn Sie auf der anderen Straßenseite wohnen würden, könnte ich Ihnen keinen Job anbieten. Keine Jobs, kein Geld, kein Garnichts.«

Auf dem Rückweg zum Festland passierten wir die Freiheitsstatue, aber ihre Fackel hatte sich verdunkelt.

Einige Wochen später besuchte uns ein alter Berliner Freund meines Vaters zum Abendessen. Dr. Nikolai Cahen war in Russland geboren worden und in die deutsche Hauptstadt emigriert, wo er ein erfolgreicher Arzt mit Praxis am Kurfürstendamm geworden war. Kurz nachdem er im Ersten Weltkrieg zur kaiserlichen Armee eingezogen worden war, geriet er in Verdacht, ein russischer Spion zu sein. Folgerichtig wurde er gegen einen deutschen Kriegsgefangenen ausgetauscht und in seine russische Heimat geschickt. Dort geriet er beinahe umgehend in Verdacht, ein deutscher Spion zu sein. Ohne weitere Umstände schickten ihn die Russen in ein Typhuslager in Sibirien. Wie man sich vorstellen kann, hatte Dr. Cahen inzwischen – zehn Jahre danach – eine großartige Geschichte zu erzählen, was er denn auch am Esstisch in aller Ausführlichkeit tat.

Anscheinend hatte er seine großartige Geschichte auch zu einem Manuskript verarbeitet. Das Manuskript war jedoch auf

Deutsch geschrieben, und Dr. Cahen war auf der Suche nach einem Übersetzer. Ich spitzte meine Ohren. Hier gab es endlich etwas, das ich tun konnte. Nicht nur dank meines Vaters, sondern auch dank meiner lieben Babette pflegte ich täglich das Deutsch, das ich in Evander gelernt hatte, und konnte folglich einigermaßen fließend sprechen. Außerdem – hatte ich auf der NYU nicht ein Seminar über russische Geschichte bei Alexander Baltzly besucht? Dr. Cahens Geschichte reizte mich. Sofort fragte ich: »Wie wäre es mit mir?«

Dr. Cahen war erfreut, meine Familie applaudierte, und die Bedingungen wurden erörtert. Ich sollte 100 Dollar bei der Publikation des Opus bekommen, das den Titel *Von der Spree zum Amur* trug. Dr. Cahen hatte Kontakt – wenn auch noch keinen Kontrakt – zu dem Verlag Boni, Liveright. Er plante, nach Deutschland zurückzukehren, würde aber das Manuskript bei mir lassen, und ich sollte dem Verlag dann meine fertige Übersetzung präsentieren.

Dr. Cahens Reisebericht war wirklich erstaunlich. Er behandelte selbstverständlich seine Deportation nach Sibirien und seinen Aufenthalt im Typhuslager in der Nähe von Stretensk, einem Kosakendorf im asiatischen Teil Russlands. Das Werk enthielt farbenprächtige Schilderungen des Amur in Ostsibirien nahe der mandschurischen Grenze und hatte eine exotische Anmutung, die ich auch in meiner Übersetzung zu vermitteln versuchte. Spannend war die Schilderung, die der Doktor von der bolschewistischen Revolution von 1917 gab, als die Roten im Osten gegen die Weißen kämpften. Immer mehr glich *Von der Spree zum Amur* einem Drehbuch zu einem turbulenten Film, und ich schuftete weiter, verbrachte vier oder fünf Monate mit dem aus Deutschland Deportierten und aus Sibirien Geflüchteten.

Als meine Aufgabe vollendet war, meldete ich mich bei

Dr. Cahens Kontaktperson bei Boni, Liveright, und wurde gebeten, das Manuskript vorbeizubringen. Das tat ich, und in den folgenden Wochen schwankte meine Stimmung zwischen höchster Erwartung und tiefster Verzweiflung. Ein gebieterischer Anruf von Boni beseitigte schließlich alle Zweifel: »Miss Rostenberg, ich würde Ihnen raten, herzukommen und das Manuskript abzuholen. Wir ertrinken hier in Manuskripten über rote Russen und weiße Russen, so dass wir das Cahen-Buch unmöglich auch noch in unser Programm aufnehmen können.«

Zu dieser Zeit wurde meine niedergedrückte Stimmung durch meine Freundschaft mit einem anderen deutschen Emigranten gehoben, Carl Flanter. Carl war gut aussehend und charmant, und mit Anfang zwanzig war es eine erfreuliche Erfahrung für mich, dabei gesehen zu werden, wie ich an der Seite dieses stattlichen Exemplars von Mann die Straße entlangging, den Mittelgang eines Kinos hinabschritt oder ein Restaurant wie Lindy's betrat. Ich versuchte mich zu der Überzeugung zu bringen, dass ich in ihn verliebt war. Aber jenseits der Äußerlichkeiten gab es da wenig Substanz. Akademische Bildung war bei ihm praktisch nicht vorhanden, und sein größter Ehrgeiz war darauf gerichtet, Erfolg im Handschuh-Geschäft zu haben. Sosehr ich mich auch bemühte, die Unterhaltungen mit ihm interessant zu finden, musste ich mir selbst doch eingestehen, dass sie langweilig waren. Selbst meine Familie, die mich gern verheiratet gesehen hätte, blieb reserviert gegenüber Carl. Unsere Beziehung verlief im Sande – genau wie meine Karriere als Reporterin und meine Übersetzung des Buches *Von der Spree zum Amur*.

Das einzig Positive, das ich tat – so schien mir –, war, dass ich zum ersten Mal meine Stimme bei der Wahl des Präsidenten der Vereinigten Staaten abgab. Im November 1932 stimmte ich für Franklin Delano Roosevelt. Es würde noch bis März des folgenden Jahres dauern, bis er sein Amt antrat. Vielleicht würden sich dann die Dinge zum Besseren wenden. Was aber gab es in der Zwischenzeit für mich zu tun? Da sie keine Arbeit finden konnten, gingen viele meiner Altersgenossen, Frauen wie Männer, auf die Universität. Ich beschloss, mich ihnen anzuschließen und ein Promotionsstudium in Geschichte an der Columbia University aufzunehmen. Im Herbst 1932 immatrikulierte ich mich in Morningside Heights und wählte Mittelalterliche Geschichte als Hauptfach und Neuere europäische Geschichte als Nebenfach. Mein Studienplan wurde abgerundet durch Vorlesungen über amerikanische Kolonialgeschichte, von Alan Nevins über Historiographie und dem brillanten Carleton Joseph Huntley Hayes über Nationalismus. Niemals habe ich vergessen, wie Professor Hayes am 30. Januar 1933 mit düsterer Stimme zu seinen zahlreichen studentischen Zuhörern, die mucksmäuschenstill dasaßen, sagte: »Meine Damen und Herren, heute hat Präsident Hindenburg Adolf Hitler zum deutschen Reichskanzler ernannt. Die Welt wird niemals mehr dieselbe sein.«

Carleton Hayes beschäftigte sich mit der Zukunft. Alan Nevins beschäftigte sich mit der Vergangenheit. In seinem Kurs brachte er den Studierenden den Wert und Gebrauch von Quellenmaterial nahe. Ich bekam die Aufgabe, eine Hausarbeit über die Ursachen des großen Londoner Brandes vom September 1666 zu schreiben. Um diese verheerende Katastrophe zu rekonstruieren, konsultierte ich die Tagebücher der Augenzeugen John Evelyn und Samuel Pepys. Die beiden Berichte widersprachen einander. Während Pepys erklärte, das Feuer sei in einem Holzstapel neben dem Haus von John

Martyn, Drucker der Royal Society, ausgebrochen, stellte Evelyn fest, es habe in der St. Paul's Cathedral seinen Ausgang genommen. Ich musste die Glaubwürdigkeit beider Berichte abwägen. Dafür benötigte ich einen dritten Augenzeugen, aber auch dessen Glaubwürdigkeit konnte man nicht einfach voraussetzen. Es gab jedoch keinen dritten Augenzeugen, der einen Tagebucheintrag über den großen Londoner Brand hinterlassen hatte, so dass ich schließlich in der Luft hing. Der Brandherd konnte niemals präzise lokalisiert werden. Aber ich war mit der großen Frage »Was ist Wahrheit?« konfrontiert worden und hatte den Wert der Skepsis kennen gelernt. Und ich war auf dem Weg zu Glanz und Elend wissenschaftlicher Entdeckungsarbeit.

Auch wenn mir das matte Lächeln von Austin P. Evans irgendwie trügerisch vorkam, gelang es ihm doch, mich in die mittelalterliche Welt des Feudalismus zu versetzen. Die Großgrundbesitzer, die Leibeigenen, der Ackerbau, die Ritter in ihren Rüstungen, die Hofdamen, die Minne, die Turniere, der Klerus, die Bedrohung durch die Türken, die Kreuzzüge, die Stellung der Juden – Professor Evans vermittelte alles.

Als Professor Evans mich eines Tages, im Frühjahr 1933, in sein Büro bestellte, sollte ich merken, dass sich an der Stellung der Juden auch in Morningside Heights nichts geändert hatte. Während eines Gesprächs über meine Seminararbeiten blickte er aus dem großen Fenster in Fayerweather Hall und sagte zu mir: »Miss Rostenberg, schrauben Sie Ihre Hoffnungen nicht zu hoch. Sie haben zwei schwer wiegende Nachteile: Sie sind eine Frau, und Sie sind Jüdin.« War ich erneut in eine Sackgasse geraten? Verschwendete ich in Columbia nur meine Zeit? Ich fand genug von meiner Fassung wieder, um zu antworten: »An keinem von beiden kann ich etwas ändern, Professor Evans.« Dann verließ ich das Büro.

Professor Lynn Thorndike zog es vor, mit »Mister« angesprochen zu werden. In seinem üblichen dunkelgrünen Anzug schlich er in den Hörsaal und dozierte über die Wunder der Astrologie des zwölften Jahrhunderts, Hexerei, Okkultismus und Mystizismus. Wie Professor Evans sah er lieber aus dem Fenster, als seine Zuhörerinnen und Zuhörer anzublicken, und murmelte vor sich hin. In seinem Seminar über mittelalterliche Geistesgeschichte teilte er mir ein Hausarbeitsthema zu, das ich gründlich verabscheute: der Einfluss der arabischen Astrologen des Mittelalters auf die westliche Kultur. Ich sollte die lateinischen Vorworte der Werke Albumasars, Alkindis, Albohazen Alis und ihrer Kollegen übersetzen. Da ich nicht einmal den Unterschied zwischen Großem und Kleinem Wagen kannte, fand ich das Thema Astrologie überflüssig. Das Missvergnügen, das meine Übersetzungsarbeit prägte, wurde ein wenig gemildert durch den Rat und Zuspruch zweier brillanter Kommilitonen, mit denen mich fortan eine herzliche Freundschaft verband, Ben Nelson und Blaise Hospodar. Der eine war Thorndikes Lieblingsschüler, der andere war Ungar und ein vorzüglicher lateinischer Philologe. Beide bemühten sich, mir ihre Ansicht nahe zu bringen, dass es gewisse Verbindungen zwischen der arabischen Astrologie und der modernen Zivilisation gebe, und dank ihnen bekam ich meine Seminararbeit fertig. »Mister« Thorndike war hocherfreut über meine Ergebnisse.

Irgendwann 1933 erspähte ich ein bekanntes Gesicht auf dem Campus. Die Studienanfängerin aus Barnard, meine alte Kollegin aus der Sabbat-Schule, war inzwischen Columbia-Studentin. Madeleine Stern war zurück in meinem Leben. Sofort verabredeten wir uns zum Mittagessen, um einander auf den neuesten Stand zu bringen. Nun brachen alle Dämme. Während wir zuvor mit einer gewissen Verachtung auf die jeweils andere herabgeblickt hatten, fühlten wir uns in der akademischen Welt, die uns umgab, ebenbürtig. Seitdem trafen wir uns regelmäßig in Eisdielen, Doppelvorstellungen im Kino und vor allem im Theater. Eine lebenslange Freundschaft hatte begonnen.

Madeleines Freundinnen wurden bald auch meine, und als Shirley Alvin heiratete und Helen sich in Raymond verliebte, fühlten wir uns beide allein gelassen. Mady verarbeitete dieses Thema auch in einem Roman, an dem sie von Zeit zu Zeit schrieb. Als Folge davon wurde unsere Beziehung natürlich umso enger. Von nun an war Madeleine diejenige, mit der ich all meine Probleme besprach, von der Tatsache, dass ich so selten Verabredungen am Samstagabend hatte, bis zu der ständigen ärgerlichen Fragerei meiner Mutter, wenn ich tatsächlich einmal eine Verabredung am Samstagabend hatte: »Hast du ihn gefragt, ob er sich wieder meldet?«, von den Schwierigkeiten der arabischen Astrologie bis zu den Eigenheiten Lynn Thorndikes. Und als ich 1936 vor meiner mündlichen Doktorprüfung stand, war Mady diejenige, mit der ich meine Sorgen teilte.

Seit über einem Jahr war ich in die Vorbereitung für meine mündliche Prüfung vertieft. Selbst in den WPA-Konzerten[5], die ich mit Mady besuchte – Haydn und Mozart für fünfzig Cents –, ging ich im Geiste die Geschichte Karls des Großen,

---

[5] WPA = *Works Project Administration*, ein von der amerikanischen Regierung subventioniertes Projekt, das während der Depressionsjahre arbeitslosen Künstlerinnen und Künstlern Auftritts- und Verdienstmöglichkeiten gab. (Anm. d. Übers.)

Heinrichs III. von England und der Medici bis hin zur Industriellen Revolution durch. Zu dem Zeitpunkt, als das Datum für die Prüfung feststand, kam es mir vor, als bestünde mein Kopf aus lauter Schubladen – und ich gestattete niemandem, ihn zu berühren, aus Furcht, auch nur ein Datum oder Faktum aus den Augen zu verlieren.

In der Tat, am 20. April 1936, dem Tag meiner mündlichen Prüfung, wurde von mir erwartet, mit Daten und Fakten nur so um mich zu werfen. Ich saß neben dem Vorsitzenden der Prüfungskommission, dem »himmlischen« Mister Thorndike. Um den Tisch herum saßen all die Größen der Historischen Fakultät der Columbia University: David S. Muzzey, Charles D. Hazen, die Autorität für die Französische Revolution, der international bekannte Carleton J. H. Hayes, Eugene Byrne, der Mediävist, der den abwesenden Austin Evans vertrat. Die Prüfung verlief lebhaft, es gab auch ein, zwei Fragen über Thorndikes arabische Astrologen. Mit Hayes diskutierte ich über den Wiener Kongress und mit Hazen über den Thermidor der Französischen Revolution. Es gab sogar eine außerhalb des Prüfungsgebiets liegende Frage über Dantes *Göttliche Komödie*, die David Muzzey an mich richtete. Nachdem ich sie beantwortet hatte, fühlte sich mein Kopf auf einmal leichter an. Gegen Mittag war die Befragung zu Ende, und ich ging mit zwei Freundinnen zum Essen. Als wir über den Campus schlenderten, begegneten wir Professor Muzzey. Er blieb stehen, nahm meine Hand und sagte: »Junge Dame, Sie haben sich heute mit Ruhm bedeckt.« Jetzt fühlte sich mein Herz ebenso leicht an wie mein Kopf. Es gab keine Grenzen für mich.

Schon einige Zeit hatte ich über ein Thema für meine Dissertation nachgedacht. Im Zusammenhang mit den arabischen Astrologen hatte ich viel mit Inkunabeln – Büchern aus dem fünfzehnten Jahrhundert – zu tun gehabt und großes Interesse an den Anfängen des Buchdrucks entwickelt. Die Bedeutung der Druckerpresse für die Verbreitung von Wissen und für die Meinungsbildung während der Renaissance und der Reformation schien mir ein originelles Dissertationsthema zu sein. Welche Rolle hatte der Drucker und Verleger gespielt? Wie groß war damals die Leserschaft? Gaben die Vorworte des Druckers Hinweise auf seine Ansichten und Absichten?

Voller Erregung flog ich die sechs Stockwerke in Fayerweather Hall zu Mr. Thorndikes Büro hinauf. Er erhob sich und gratulierte mir zu meiner mündlichen Prüfung.

»Ich freue mich sehr, und ich wünsche, dass Sie für Ihre Dissertation Ihre Forschungen über die arabischen Astrologen fortführen.« Für einen Augenblick war ich wie vor den Kopf geschlagen. Wie konnte ich es wagen, Mr. Thorndike daran zu erinnern, dass ich nur wenig Interesse an seinen arabischen Astrologen hatte, sondern Feuer und Flamme für mein Projekt über Drucker und Verleger war? 1936 wagte es niemand, Lynn Thorndike zu widersprechen. Trotzdem plapperte ich drauflos und eröffnete ihm meinen eigenen Plan, über die frühen Drucker als Beförderer von Wissenschaft und Reformation zu forschen. Während ich fortfuhr, schwieg Thorndike. Sogar über den richtigen Ort für meine Arbeit hatte ich mir Gedanken gemacht. Ich würde nach Straßburg gehen. Aus zwei Gründen: Diese Stadt war ein Zentrum des Humanismus und der Reformation gewesen, ihre Bibliotheken waren weltberühmt. Zweitens war Straßburg zwar offiziell eine französische Stadt, aber seine Kultur war deutsch. Bei der jetzigen Bedrohung durch den Nazismus wäre ich in einer französischen Stadt vollkommen sicher. Außerdem beherrschte ich die deutsche Sprache, und Straßburg, das schon immer ein politischer Spielball gewesen war, war deutsch geprägt.

An dieser Stelle unterbrach Mr. Thorndike meinen enthusiastischen Redefluss: »Ihre Drucker waren nichts als Schreiberlinge, völlig ungebildet. Sie hatten, wenn überhaupt, nur geringe Bedeutung. Dieses Thema hat in meinen Augen gar keinen Wert.«

»Ich glaube, ich kann meinen Standpunkt begründen, Professor Thorndike«, sagte ich leise. »Ich würde es gern versuchen.«

Jung und unverfroren, wie ich war, beschloss ich, mit meinen Straßburger Druckern weiterzumachen. Ich versuchte, Thorndikes mangelnde Begeisterung für mein Thema einfach zu vergessen. Erste Untersuchungen bestätigten meine Ansicht, dass Drucker und Verleger tatsächlich die Leser beeinflussen wollten. Als ich die Vorrede zu einer flammenden Predigt Martin Luthers las, stieß ich auf Äußerungen, die das persönliche Engagement des Verlegers für die Reformation belegten. Mir wurde klar, dass der Verleger nicht nur mit den Lehren des Reformators übereinstimmte, sondern sie verbreiten wollte. In einem humanistischen Text von Erasmus fand ich eine Vorrede des Verlegers Schürer, der ein Universitätsstudium absolviert hatte. Darin pflichtete er den Ansichten des Autors bei und fügte auf Latein den Appell »Kaufen Sie! Lesen Sie! Genießen Sie!« an. Ich wusste, ich würde mehrere solcher Vorreden finden. Ich war sicher, ich könnte Mr. Thorndike überzeugen, wenn ich meine Dissertation erst einmal fertig hatte. Dafür musste ich ins Ausland gehen und mich für einige Monate in Straßburg niederlassen. Über die Jahre hatte ich die großartige Summe von 700 Dollar zusammengespart – heute entspräche das etwa 7000 Dollar –, das reichte für die Reise und den Aufenthalt in einer Straßburger

Pension. Als ich meinen Plan ausarbeitete, geriet ich ins Wanken. Ich würde von meinen Eltern und von Mady getrennt sein. Ich würde allein in einer weit entfernten Stadt leben. Aber ich musste es tun. Ich musste vollenden, was ich angefangen hatte. Am 5. August 1936 stach ich an Bord der *Aquitania* in See – erster Halt Le Havre.

MADELEINE   Während Leona ihren Doktortitel anstrebte, versuchte ich es zunächst mit dem Magistergrad. Wie so viele College-Absolventen des Jahrgangs 1932, die keine Arbeit, aber ein paar Ersparnisse hatten, schrieb ich mich für ein Magisterstudium ein. An der Columbia University führte ich mein Studium so weiter, wie ich es auf dem Barnard College begonnen hatte. Ich belegte Seminare in Englischer Literatur vom Mittelalter bis in die viktorianische Zeit. Die *Cambridge History of English Literature* wurde meine ständige Begleiterin, und der Rauch meiner Zigaretten setzte sich darin fest, während ich mich durch die Seiten arbeitete. Fast alle meine Freundinnen rauchten; die einen, weil Zigaretten ihnen eine gewisse Lässigkeit und Eleganz verliehen, die anderen, abhängigeren waren Kettenraucherinnen. Ich für meinen Teil war überzeugt, dass ich ohne Zigarette im Mund weder lernen noch kreativ sein konnte. In Unkenntnis späterer Enthüllungen über die Auswirkungen des Nikotins pflegte meine Mutter zu sagen: »Warum nicht – solange es nicht gefährlich ist.« Und so rauchte ich mich durch die *Cambridge History of English Literature*.

Mein Spezialgebiet war zu dieser Zeit die Literatur des Mittelalters, und als Thema für meine Magisterarbeit wählte ich das Leben der Maria Magdalena und ihre Darstellung in der mittelalterlichen Dichtung. Meine Urgroßmutter hatte Magdalena geheißen, und nach ihr war ich Madeleine genannt worden. Vielleicht war das ein Grund für mein Interesse. Ein anderer war, dass ich einfach fasziniert war von dieser Jüngerin Jesu, in der ich eine gespaltene Persönlichkeit entdeckt hatte, und so verfolgte ich ihre literarischen Gestaltungen. Ich tat das in Columbias Low Library und in der New York Public Library, und ich tat es so intensiv, dass ich auch Darstellungen späterer Autoren einbezog und dabei weit ins neunzehnte Jahrhundert hineingeriet. Meine Magisterarbeit entwickelte sich zu einem dicken Wälzer. In den Seminaren meines alten Freundes Professor Baldwin, in denen eine kleine Gruppe von Studenten gemeinsam mittelalterliche Lieder sang und über Dantes *Göttliche Komödie* diskutierte, erörterte ich den Konflikt zwischen Sünderin und Heiliger in den Magdalenen-Darstellungen der englischen Literatur. Im Frühjahr 1933 hatte ich meine Magisterarbeit – meinen Wälzer – abgeschlossen.

Danach tat ich, was die meisten taten, die ihre Magisterarbeit fertig hatten: Ich brachte mein Werk der Sekretärin des Englischen Seminars, um es abtippen zu lassen. Das war damals so üblich. Eines Abends bekam ich einen Telefonanruf: »Miss Stern, besitzen Sie eine Kopie Ihrer Magisterarbeit?«

»Nein«, antwortete ich. Ich besaß keine Kopie. Das Original war das einzige Exemplar, und das war sicher im Sekretariat des Englischen Seminars deponiert. Da tönte es vom anderen Ende der Leitung: »Ich fürchte, dass zwei Drittel Ihrer Arbeit im Büro abhanden gekommen sind. Wir haben das erste Drittel – das ist abgetippt worden.«

Meine Mutter und ich eilten sofort zur Universität. Wir verbrachten einen großen Teil des Abends damit, Columbias Mülleimer zu durchsuchen. Zwei Drittel von Maria Magdalena waren einfach verschwunden. Ihre Rolle in der Literatur des sechzehnten bis neunzehnten Jahrhunderts hatte sich in Luft aufgelöst. Und möglicherweise auch mein Magisterabschluss. Erst nach langwierigen Beratungen der höchsten Gremien beschlossen Columbias Oberste, das erste Drittel von Maria Magdalena stellvertretend für die gesamte Arbeit anzunehmen und mir den Magistertitel zuzuerkennen.

Das Magdalenenerlebnis hatte zwei wichtige Folgen: Es ermutigte mich, Recherchen weit über die Grenzen hinaus zu treiben, die ich mir ursprünglich gesetzt haben mochte. Wenn meine Arbeit nicht so lang gewesen wäre, hätte ich schließlich keinen Abschluss bekommen. Andererseits hielt mich der Vorfall davon ab, weiter zu studieren. Ich hatte keine Lust mehr, Vorlesungen anzuhören. Aber ich war versessen darauf, unabhängige Forschungen zu betreiben. Ich wollte auch unbedingt Geld verdienen, selbst in diesen Zeiten der Depression. Ich hatte bereits die ausgiebigen Prüfungen absolviert, die die Kandidatinnen und Kandidaten für Lehrerstellen an den New Yorker High Schools durchlaufen mussten. Es würde Monate dauern, bis die Ergebnisse bekannt gegeben würden. Bis dahin würde ich mindestens ein Semester freihaben – sechs Monate, um zu schreiben, nachzudenken, zu tun, was mir gefiel. Am Ende hatte mir das Jahr 1933 mehr gebracht als Freiheit. Es hatte mir ein Wiedersehen mit meiner Lehrerkollegin aus der Sabbat-Schule beschert, mit der ich einen großen Teil meines Lebens verbringen sollte.

Ihr teilte ich – im Austausch gegen ihre Gedanken über arabische Astrologen und die Geistesgeschichte – meine Überlegungen zu einem Projekt mit, woraus mein erster publizierter Zeitschriftenartikel werden sollte. Er trug die Überschrift »Hungrige Gespenster«, nach einem Satz von Conrad Aiken – »Wir sind die hungrigen Gespenster der Ichs, die wir einst kannten« –, und den Untertitel »Wandlungen des Identitätsbegriffs in der zeitgenössischen Literatur«. Die Studie widmete sich einem Thema, mit dem ich mich im akademischen Kontext nie beschäftigt hatte. Ich war fasziniert vom Dualismus der menschlichen Natur, und so, wie ich Maria Magdalena durch die Geschichte verfolgt hatte, suchte ich nun nach dem Kern der Identität bei Strindberg und Dostojewskij, bei Proust, Eugene O'Neill und T. S. Eliot. Den Artikel, der 1935 in der Zeitschrift *Sewanee Review* erschien, beendete ich mit den Worten: »Die Verfasserin hat das Gefühl, dass es nun Zeit ist, mit der unendlichen Vielfalt ihrer Ichs ein wenig an die frische Luft zu gehen.«

Mit Leona führte ich die unendliche Vielfalt meiner Ichs an die frische Luft und diskutierte Pläne für eine Fortsetzung des Artikels im *Sewanee Review*, der sich mit den Wandlungen des Zeitbegriffs in der Literatur beschäftigen sollte. Mit Leona sprach ich auch über einen jungen Mann namens Alter Fischof und darüber, was es bedeutete, dass er in mein Leben getreten war. Er hatte eine meiner Publikationen gelesen und wollte mich kennen lernen. Meine Mutter meinte, er könnte ein Mörder sein, und war dagegen. Also musste ich zu der ersten Begegnung mit ihm in Begleitung von zwei groß gewachsenen Freunden gehen. Als wir uns dann das zweite Mal trafen, bemerkte Alter: »Wie ich sehe, sind Sie diesmal ohne Ihre Kohorten gekommen.« In Wirklichkeit war er kein Mörder. Er war – seltsam genug – ein Rabbi, wenn auch ohne Gemeinde, und ein brillanter Kopf. Obwohl er sich die Mühe machte, mich seiner Mutter vorzustellen, war unsere Beziehung nicht von Dauer. Wie es schien, bereitete es mir mehr Vergnügen, mit Leona darüber zu reden, als sie tatsächlich zu erleben.

Niemals fühlte ich mich von meinen Eltern zum Heiraten gedrängt. Ich bin sicher, dass meine Mutter mich gern verheiratet gesehen hätte, aber mit dem »richtigen« Mann, einem Gefährten in einer verständnisvollen, dauerhaften Beziehung. Heiraten um des Heiratens willen lehnte sie ab, wie sie auch für alle anderen bloßen Äußerlichkeiten des Lebens keinen Sinn hatte. Auch ich hätte gern eine solche Beziehung gehabt. Aber keiner der Männer, mit denen ich ausging, teilte meine Leidenschaft fürs Schreiben und für Bücher, und darum kam mir auch keiner von ihnen wirklich nahe. Anders als Leona. In dieser Hinsicht war unsere Freundschaft ebenso ungewöhnlich wie intensiv, wenn sie auch immer platonisch blieb. Helens Ehemann Raymond sagte einmal anerkennend: »Mady und Leona sind das vollkommenste Paar in unserem Kreis.« Die meiste Zeit waren Leona und ich viel zu sehr damit beschäftigt, uns einander anzuvertrauen und unseren Austausch zu genießen, und kamen darum gar nicht dazu, unsere Freundschaft zu analysieren.

1934 wurde ich Englischreferendarin an der Theodore Roosevelt High School. Von mir wurde erwartet, dass ich als eine Art Sekretärin für den Seminarleiter fungierte, ein wenig unterrichtete und viel beobachtete. Die Theodore Roosevelt High School lag in der Bronx, nicht allzu weit von Leonas Wohnung entfernt. Am Freitagabend fuhr ich normalerweise mit dem Bus von der Schule zu ihr, und gemeinsam verdauten wir die Ereignisse der Woche und das wundervolle Abendessen, das Babette zubereitete. Mein Gehalt als Referendarin betrug 22,50 Dollar in der Woche. Auch wenn ich die Arbeit ernst nahm und mich bemühte, es meinen Vorgesetzten recht zu machen, füllte mich das Unterrichten doch nicht aus. Eher mechanisch tat ich, was getan werden musste, aber es bereitete mir kein Vergnügen. Das Gehalt war jedoch verlockend, und da ich bei meinen Eltern lebte, konnte ich auch noch etwas Geld beiseite legen.

Ich wusste selbst, dass mein Unterrichtsstil einiges zu wünschen übrig ließ. Ich neigte dazu, die Dinge allzu stark zu vereinfachen, selbst für unterdurchschnittliche Schüler. In einer meiner Klassen behandelte ich Geschichten aus dem Alten Testament, und um die Doppelrolle des Richters im alten Israel – aktiver Anführer des Kriegsheeres in der Schlacht und in Friedenszeiten Strafrichter, der über Verbrecher zu Gericht saß – so klar wie möglich zu erläutern, wurde ich ein wenig zu bildlich. »Der Richter im alten Israel«, ließ ich meine Schüler wissen, »hatte zwei Aufgaben. Die eine erfüllte er im Stehen, die andere im Sitzen.« Die wörtliche Übertragung meines Vergleichs sorgte für große, unbeabsichtigte Heiterkeit in der Klasse.

Im Sommer 1934 hatte ich das Gefühl, ich hätte genug Geld beiseite gelegt, um nach Übersee gehen zu können. Leona konnte nicht mitkommen, damals steckte sie bereits zu tief in den Vorbereitungen für ihre Doktorarbeit. Meine Mutter war bereit, mich zu begleiten; am 4. Juli gingen wir an Bord der S. S. *Washington*, und meine literarische Reise nach Frankreich und England begann. Während der ganzen Zeit zeichnete ich meine Beobachtungen und Empfindungen auf, sowohl in Briefen an Leona und meine anderen Freundinnen als auch in einem Fünf-Jahres-Tagebuch, das ich am Ende beinahe ausschließlich mit den Details meiner zweimonatigen Reise gefüllt hatte. Von Chartres nach St. Germain-en-Laye, von Dinard nach Dinan, von der Bibliothèque Nationale zum Musée Rodin wanderte ich und schrieb und schrieb und wanderte. An den Pariser Quais kaufte ich meine ersten seltenen Bücher und hielt in meinem Tagebuch fest, dass dort die Bücher

in grauen Metallbehältern aufbewahrt werden, die aufgeschlossen werden, um sie der Kundschaft zu präsentieren. Ein paar amerikanische & ausländische Bücher in Papierumschlägen & ein paar französische & lateinische aus dem 16.–18. Jahrhundert. Habe

eine Ovid-Ausgabe aus dem 17. Jahrhundert für 40 Francs ge-
kauft und ein Exemplar von Erasmus' Lob der Torheit mit Hol-
bein-Zeichnungen, 17. Jahrhundert, für 140 Francs ... [und eine
Baudelaire-Übersetzung von Poe für 3 Francs]. Alle paar Stände
ein anderer Händler – einige Frauen dabei in dicken schwarzen
Petticoats, beflissen bieten sie ihre kostbare Ware an, und einige
Männer mit roten Schnurrbärten, die wirklich etwas von Büchern
verstehen.

Jahre später, als Leona und ich Partnerinnen im Antiquariatsgeschäft waren, sollten wir den Ovid aus dem siebzehnten
Jahrhundert, die Baudelaire-Übersetzung von Poe und auch
den Erasmus mit den Holbein-Illustrationen verkaufen. Und
das *Lob der Torheit* sollte im Mittelpunkt eines Buches stehen,
das wir gemeinsam schrieben: *Suchbuch – Gästebuch: Eine Bi-
blio-Torheit.* Das »Suchbuch« aus dem Titel war Erasmus'
Meisterwerk.

In England wurde die Literatur, die ich studiert hatte, für
mich zum Leben erweckt. In der Bodleian Library sah ich die
Gitarre, die Shelley Jane geschenkt hatte. In Salisbury sah ich
Florence Nightingales Bett, nun im Besitz ihres geliebten
Freundes Arthur Hugh Clough. Meine Mutter und ich saßen
unter einem Zeltdach im Regent's Park und sahen bei strömen-
dem Regen John Drinkwater als Prospero in *Der Sturm.*

Inzwischen war mir ziemlich klar geworden, dass Unterrichten nicht das Richtige für mich war, auch wenn ich es weiterhin tun musste. Es sollte mir den Rücken freihalten für das,
was ich wirklich tun wollte: schreiben. Als wir von meiner »Literarischen Reise nach Übersee« nach Hause kamen, kehrte
ich zu meiner Unterrichtstätigkeit zurück und recherchierte
weiter für honorarfreie Artikel in wissenschaftlichen Zeitschriften.

Ich kehrte auch zu Leona zurück, und unsere Freundschaft

bekam nun eine ganz neue Dimension. Ihr Bruder Adolph begann eine Rolle in meinem Leben zu spielen. Wenn Chaucer ihn auf dem Weg nach Canterbury hätte auftreten lassen, hätte er ihn wohl einen sehr »plötzlichen« Mann genannt. Heutzutage, wiedergeboren im zwanzigsten Jahrhundert, als junger Arzt, war er noch immer ein »plötzlicher« Mann, brillant, aber herablassend, ein Mann, der seine Ziele beharrlich und entschlossen verfolgte. Nein, im zwanzigsten Jahrhundert würde man ihn nicht »plötzlich« nennen, sondern »Macho«. Dennoch war es oft faszinierend, mit ihm zusammen zu sein, und unsere Beziehung hatte ebenso viele Höhen wie Tiefen. Seine Arbeit als Mediziner hielt ihn nie von seinen zahllosen Hobbys ab: Briefmarken wurden von tropischen Fischen, Botanik von Mathematik abgelöst. Eine Zeit lang war ich vermutlich eines seiner Hobbys. Merkwürdigerweise nannte er mich nie Mady, sondern einfach Stern, und ich nannte ihn nie Rusty, nur A. Am Ende wurde uns klar, dass es kaum wirkliche Liebe war, die uns verband. Er hatte heiraten wollen und hatte mich für die Position seiner Ehefrau ausgewählt. Ich wandte mich dem nächsten zu, der aber auch nicht der Richtige war.

Bill war weitaus weniger »plötzlich« und »Macho« als A. Er war Jurist bei der Einwanderungsbehörde und Amateurviolinist. Oft spielte ich Publikum für die Quartette, die er zusammenstellte. Er war interessant und originell, aber ganz gewiss nicht reif für die Ehe oder eine dauerhafte Beziehung. Außerdem hatte er einen vulgären Zug, der sich gelegentlich offenbarte. Ich erinnere mich an eine *Tristan*-Aufführung, die er, ohne zu zögern, als »Scheiße« bezeichnete. Zu der Zeit gelang es ihm, mich damit zu schockieren.

Ich bin mir nicht sicher, wie all meine Geständnisse und Vertraulichkeiten auf Leona gewirkt haben. Alles, woran ich mich erinnere, ist die Tatsache, dass diese Mitteilungen mir beträchtlich mehr Vergnügen machten als die Erlebnisse, die sie ausgelöst hatten. Und das zeigte mir ziemlich deutlich, dass ich ihren Bruder A. nicht heiraten sollte, und auch nicht seinen Nachfolger Bill. Vielleicht sollte ich überhaupt niemanden heiraten.

Diese Überlegungen machten es mir nicht gerade leichter, von außen dabei zuzusehen, wie meine Freundinnen und Freunde sich zu Paaren zusammenfanden. Shirley hatte geheiratet und ein Baby bekommen. Helen würde Raymond heiraten, sobald sie genügend Geld gespart hatten. Abgesehen von den Gesprächen, die ich mit Leona über all das führte, tat ich, was für mich das Natürlichste war: Ich schrieb meine Beobachtungen in Prosa nieder.

Auf dem College hatte ich mit meinem Roman begonnen, aber nun wurde mir klarer, in welche Richtung ich damit gehen wollte. Ich nannte ihn *Wir werden fortgerissen*, nach einem Vers aus Edna St. Vincent Millays *Hirsch im Schnee*:

Dieses ist mein Testament: Wir werden fortgerissen;
Uns're Farben sind wie Wolken, die der Wind verweht;
Für einen Augenblick jedoch sah'n wir den Feind im Ungewissen:
Das war, als er der Liebe Banner auf uns'rem Helm erspäht.
Der Tod ist unser Meister –, doch seine Macht zerrinnt,
Noch kämpft er siegreich –, doch seine Reih'n sind ausgedünnt.

Nicht der Tod regierte in meinem *Wir werden fortgerissen*, sondern die Liebe und die Konventionen, in denen meine Liebenden Halt suchten. Ich gründete die Handlung meines Romans auf das Kinderlied »Der Bauer im Tale«: »He, holla heh, der Bauer im Tale«, »Der Bauer nimmt sich eine Frau«, »Die Frau nimmt das Kind«, »Das Kind nimmt das Kindermädchen«. In dem Kinderlied läuft der Bauer schließlich davon, die Frau läuft davon, das Kind läuft davon. Nur das Stück Käse bleibt allein zurück. Und wie dieser Käse beobachtete ich in meinem Roman die Paarbildungen und die Fluchten und wie es ist, am Ende verlassen dazustehen. Diese Grundidee war simpel genug für einen Romanerstling, aber ich begann mit einer etwas prätentiösen Exposition und kam dann nicht recht auf den Punkt.

Ich widmete *Wir werden fortgerissen* meiner Mutter, die, wie mir schien, mit Anerkennung zugehört hatte, wenn ich daraus vorlas. 1935 wurde der Roman in einem kleinen Verlag veröffentlicht, der Galleon Press, deren Büro im Flat-iron-Gebäude in der Fifth Avenue 175 lag. Meine Mutter hatte in einer New Yorker Zeitung eine Anzeige entdeckt, in der der Verlag bekannt gab, dass er auf der Suche nach Manuskripten, insbesondere Romanen sei. Ein paar Versuche, *Wir werden fortgerissen* unterzubringen, waren bereits gescheitert, und so folgte ich dem Vorschlag meiner Mutter, es bei Galleon zu probieren. Die Verlagsleiter, Gerta Aison und Kenneth Houston, waren beide begeistert von meiner Einsendung. Sie waren auch begeistert von ihrem Verlag, den sie als »Haus für erlesene Editionen und Bücher von Rang« bezeichneten. Mein Stolz darüber, meine eigene Schöpfung tatsächlich zwischen zwei Buchdeckeln zu sehen, wurde nachträglich von leichten Zweifeln gedämpft. Vielleicht hätte ich noch etwas länger warten sollen und es bei bekannteren und größeren Verlagen versuchen sollen. Aber mit dreiundzwanzig konnte ich solche Gedanken leicht beiseite schieben, wenn ich hoch oben in einem Doppeldeckerbus nach Downtown zum Flatiron-Gebäude fuhr und in dem Bewusstsein schwelgte, dass ich unterwegs zu »meinem Verleger« war. Obwohl die Publikation mich mit großer Zufriedenheit erfüllte – und mir eine gewisse Blasiertheit einflößte –, erreichte *Wir werden fortgerissen* doch kaum einen besonderen »Rang«. Meine Freundinnen und Freunde lasen es natürlich mit unverhohlener Neugierde; für sie hatte es den Reiz eines Schlüsselromans. Eine Rezension in der *New York Times* vom 15. September 1935 war jedoch nicht allzu freundlich. Der Kritiker gestand zwar zu, der Roman sei »kraftvoll, lebendig und einfühlsam«, beweise »das Bemühen, in die Tiefe zu dringen, und Unerschrockenheit vor seiner kruden Direktheit ... aber er übernimmt sich und verspricht mehr, als er am Ende halten kann«. Eine Provinzzeitung, das *Blackwell Daily Journal* aus Wewoka, Oklahoma, hielt mehr von *Wir werden fortgerissen* und beschrieb es als »ein einzigartiges Buch ... eine Reihe von Erzählungen über die Probleme junger Mädchen. Ihre Wünsche und Enttäuschungen, ihre Liebe und ihr Hass, ihre ethnischen und religiösen Unterschiede – all das wird hier mit Sympathie und Verständnis geschildert.« Und die Hauptfigur war laut Einschätzung des Rezensenten »ungewöhnlich«, mit »ultra-modernen Ansichten ... stets auf der Suche nach Lösungen für die bedrückenden Fragen ... eine faszinierende Persönlichkeit, die sich am Ende zu einer besonderen, wertvollen Frau entwickelt«.

Das *Blackwell Daily Journal* war nicht nur freundlich, sondern auch optimistisch. Ich selbst hatte damals keineswegs das Gefühl, dass ich mich »zu einer besonderen, wertvollen Frau entwickelt« hatte. Ich kam mir noch immer vor wie der Käse, der einsam im Regal stand. Dank der Veröffentlichung meines Romans hatte ich nun den Ehrgeiz, alles und jedes, was ich schrieb, gedruckt zu sehen. Das einzige Problem war nur, dass ich nicht recht wusste, was es denn eigentlich genau war, das ich schreiben wollte. Und schon bald würde ich voll und ganz verlassen sein. Die Vertraute, der ich stets

Konventionelle Flitterwochen – Lillie Mack Stern und Moses R. Stern an den Niagara-Fällen, Juni 1902

Meine wunderschöne Mutter – Louisa Dreyfus Rostenberg, 1914

Mein elegant gewandeter Vater –
Adolph Rostenberg, 1914

Madeleine, über die Zeitungs-
nachrichten sinnierend, um 1915

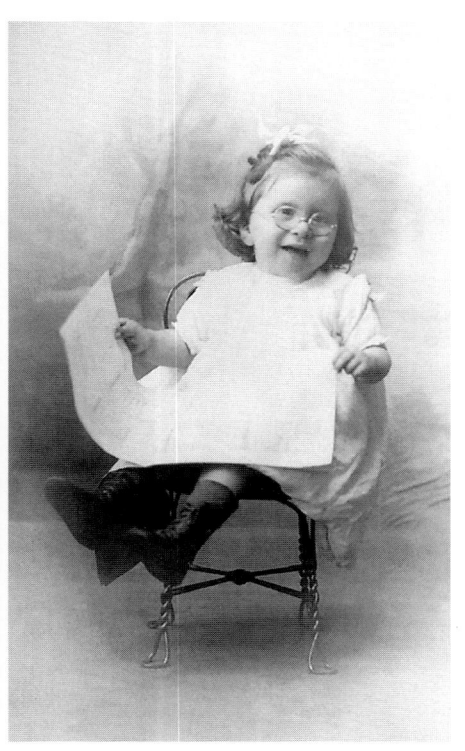

Leona, über die Weltereignisse kichernd, um 1910

Madeleine in einem Ziegenkarren, Harlem 1918

*Leona mit ihrem Bruder Adolph jun.,
dem bösen Buben, 1914*

*Madeleine mit ihrem großen
Bruder Leonhard Mack
Stern, um 1919*

*Leona, Bachelor of Arts, New York
University 1930 – Abschied von der
»Fabrik«*

Die nachdenkliche Wissenschaftlerin – Madeleine, Absolventin der Hunter College High School, Dezember 1928

Madeleine mit dem Kapitän der S. S. Stockholm während der »wundervollen« Überseereise 1925

Leona in Straßburg am Rhein,
August 1936

Leona und Madeleine
mit Glengarries,
London 1937

Der Unvergleichliche unter
den Buchhändlern –
E. P. Goldschmidt aus London

Unsere »fünftürige Pagode«, Ogunquit, Maine 1938

Leona im Boot Nr. 3 mit Chimpie und Glengarry, 1938

Madeleine mit ihren Hühnern
Meg, Jo, Beth, Amy, 1944

LEONA ROSTENBERG

takes pleasure in announcing

that she will engage in the sale of Rare Books

at

152 East 179th Street
New York 53, N. Y.

Tremont 8-2789

»Eine wackere neue Firma«, 1944

mein Herz ausgeschüttet hatte, würde schon bald unterwegs sein auf ihrer eigenen Suche, zu ihrem eigenen Abenteuer. Leona würde ihr eigenes Leben leben, mit alten Büchern und neuen Bekanntschaften in einer Stadt, die dreitausend Meilen entfernt war. Und nachdem ich so weit gekommen war, schien ich nun wieder in einer Sackgasse zu stecken.

⊲ Straßburg am Rhein ⊳

LEONA Zwischen einer Reise nach Übersee im Jahre 1936 und heute liegt ein him-
melweiter Unterschied. Die Überfahrt
nach Frankreich mit der S. S. *Aquitania*
dauerte sechs Tage. Das Bordleben war
angenehm; die meisten Passagiere waren
Engländer oder Amerikaner, ihre Sprache
und ihre Umgangsformen waren die meinen,
so dass das Schiff fast wie eine Außenstelle
Amerikas wirkte. Aber Pärchen dabei zuzusehen, wie sie an
Deck ihre Runden drehten, war oft schmerzlich für mich. Ich
war neidisch auf so viel Nähe und sehnte mich nach der Gesellschaft Madeleines. Außerdem genoss eine Frau vor sechzig
Jahren auf einer solchen Seereise einfach noch nicht dieselbe
Freiheit und Ungezwungenheit wie heute.

An Bord der *Aquitania* lernte ich eine junge Frau kennen,
mit der sich eine oberflächliche Freundschaft entwickelte. Sie
war auf dem Weg nach Wien zu ihrem Vater, und wir beschlossen, den ersten Abend in Paris gemeinsam zu verbringen, ehe wir am nächsten Tag zu unseren jeweiligen Zielorten
weiterreisten. Als wir jedoch in Le Havre ankamen, stellte
meine Schiffsbekanntschaft fest, dass es doch schon eine

Möglichkeit gab, sofort nach Wien weiterzufahren, und so fand ich mich plötzlich mutterseelenallein in Paris wieder.

Ich meldete mich im Terminus an, einem kleinen Bahnhofshotel beim Gare de l'Est, gab meinen Schrankkoffer für die Bahnfahrt nach Straßburg am nächsten Tag auf und nahm die Metro zum Louvre. Mit wenig Begeisterung starrte ich die *Nike von Samothrake*, Leonardos *Mona Lisa* und die anderen Meisterwerke im Grand Salle an. Ich ging durch die Tuilerien, versetzte den Kieselsteinen missmutige Fußtritte und sehnte mich nach etwas Vertrautem. Ohne viel zu sehen, lief ich weiter zur Rue de Rivoli, zu den Champs Élysées und hielt in der Nähe des Triumphbogens an, um in einem Café Brioches und Kaffee zu mir zu nehmen. Der schier endlose Tag endete schließlich wieder im Terminus, wo ich mich sofort hinsetzte und Briefe an meine Eltern und an Mady schrieb.

Am nächsten Morgen nahm ich mit neuem Mut und Tatendrang den Zug nach Straßburg. Dort wurde ich von einem Bekannten meines Bruders, Freddy Gall, in Empfang genommen. Seine Begrüßung fiel eher pflichtgemäß und wenig enthusiastisch aus. »Mein Gott, du hast einen Koffer! Das wird mich ja Ewigkeiten aufhalten!« »Du musst meinetwegen nicht warten«, erwiderte ich. Er wartete und begleitete mich und meinen Koffer zur Pension Elisa, Rue de Goethe 3. »Bis bald!«, rief er, als er aus dem Taxi sprang und verschwand.

Ich wurde von der Besitzerin, einer Madame Betzner, in den vierten Stock geleitet. Das Zimmer, das mir zugewiesen worden war – Nummer 19 –, erinnerte an einen verlassenen Operationssaal. Das Bett war weiß, das Waschbecken war weiß, die Schrankwand war weiß. Madame Betzner führte mich ans Fenster, und ich starrte auf die andere Straßenseite, auf die Reklameschilder U. Clot Épicerie und A. Drizehn Tabac. Aber ich sah nicht die Schilder, sondern die große Veranda vor dem Haus in der Bronx, meinen Hund Chimpie, wie er in einen Sessel springt, Babette in der Küche, meine Mutter beim Bridge mit meinen Tanten, meinen Vater, wie er mich umarmt, wie ich mich mit Mady treffe, wie wir Arm in Arm kichernd zu einer Doppelvorstellung im Kino gehen und später eine große Portion Eis verschlingen. Madame Betzner holte mich in die Gegenwart zurück und sagte mir, das Abendessen sei um sieben.

Um sieben betrat ich den Speisesaal, obwohl mir nicht nach Essen zumute war. Ich wurde allein an einen kleinen Tisch platziert. Der große Tisch in der Mitte des Raumes war mit pensionierten französischen Militärs und ihren Ehefrauen besetzt. Ich sah niemanden unter fünfzig. Ich nahm mein Abendessen zu mir wie ein Trappistenmönch und zog mich auf mein Zimmer zurück. Auf dem Tisch lag ein Brief. Er war von Madeleine. Sie schrieb: »… Ich habe großen Respekt vor Dir – Deinem Mut – und der Entschlossenheit, mit der Du den Weg gehst, den Du Dir vorgenommen hast … Du tust etwas Großartiges und sehr Wichtiges für Dich selbst.« In dem Moment war ich weder mutig noch entschlossen. Ich begann mich zu fragen, warum ich überhaupt hergekommen war.

Die Gründe dafür, dass ich nach Straßburg gekommen war, wurden mir schon am nächsten Morgen vor Augen geführt, als ich mit meinem Regenschirm zur Universitätsbibliothek ging und mich zum Büro des Direktors Monsieur le Docteur Ernst Wickersheimer begab. Als ich ihm meine Aufwartung machte, erhob er sich höflich und sagte: »Ah, Madame, ich bin gerade dabei, an Professor Thorndike zu schreiben. Wir sind beide an den Anfängen der Naturwissenschaften interessiert.« Ich hatte das Gefühl, dass das ein schlechtes Omen war. Monsieur le Directeur fuhr fort: »Er hat mir von Ihrem Projekt geschrieben, und ich werde Sie sogleich zu Monsieur le Curateur des Livres Anciens führen.« Ich folgte ihm den Flur entlang zu einem Büro mit dem Türschild F. RITTER. Als wir eintraten, stand Monsieur Ritter, ein recht großer Mann mit schütterem Haar, auf, schüttelte ein paar Tabakskrümel von seiner Jacke und reichte mir die Hand. Monsieur le Directeur sprach ein paar einleitende Floskeln und verschwand.

Ich diskutierte mein Forschungsvorhaben mit Monsieur Ritter, der sehr aufgeregt war, als ich sprach. »C'est magnifique«, rief er aus. »Mit dem größten Vergnügen werde ich Ihnen bei der Auswahl der Bücher behilflich sein. Das ist ein wichtiges Projekt. Wie Sie wissen, besitzt unsere Bibliothek eine der größten Sammlungen von Inkunabeln und Büchern aus dem frühen sechzehnten Jahrhundert. Ich werde Sie nunmehr in unseren Katalogsaal bringen.« Hier standen die schweren Bände in den Regalen, die die Bestände der Bibliothek verzeichneten – in zwei Abteilungen, die eine mit *Avant la Guerre*, die andere mit *Après la Guerre* bezeichnet. Ich war nicht sicher, ob sich das auf den Bauernkrieg oder den Weltkrieg bezog. Monsieur Ritter zog, auf den Zehenspitzen balancierend, einen dicken Wälzer mit dem Etikett ER-ET heraus. »*Voilà – le Grand Érasme.*« Er nahm ein Bestellformular und trug die Signatur, den Namen und den Titel ein. »Na und?«, dachte ich. »Das machen wir in der New York Public Library jeden Tag.« Dann stellte er mich dem Leiter des Katalogsaals, Herrn Fischer, vor, der einen zahnbürstenartigen Schnauzbart, eine fest gebundene Krawatte und einen weißen Kittel zur Schau stellte. Er beäugte mich misstrauisch und verbeugte sich steif. Monsieur Ritter flüsterte mir dabei zu: »Sie müssen ihm Trinkgeld geben.« Ich warf Ritter einen fragenden Blick zu. »Trinkgeld? Jedes Mal, wenn er mir ein Buch bringt?« »Nicht *jedes* Mal«, antwortete er, »aber häufig.«

Schon bald folgten meine Tage einem geregelten Ablauf.

Ich arbeitete in der Bibliothek und suchte nach Vorreden von Druckern der Texte des »grand Érasme« und anderer Humanisten. Nachmittags besuchte ich ab und zu die Bibliothek des protestantischen Priesterseminars St. Guillaume, wo die jungen Seminaristen mich für die Ururenkelin von Frau Luther hielten. Hier waren die Bände zur deutschen Reformation aufgereiht, und die darin enthaltenen Vorreden legten Zeugnis über den reformatorischen Standpunkt ihrer Drucker ab.

An einem regnerischen Morgen klopfte es während eines Gesprächs mit François Ritter an der Tür. Dort stand ein winziger Mann, der aussah wie ein Bleiftstiftstummel mit weißem Haar und weißem Spitzbart. Monsieur Ritter sprang auf. »Ach, mein Freund, Herr Heitz.«* Er wandte sich zu mir und sagte: »Dies ist Monsieur Paul Heitz, die berühmte Autorität auf dem Gebiet des frühen Holzschnitts.« Monsieur Heitz begrüßte mich: »Sie sind nach Straßburg gekommen, um mich zu besuchen!«* Ich lächelte. »Natürlich.«*

Paul Heitz war in der Tat ein berühmter Wissenschaftler und ein außerordentlich freundlicher alter Herr. Er führte mich in der Stadt umher und zeigte mir, wo er sich während des Krieges 1870 versteckt gehalten hatte. Er nahm mich mit in sein Büro, wo er mir seine großartige Sammlung von Holzschnitten, Neujahrskarten aus dem sechzehnten Jahrhundert und einen römischen Füllfederhalter vorführte. Er überhäufte mich mit wurmstichigen Pfirsichen aus seinem Garten und einer Quitte: »*Pour Madame votre mère.*«

Einige Wochen später lud Monsieur Heitz mich ein, bei ihm zu Hause zu Abend zu essen. Nicht nur Frau Heitz bereitete mir einen herzlichen Empfang, sondern auch die perückenbedeckten Ahnen der Familie, die von den Wänden herabblickten. Père Heitz schlürfte voller Wohlbehagen seine Suppe, und Madame, eine kleine, rundliche Dame, versuchte mir das Gefühl zu geben, ich sei zu Hause, indem sie das Gespräch auf vertraute Themen lenkte.

»Sagen Sie, Fräulein, wie geht es denn so in Nicaragua?« Nicaragua, wiederholte ich innerlich. Was war das noch gleich? Nachdem ich es zuerst mit einem avantgardistischen Schriftsteller und einem Lokalpolitiker verwechselt hatte, erinnerte ich mich schließlich doch daran.

»Alles läuft bestens in Nicaragua. Kein Grund zur Sorge«, versicherte ich ihr.

Während Madame sich nun beruhigt auf ihren Steinbutt konzentrierte, übernahm Père Heitz die Gesprächsführung. Er hielt einen langatmigen Vortrag über den Faschismus und die deutschfreundlichen Gefühle vieler Elsässer.

»Mein liebes Kind, jeder Elsässer trägt etwas Deutsches in sich. Und wenn es Krieg gibt – und es wird Krieg geben –, werden viele Leute in dieser Stadt ihre deutschen Nachbarn mit offenen Armen willkommen heißen. Es gibt viele *collaborateurs*«, schloss er und fuchtelte mit der Gabel vor meiner Nase herum. »Ihr habt Gangster in eurem großartigen Land, wir haben *collaborateurs*.«

Voller Freude fand ich bei meiner Rückkehr in die Pension ein Brief von Madeleine über unser »großartiges Land« vor. »Jeder hier ist besorgt wegen der Wahlen, und die Gespräche sind alle sehr politisch«, schrieb sie. Ich wusste, es war ihre erste Präsidentschaftswahl, und wir hofften beide inbrünstig auf eine zweite Amtsperiode für Roosevelt. Mady unterrichtete wieder und erzählte, dass am Schwarzen Brett eine Notiz für die Englischlehrer hing: »Betr. Politische Themen. Bitte vermeiden Sie alle kontroversen Themen. Verwenden Sie für die ganze Klasse dasselbe Textmaterial. Lassen Sie niemanden eigene Texte mitbringen.« Es hatte den Anschein, als verschärfte sich in Amerika der Gegensatz zwischen links und rechts. Mady erwähnte, sie sei mit Bill zu einer »Kundgebung zur Unterstützung der spanischen Linken im Madison Square Garden« gegangen. »Spanien steht im Mittelpunkt der Aufmerksamkeit.« Und sie fügte hinzu: »Ganz New York ist in Aufregung wegen der Voraussage, dass es im September zu Massakern an Juden kommen könnte. Das stand in der *Times* und den *New Masses*. Die Zeitungen drucken aber auch wirklich alles.«

Trotz des Heimwehs, das die Briefe von zu Hause jedes Mal heraufbeschworen, verging die Zeit, und ich fühlte mich in meiner Straßburger Existenz immer wohler. Ich wurde mit der Stadt, ihrer Vergangenheit und ihrer Gegenwart vertraut. Ich erkundete das prächtige Münster mit seinen erstaunlichen Glasmalereien, seinem großartigen Hauptschiff und der Kanzel, von der meine Reformatoren vor Jahrhunderten ihre Donnerworte gesprochen hatten. Ich wanderte durch Petit France mit seinen engen, winkligen Straßen und den Giebelhäusern mit Dachgauben. Ich wanderte am 1579 errichteten Haus »Zum Hasen« vorbei, betrachtete eine massive getäfelte Haustür von 1618 und belauschte die Gespräche der lautstarken, gestikulierenden Einheimischen, die stets auf Deutsch geführt wurden. Allen teutonischen Zwischentönen zum Trotz war ich berauscht von Straßburg, das früher Argentoratum hieß, die Silberstadt.

Bald bemerkte ich bei meinen Besuchen in Ritters Büro, dass er immer so nahe wie möglich bei mir stand, und manchmal verirrten sich auch seine Hände. Wenn ich von ihm abrückte, rückte er hinterher. Schließlich sagte er: »Liebchen*, ich habe mich in dich verliebt. Ich kann nicht mehr arbeiten. Tag und Nacht denke ich an dich.« Ich sah ihn an, als ob er verrückt wäre, und tätschelte seine Hand. Am selben Abend schrieb ich an Madeleine:

Halt Dich fest, liebe Freundin, und warte ab, was ich zu erzählen habe. Ritter – der Bibliotheksleiter – hat sich in mich verliebt. Er ist mindestens fünfzig Jahre alt, Mady, und Großvater. Ich hab keine Ahnung, was ich tun soll. Er ist ein netter Kerl, aber er riecht nach Bier und Knoblauch. Ich schätze ihn als Fachmann für Bücher. Ich bin die Sirene von Straßburg.

Mady reagierte prompt auf meine Enthüllung und stellte detaillierte Fragen über meinen Inamorato, wie sie ihn nannte, und wollte sofort alles wissen. Sie nannte mich »Miss Amorosa« und zeigte sich überhaupt nicht überrrascht davon, dass »der Bibliotheksprofesseur sich vor Liebe nach Dir verzehrt«, und kam zu dem Schluss, »dass vieles für ihn spricht, wenn er einen so exzellenten Geschmack bewiesen hat«. Was sie selbst betraf, so spiegelte ihr Brief – wie all ihre Briefe –, trotz abendlicher Unternehmungen mit Bill und ein oder zwei D'Oyly-Carte-Aufführungen von Gilbert und Sullivan, ihre auffallende Einsamkeit wider. Sie beschrieb ihre Besuche im Metropolitan Museum, wo sie den Katalog studierte und die Meisterwerke von Rembrandt, El Greco, Velázquez und Goya betrachtete. »Es macht mir ein geradezu pubertäres Vergnügen, wenn ich den Maler eines Bildes erkenne, das ich nie zuvor gesehen habe, und ich finde, ich kann mit dieser Form von Ästhetik viel eher etwas anfangen als mit Musik.«

Dennoch hörte sie viel Musik, im Radio oder auf ihrem Decca-Grammophon, aber sie tat es allein. Sie las Freuds Autobiographie und Arnold Bennetts Tagebuch, aber sie erwähnte nie, dass sie mit jemand anderem als mit mir über diese Bücher diskutiert hätte. Sie hatte wieder angefangen zu schreiben – ein Theaterstück, das auf ihren Beobachtungen als Lehrerin basierte –, aber nur ihre Mutter hörte zu, wenn sie daraus vorlas und »fand, es klinge natürlich«. Mady dachte bereits an den nächsten Sommer und an die Möglichkeit einer Rückkehr nach Europa. »Hab mir eine Liste von Gemälden gemacht, die ich in der National Gallery und im Louvre sehen möchte.« Ihre Briefe zeugten von ihrer Einsamkeit. Aber auch von ihrer Liebe. »Ich bin sicher, dass wir für immer Freundinnen sein werden ... Wir werden uns entwickeln, aber nicht auseinander.«

Ich war in Wirklichkeit kaum eine »Miss Amorosa«. Aber im Fortgang meiner Arbeit, bei der mich Ritter ständig beobachtete, während Herr Fischer uns beide scharf im Auge behielt, bemerkte ich, dass ich mich doch verliebt hatte. Nicht in François Ritter – den guten alten Ritter –, sondern in die Bücher aus seinen Regalen. Ich spürte ihr Alter, bewunderte den wundervollen Druck, das schöne Papier, die breiten Ränder, den Duft, die Holzschnitte, aus denen das sechzehnte Jahrhundert aufzusteigen schien. Ich war verliebt in die Einbände, viele von ihnen aus Schweinsleder und mit Darstellungen der Caesaren, von Engeln oder Putten, andere mit den Köpfen Luthers, Melanchthons oder anderer großer Reformatoren darauf.

In der Pension hatte ich mich mit einem schnurrbärtigen Herrn angefreundet, der im vierten Stock ein Zimmer in meiner Nähe bewohnte. Georg Walther war intelligent, hatte Sinn für Humor, kein Geld und saß oft bei mir im Zimmer und aß meine Kekse und meine Weintrauben. Gelegentlich bat er mich um einen Kredit, den ich ihm aber nicht gab. Ab und zu gingen wir zusammen aus, und eines Abends besuchten wir das große Café am Place Kléber, die Taverne Kléber. Ein massiger, fleischiger Ober nahm unsere Bestellung entgegen: eine Tasse Kaffee und ein Glas Wein. Nach zwanzig Minuten kam der Ober wieder und warf unsere Bestellungen buchstäblich vor uns auf den Tisch. Als Georg protestierte, beugte sich ein Berg von einem Mann in einer schmierigen Schürze bedrohlich über mich und brüllte: »Hinaus! Sie sind keine gute Frau.

Sie sind eine verdammte* Jüdin!« Ringsum an den Tischen wurde dieser Refrain aufgegriffen und schwoll zu einem gewalttätigen Chor an: »Stinkende Jüdin!«* Ich hatte Mühe, von meinem Stuhl aufzustehen.

Als wir draußen waren, lehnte ich mich an einen Laternenpfahl, am ganzen Körper zitternd. Georg versuchte mich zu trösten. »Es gibt viel Antisemitismus. Wir sind in der Nähe von Deutschland.« Am darauf folgenden Sonntag blieb ich den ganzen Tag über in meinem Zimmer. Ich hatte Angst, nach draußen zu gehen. Der Glanz der Silberstadt hatte sich stark eingetrübt. Als ich Ritter von diesem Zwischenfall erzählte, sah er überrascht aus. »Aber Liebchen*, wie konntest du mit diesem Georg nur da hingehen? Wusstest du nicht, dass das Kléber das gesellschaftliche Hauptquartier der Nazis in Straßburg ist?«

Ich beschloss, dass ich fort musste. Ich reiste nach Paris, wo ich einen entfernten Verwandten hatte, der mich als seine kleine Yankee-Kusine betrachtete. Albert hatte ein bezauberndes Appartement im Viertel am Parc Monceau, wo er Omelettes in einer Pfanne briet, die die Spuren vieler vorangegangener Mahlzeiten trug. »Aber Albert, wäschst du deine Kochutensilien denn nie ab?« – »Es schmeckt so besser, Kätzchen.« Mit Albert stieg ich auf den Eiffelturm, besuchte Cafés und die Opéra Comique. Allein klapperte ich die Bücherstände ab und war unschlüssig, ob ich eine Geschichte der französischen Buchdruckkunst von Audin kaufen sollte. Ritter hatte mir empfohlen, den berühmten Buchhändler Leo Baer zu besuchen, und das tat ich. Er zeigte mir seine Sammlung von Wiegendrucken, und ich fragte ihn um Rat im Hinblick auf den Kauf des Audin, den ich noch immer erwog. Er riet mir zu, und die vier Bände wurden meine. Der Aufbau einer Bibliothek mit Nachschlagewerken für Buchhändler hatte begonnen. Mit neuem Enthusiasmus kehrte ich nach Straßburg zurück, um meine Arbeit abzuschließen.

Ritter begrüßte mich mit offenen Armen. Er kam auf mein Zimmer und rief aus: »Wie ich dich liebe! Du bist meine Bettina!« Ich entwand mich seiner leidenschaftlichen Umarmung und blickte dabei starr aus dem Fenster in Richtung U. CLOT ÉPICERIE und A. DRIZEHN TABAC. Ritters zunehmende Traurigkeit kontrastierte mit meiner wachsenden Ausgelassenheit. Wir beide wussten, dass ich bald nach Hause zurückkehren würde.

In einem ihrer letzten Briefe hatte Mady verkündet: »Ich plane diesen Sommer eine Europareise. Bitte … lass uns zusammen fahren. Zuerst nach Russland, wahrscheinlich in einem Kollektiv … Dann eine Fahrradtour in England.« Ich hatte kein besonderes Verlangen, Russland zu besuchen, weder im Kollektiv noch als Individuum, auch war ich nicht sehr erpicht auf Radfahren in England. Aber natürlich würde ich Mady liebend gern all meine alten Lieblingsplätze in Straßburg und Paris zeigen, also antwortete ich ihr, ich wäre entzückt, mit ihr reisen zu können, aber zugleich warnte ich sie, dass Europa sich rapide veränderte. »Ich habe so vieles beobachtet«, schrieb ich ihr, »auch das herannahende Ende des alten Europa, denn Straßburg, das ist die Alte Welt. Der Faschismus breitet sich in Europa aus. Da bin ich nun in Straßburg – eigentlich eine französische Stadt –, aber alles hier ist deutsch. Gleich auf dem anderen Rheinufer gibt es Hakenkreuze, und es ist zu Zwischenfällen gekommen, die ich unerwähnt gelassen habe. Alles scheint ins Wanken geraten zu sein. Trotzdem«, fügte ich hinzu, »dieser Aufenthalt hat meine Zukunft geprägt. Ich kenne jetzt meine Lebensaufgabe, und ich hoffe, ich kann mich ihr widmen. Wir sehen uns am Pier, Kätzchen!«

❧ Glengarry und Bergstock ❧

MADELEINE   Zwischen dem November 1936, als die *Lafayette* am Pier der French Line festmachte, und dem Juli 1937, als die S. S. *California* vom Pier der Anchor Line ablegte, lagen Monate der Arbeit und Monate der Freundschaft. Ich unterrichtete – und war nicht besonders zufrieden dabei –, arbeitete an einem Artikel über Propagandaliteratur und vertraute meine Probleme und kleinen Triumphe Leona an. Leona sah die Aufzeichnungen durch, die sie in Straßburg gemacht hatte, versuchte ihre These, dass der Verleger inhaltlichen Einfluss auf die Bücher hatte, die er vertrieb, zu untermauern, und überarbeitete ihre Doktorarbeit immer und immer wieder. Ihre Zuversicht wurde gelegentlich von Zweifeln getrübt – nicht über ihre eigene Ansicht, sondern über die von Mr. Thorndike. Aber die Aussicht auf unsere erste gemeinsame Auslandsreise, die nun immer näher rückte, ließ uns Zweifel und Schwierigkeiten vergessen, und wir konnten unsere Vorfreude kaum noch zurückhalten. Wir waren zwanzig, Amerika trug das Haupt erhoben, und die Welt lag uns zu Füßen.

Wir bereiteten uns auf unsere sorglose Reise vor – sorglos,

aber buchlastig. Wir erwarben ein Exemplar des *Führers zu den europäischen Hotels* und studierten es mit äußerster Gründlichkeit, wobei wir auf Namen und Preise etwas stärker achteten als auf den Komfort der Räumlichkeiten. Wen scherte schon Komfort? Wir wollten wohlklingende Namen, romantische Örtlichkeiten und niedrige Preise, und nach diesen Kriterien trafen wir unsere Auswahl. Dann fuhren wir fort – nicht etwa, indem wir Reservierungen machten, sondern indem wir einfach die Hotels in dem Buch ankreuzten und unsere Eltern anwiesen, ihre Briefe an die markierten Etablissements zu adressieren. Das war unsere ganze Vorbereitung auf unsere erste gemeinsame Auslandsreise, den »Unsere-Herzen-waren-jung-und-fröhlich-Trip« 1937 – und die Ursache für manch ein Abenteuer, das vor uns lag.

Unsere Ankunft in Schottland gab bereits den Ton für die gesamte Reise an: Sie war nicht nur sorglos, sie war übermütig und ausgelassen. Die *California* ging um fünf Uhr an einem nebelverhangenen Morgen in Glasgow vor Anker. Sofort beschlossen wir, dass es Zeitverschwendung wäre, direkt nach Edinburgh weiterzufahren. Warum nicht all die Lochs und Hochmoore mitnehmen, die auf dem Weg lagen? Also nahmen wir an einer Busrundfahrt durch das Land Sir Walter Scotts teil. Während wir die Lochs abklapperten – Loch Vennacher, Loch Katrine, Loch Lomond –, wurden wir immer schläfriger und dösten durch den größten Teil des Landes von Rob Roy und die Bergschluchten, die an die Lady of the Lake und Bonny Prince Charles gemahnten.

Am Loch Katrine mussten wir in einen anderen Bus umsteigen, und unsere Fahrt wurde mit einem Hauch Melodrama angereichert. Ein Träger kletterte mit dem Gepäck vom Dach des Busses herunter und fragte Leona: »Miss, ist das der Griff von Ihrer Reisetasche?« Leona schrie auf, als sie das klaffende

Loch in ihrer neuen Tasche sah, durch das ein Großteil ihrer Unterwäsche hervorquoll. »Keine Sorge, Lady, ich binde es zusammen.«

Die lädierte Tasche wurde auf den Bus Nummer 2 geworfen, der uns nach Stirling beförderte. Dort mussten wir mit all unseren Siebensachen aus Amerika einen Linienbus nach Edinburgh besteigen. In Stirling war Rushhour, und so mussten die beiden unerschrockenen Reisenden aus New York die ganze Strecke bis zum St. Andrews Square hindurch stehen. Es schien mir ratsam, mich vor unserer Ankunft beim Busfahrer nach dem Beechwood Hotel zu erkundigen, das wir aus dem *Führer zu den europäischen Hotels* herausgesucht hatten. Zu meinem Erstaunen war ihm dieses Hotel nicht bekannt. Aber Optimistin, die ich bin, versicherte ich Leona, dass das Beechwood wahrscheinlich so elegant war, dass ein Busfahrer noch nie davon gehört hatte. Und so setzte unser unwissender Busfahrer seine beiden Passagierinnen und ihr Gepäck am St. Andrews Square von Edinburgh ab.

Jede von uns hielt sogleich mit Erfolg ein Taxi an. Als wir in das erste einstiegen, schrie der abgewiesene Fahrer des zweiten uns hinterher: »Ich hoffe, ihr verreckt heute alle beide!« Nach diesem Abschiedsgruß fuhren wir davon und sagten nonchalant: »Zum Beechwood Hotel.«

»Nie gehört«, erwiderte der Fahrer. Langsam verloren wir das Vertrauen in unseren *Führer zu den europäischen Hotels*; andererseits spielte es auch keine Rolle, da wir sowieso kein Zimmer reserviert hatten. Erschöpft und etwas verzweifelt flehten wir den Taxifahrer an, eine Unterkunft für uns zu finden. »Wissen Sie, der König und die Königin sind gerade hier gewesen, und in ganz Edinburgh gibt es kaum ein freies Zimmer.«

»Oh, bringen Sie uns irgendwohin«, bettelten wir.

Wir wurden schließlich am Bruntsfield Private abgeliefert, das zu einer Kette von Touristenunterkünften gehörte, wo die Knappheit an Seife durch die Mengen von Haferschleim, die es zum Frühstück gab, ausgeglichen wurde. Am nächsten Morgen regnete es, aber wir begannen mit unserer Erkundung Edinburghs: Castle Hill, Royal Mile, Tolbooth, Holyrood und der trostlose, durchweichte Friedhof Cannongate. Dort prangte ein großes Plakat, das die »Sehenswürdigkeiten« anpries, zu denen auch das Grab des gefeierten Musikwissenschaftlers Dr. Charles Burney gehörte, das ich aus unerfindlichen Gründen besichtigen wollte. Der Verwalter führte uns über nasse Kieswege zu einem Grabmal. »Dr. Baron«, verkündete er. »Aber ich wollte Dr. Burney«, wandte ich ein. »Oh, was macht das schon?« – Leona, praktisch wie immer: »Dies hier tut's auch.«

Inspiriert von den Herrlichkeiten Schottlands, kauften wir beide einen Glengarry, die Kopfbedeckung der Hochlandschotten, die wir für den Rest der Reise trugen. Derartig zünftig ausgerüstet, suchten wir nach dem »eleganten« Beechwood, dem ursprünglichen Hotel unserer Wahl. Nach einer halben Tagesreise fanden wir es – es handelte sich um einen Pub in einem Vorort. Tatsächlich erwartete uns dort unsere Post. Und langsam dämmerte uns, dass uns der *Führer zu den europäischen Hotels* im Stich gelassen hatte und wir uns lieber um ein paar Reservierungen kümmern sollten.

An unserem nächsten Zielort mussten wir allerdings nicht im Voraus reservieren. In Keswick fanden wir unser Skiddaw Hotel sofort und bekamen ein Zimmer im Dachgeschoss mit Blick auf die Hügel, die Derwentwater umgaben. Das English Lake Country erweckte für uns die romantischen Dichter zum Leben, besonders für mich. Im Garten von Wordsworth' Dove Cottage in Grasmere fotografierten wir uns gegenseitig in unseren Glengarrys und spazierten zum Langdale Hill hinauf, der erfüllt war von dem Duft von Gras, Geißblatt und Rosen.

Leona fiel ein, dass ein Nachfahre eines ihrer Straßburger Drucker in den English Lake District ausgewandert war. Er hatte seinen Namen von Schott zu Scott anglisiert und war für gute Taten mit dem Titel eines Baronets belohnt worden. Er war nun Sir Samuel Haslam Scott. Sie schrieb an ihn, unterrichtete ihn davon, dass sie im Skiddaw logierte, und bat ihn um ein Gespräch. Er antwortete mit einer Postkarte, adressiert an Leona in unserem Hotel und geschmückt mit seinem Namen, seinem Titel und seinem Familienwappen. Er bedauerte, dass er leider verhindert sei und wegen einer Gartenparty, an der er teilzunehmen gedenke, nicht mit ihr zusammentreffen könne. Trotz ihrer Enttäuschung bildete Leona sich etwas darauf ein, von einem leibhaftigen Mylord angeschrieben worden zu sein. Umgehend platzierte sie die Postkarte wieder in dem Briefständer, wo sie sie vorgefunden hatte, damit andere über ihren gesellschaftlichen Rang in Kenntnis gesetzt würden. Die Gastwirtin des Skiddaw war nicht beeindruckt, und nach ein paar Tagen sagte sie zu Leona: »Ich bin sicher, dass inzwischen alle Ihre Karte gelesen haben, und würde empfehlen, dass Sie sie nun entfernen.«

Der Höhepunkt unseres Aufenthalts in Keswick war jedoch nicht die Nachricht von Sir Samuel, sondern Buttermere Round. Wir schrieben nach Hause:

Der heutige Tag wird wahrscheinlich zu unseren schönsten Erinnerungen an diese Reise gehören. Wir fuhren nach Buttermere Round mit einem Vierergespann, gezogen von vier Braunen und gelenkt von einem Kutscher mit einem grauen Zylinderhut. Wir sahen das Lake Country besser, als Ihr Euch vorstellen könnt. Die gesprenkelten Steine an den Berghängen waren tatsächlich

Schafe, die kleinen weißen Punkte Pfarrhäuser & Wohnungen, das Bunte in Gelb & Grün Streifen von Ackerland. Wir umrundeten die Hügel und sahen ihre Narben von brauner Erde, die alten Kutschwege, die um sie herumführten – & die Sonne, die all dies beschien. Der Geruch von brennender Holzkohle, Heidekraut, Rosenblüten, Dung – & sanft abfallende Hügel rings um Buttermere Lake & Derwentwater. Wir klammerten uns an unseren Sitzen fest, als unser Klappergefährt den steilen Honnister-Pass hinabrumpelte & wir blickten triumphierend, wenn Leute anhielten, um uns zu fotografieren. Ab und zu ließ der Kutscher uns die Zügel halten. Selbstverständlich konnten die Engländer nicht ohne ihren Tee auskommen, und so wurden die Tassen nach oben gereicht, als wir uns Buttermere Lake näherten. Es war wirklich unvergesslich.

Wales hingegen konnte man getrost vergessen. Um einen Ort namens Llandrindod Wells zu erreichen, unternahmen wir eine lange, umständliche Zugfahrt, bei der wir mindestens fünfmal umsteigen mussten. Als wir schließlich in Ye Wells ankamen, konnten wir beim besten Willen nicht mehr sagen, was wir dort eigentlich wollten. Llandrindod Wells war ein Heilbad mit Salz- und Stahlwasser zur innerlichen und äußerlichen Anwendung bei Leberbeschwerden. Ye Wells wurde anscheinend fast ausschließlich von der britischen Mittelschicht in ihrer senilen Version frequentiert. Gehstöcke prägten das Bild. Im Speisesaal präsentierte sich eine Masse weißer Häupter und kunstvolle Abendgarderobe. Fisch und Reispudding wurden mit mattem Enthusiasmus genossen. Was uns betraf, so erschienen wir zum Dinner in Alltagskleidung, mit langen Röcken und umgehängten Fotoapparaten. Als wir eines Abends den *salle à manger* verließen, hörten wir hinter uns ein kurzes Gespräch:

ERSTE MATRONE: Was meinen Sie, was sie sind?

ZWEITE MATRONE: Amerikanerinnen natürlich – was sonst? Angesichts unseres mangelnden Erfolges auf dem gesellschaftlichen Parkett und des immer schlechter werdenden Wetters beschlossen wir, das Land des Stahlwassers zu verlassen und nach London aufzubrechen. Mittlerweile waren wir jedoch vorsichtig geworden und hatten im Voraus ein Zimmer reserviert. In einem Augenblick der Erleuchtung hatte ich mich an ein sehr schönes Hotel erinnert, das Belgravia am Bahnhof Euston, wo ich als Kind auf meiner ersten Reise nach Übersee gewohnt hatte. Schnurstracks hatte ich an die Besitzerin des Belgravia geschrieben, und zu unserem Erstaunen antwortete sie umgehend. Ihr Schreiben war an die »liebe Miss Stern« adressiert, es war darin von schönen Erinnerungen an die »liebe Miss Stern« und von der Vorfreude auf die Rückkehr der »lieben Miss Stern« zusammen mit ihrer »lieben Freundin« Miss Rostenberg die Rede. Das Antwortschreiben des Belgravia erschien uns aus zwei Gründen ein wenig eigenartig: Es war überraschend überschwänglich für einen Brief dieser Art, und es hatte keinen offiziellen Briefkopf. Andererseits – wer waren wir denn, dass es uns zustünde, das Geschäftsgebaren der Londoner Hoteliers in Frage zu stellen? Wir hatten ein gutes Gefühl und waren beruhigt, im Voraus reserviert zu haben.

Als wir um neun Uhr abends in Euston in ein Taxi stiegen, sagte ich zuversichtlich: »Zum Belgravia«, und der Fahrer fuhr los. Allerdings hielt er bei keinem der nahe gelegenen Hotels an. Stattdessen fuhr er immer weiter, bis ich rief: »Das Belgravia, das ich meinte, liegt direkt am Bahnhof. Wo bringen Sie uns hin?« »Oh«, antwortete er, »*das* Belgravia ist vor ungefähr fünf Jahren abgebrannt. Aber es gibt ein anderes, mit demselben Namen, dort bringe ich Sie hin.«

Zu guter Letzt standen wir vor einem Gebäude, das aussah

wie ein Privathaus im fortgeschrittenen Stadium der Baufälligkeit – eine heruntergekommene, schmuddelige Pension. Gleichzeitig überkamen uns Zweifel, und wir baten den Taxifahrer, unser Gepäck zunächst einmal auf der Straße stehen zu lassen, während wir hineingingen. Eine ungepflegte rothaarige Frau begrüßte die »liebe Miss Stern« und die »liebe Miss Rostenberg« und führte uns eine fünf Stockwerke hohe, steile Treppe empor. Unterwegs sahen wir uns um, hörten ein paar merkwürdige Geräusche, sahen ein paar Männer vorüberhuschen und kamen an einigen verschlossenen Türen vorbei. Obwohl wir mittelalterliche Geschichte und englische Literatur studiert hatten, war uns doch ziemlich klar, um was für ein Etablissement es sich bei diesem speziellen Belgravia handelte. Als wir den mottenzerfressenen Diwan und das Doppelbett in dem Zimmer, das wir so gewissenhaft reserviert hatten, erblickten, waren wir uns sicher. Die »liebe Miss Stern« und die »liebe Miss Rostenberg« würden sich nicht für Fortgeschrittenenkurse am Belgravia einschreiben. »Anscheinend liegt hier ein Missverständnis vor«, murmelten wir. Wir waren nicht mehr »lieb«, als wir die Treppe hinabflohen und die Tür hinter uns ins Schloss warfen. Wir nahmen unser Gepäck, und mit der Hilfe eines Bobbys fanden wir ein neues Taxi und nahmen schließlich Zuflucht in Londons Amerikaner-Asyl, dem Strand Palace. Als wir dort zu guter Letzt auf unserem tadellosen Zimmer waren, umarmten wir uns und lachten laut. »Zur Abwechslung hätten wir mal etwas Geld verdienen können, anstatt immer nur welches auszugeben.«

Wir waren beide schon in London gewesen, aber jetzt entdeckten wir es zum ersten Mal zusammen. Und weil wir zusammen waren, war die Stadt verwandelt. Wir wanderten über ihre Straßen und Plätze, atmeten ihre Luft, diese Mixtur aus Fisch- und Rosendüften; London wurde zu einem einzigen

Festmahl für uns. Zusammen erkundeten wir seine Kunst-schätze, etwa das Soane Museum, wo, wie man uns sagte, die Königinmutter Mary oft stundenlang saß. Auch wir saßen dort, ließen uns von Hogarth ins achtzehnte Jahrhundert versetzen und Korruption und Verworfenheit vor Augen führen, wie sie auch unserer Zeit noch immer vertraut sind. Mit dem Bus fuhren wir nach Chiswick, um das Hogarth House zu besichtigen, und nach Holborn zum Dickens House. In der Tate Gallery inspizierten wir die Blakes und weitere Hogarths, und wir wanderten und wanderten – durch Whitehall zum Trafalgar Square, nach Charing Cross und zum Strand, zur Regent Street und zum Oxford Circus. Wir spazierten bei Vollmond das Victoria Embankment entlang und sahen Big Ben im Mondschein erstrahlen. Zusammen verliebten wir uns in diese Stadt, die so vielfältig war und uns nun ganz neu vorkam.

Da wir schließlich amerikanische Touristinnen waren, wählten wir als Ziel für unseren ersten Tagesausflug Stratford. Die Erinnerungsstücke im Haus des Barden, die hauptsächlich aus Besitzurkunden, Verträgen und Dokumenten über Rechtsstreitigkeiten bestanden, interessierten uns nicht besonders, aber die elisabethanischen Fachwerkhäuser rochen für uns förmlich nach Shakespeare, und wir waren verzaubert von einer Aufführung des *Wintermärchens* am Memorial Theatre. Wir rundeten den Tag mit *high tea* im Judith Shakespeare Inn ab, und im Bus zurück nach London gaben wir uns glücklichen Träumen über die sieben Lebensalter von Mann und Frau hin.

Einer unserer glücklichsten Tage in London scheint in der Rückbetrachtung bereits die Richtung anzuzeigen, in die unser Leben gehen sollte. Wir verbrachten den Vormittag bei Foyle's und den Nachmittag im British Museum. Bei Ersterem erstanden wir »für drei Shilling & mit Freuden« ein Exemplar von Conways *Flämische Maler* zum Nachschlagen für unsere Zeit auf der anderen Seite des Kanals. Im Museum wurden wir nicht nur in die Vergangenheit, sondern, ohne es zu wissen, auch in unsere eigene Zukunft versetzt. Leona schrieb an ihre Eltern:

Ich bekam weiche Knie vor den Handschriften der Psalmen und den Stundenbüchern – flämischen, französischen, aus Anjou –, der Reisebibliothek Julius Caesars. Im Kupferstichkabinett ließen wir uns Zeichnungen und Skizzen Leonardos zeigen und berührten wahrhaftig das Papier, auf dem er gearbeitet hatte. Bevor wir gingen, besichtigten wir die Elgin Marbles und sahen, wie unter den in Stein gemeißelten Faltenwürfen das Leben pulsierte. Die Schönheit des Frieses auf dem östlichen Ziergiebel des Parthenons erwachte für uns zum Leben. Wir waren überwältigt, verstört, litten an einer Art geistigem Völlegefühl und Plattfüßen, aber Tee bei Fuller's weckte unsere Lebensgeister wieder.

Unsere Tagebucheintragungen vom 26. Juli hielten unsere Eindrücke von »einem jener großartigen, vollkommenen Tage, über die man noch nach Jahren sprechen wird«, fest – von unserer ersten gemeinsamen Fahrt nach Oxford: »Wir durchstreiften die kleinen Höfe und inhalierten Amores Academici, schnüffelten in den Colleges Oriel, Magdalen, Merton, Braesnose und ihren Gärten und Säulengängen herum. Das Größte war für uns beide jedoch die Bodleian Library. Sie ist so voller Geschichte, dass es ganz unglaublich erscheint & wir konnten kaum fassen, dass wir vor der *Magna Charta*, der *Angelsächsischen Chronik*, dem *Rolandslied*, der ersten Folio-Ausgabe von Shakespeares Werken standen.« Wir verließen die Bodleian Hand in Hand, im Sinn all die Dinge, die wir studiert hatten und die wir noch immer studierten. Ich beendete meinen Tagebucheintrag mit den Worten: »L. ist die beste

Person für so eine Expedition. Sie geht genauso über das alte Straßenpflaster, wie sie mit Inkunabeln umgeht – voller Respekt atmet sie den Duft vergangener Jahrhunderte ein.«

Ein Tag bei Liberty's und Harrod's brachte uns zurück auf den Boden. Wir gaben einige Pfund für Geschenke aus, für Handschuhe und Taschentücher, Schals – und für Parfüm, wie wir es zu nennen lernten (denn als wir nach Eau de Toilette fragten, verwies man uns auf die Damentoilette). Bevor wir aus London abfuhren, luden uns die Snewings, die ich kennen gelernt hatte, als ich mit meiner Mutter verreist war, zu Simpson's ein. Bei saftigem Roastbeef und Yorkshire Pudding beglückte uns Mrs. Snewing mit bissigen Kommentaren über die Frau, die den Herzog von Windsor verhext hatte und der Grund für dessen Thronverzicht war. »Wir sprechen einfach nicht über sie, wenn wir es vermeiden können«, sagte sie. »Wenn sie keine Prostituierte gewesen wäre, wäre es in Ordnung gewesen.«

Im Wembley-Stadion, wohin uns die Snewings eingeladen hatten, um einen Wassersport-Wettkampf zwischen Deutschland und England anzusehen, bemerkten wir andere, bedrohlichere Zeichen der Zeit. Wie wir in unseren Tagebüchern schrieben, war es »ein bisschen ekelerregend, die Hakenkreuzfahnen über unseren Köpfen wehen zu sehen. Die Deutschen nahmen die Schwimmwettbewerbe und das Wasserballspiel sehr ernst, sie kämpften mit grimmiger Entschlossenheit für ihren Führer und gewannen zu unserem Abscheu beinahe immer. Die Engländer waren leichtherziger & ihnen schien klar zu sein, dass alles nur ein Spiel war. Während die Fräuleins Meilen vorausschwammen, dachten wir unwillkürlich an das alte, königliche England – du bist so klein, so tapfer, so ritterlich – aber du wirst hilflos sein … eine kleine Insel, die lange stolz gewesen ist. Wir fragen uns, wie lange noch.«

Wir verließen die kleine Insel und fuhren mit hohen Erwar-

tungen auf den Kontinent, mit dem Zug nach Dover, dreieinhalb windige Stunden an Bord der *Côte d'Argent* nach Ost-
ende, dann folgte eine weitere Zugfahrt nach Brügge. Wir
verliebten uns in diese Stadt der Kanäle, auf denen Schwäne
dahinglitten und wo wir uns jedes Mal ducken mussten, wenn
unser Boot unter einer Brücke hindurchfuhr. Nach all dem
Trubel in London waren wir verzaubert von den roten Ziegel-
dächern, den kleinen Altären in Häuserecken, dem Kopf-
steinpflaster. Im Hôpital de Saint Jean sahen wir die Mem-
lings und Van Eycks, und im Panier d'Or auf der Grand Place
aßen wir unsere *omelettes fines herbes* gegenüber vom Brügger
Glockenturm, der alle Viertelstunde eine Melodie erklingen
ließ. Dort hörten wir auch ein ganzes Glockenspiel-Konzert,
und Leona schrieb in ihr Tagebuch: »Es ist fast unmöglich, die
Schönheit dieses Abends zu beschreiben: der Glockenturm,
der sich gegen den Himmel abzeichnet & dazu zwei mächtig
aufragende Schatten, Lampen, die den Platz mit ihrem Licht
überfluten, & das Glockenspiel, das immer weiterläutet, und
mittendrin saßen wir. Etwas Einzigartiges, das sich niemals
wiederholen wird – zwei Menschen, eng befreundet, vor dem
Glockenturm von Brügge.«

In Brügge gewann die Vergangenheit die Oberhand über
die Gegenwart. Auf der Langestraat fanden wir uns inmitten
einer mittelalterlich anmutenden Prozession zu Ehren von
Saint Anne wieder. Die jüngere, grässlichere Vergangenheit
begegnete uns auf den Soldatenfriedhöfen aus dem Ersten
Weltkrieg, Paschendaele und Tyne Cot, wo britische Mütter,
Schwestern und Freunde ihre Toten besuchten. Nach der Be-
sichtigung des Hügels Nr. 60 zeigte man uns dort einen Schüt-
zengraben – einen so genannten Luxus-Schützengraben –,
und dort, wo die Briten 58000 Mann bei der Verteidigung von
Ypern verloren hatten, sinnierte Leona in ihrem Tagebuch:

»Ich dachte, ich hätte durch die Unterrichtspropaganda zu Hause einiges von den Schrecken des Krieges begriffen, aber dies, ein ›Luxus-Schützengraben‹, ... machte mir klar, dass ich keine Ahnung vom Krieg hatte. Tief in der Erde, der schwarzen, nach Fäulnis stinkenden Feuchtigkeit ..., wo das Wasser kniehoch stand, schliefen die Soldaten & mussten ihre Wunden versorgen lassen – nachdem sie hier gelagert hatten, wurde von ihnen verlangt, zum Sturmangriff anzusetzen oder den Hügel Nr. 60 zu erobern. Es ist unvorstellbar & es ist die Hölle.« In Ghistelles verleitete sie der Anblick einer Krupp-Kanone – der »dicken Bertha« – zum Spekulieren: »Man fragt sich, was geschehen wäre, wenn die Deutschen gewonnen hätten, oder was geschehen könnte oder geschehen wird, wenn der Faschismus sich mit Kanonen von Krupp verbündet und mit ihnen spielt.«

1937 konnte man für einen Dollar mit dem Zug durch ganz Belgien fahren. Wir machten von diesem Geschenk Gebrauch und verbrachten einen Tag in Gent. Dort fuhren wir mit einem Wagen, dessen begeisterter, aber nicht ganz akkurater Kutscher uns die Sehenswürdigkeiten erklärte. Alles, so versicherte er uns, sei »*très ancien*«. Das Maison des Bateliers stammte aus dem »*onzieme siecle*«, das Château des Comtes de Flandres aus dem »*dixième – très, très ancien*«, das Maison de Van Artevelde war sogar »*plus ancien – neuvième siecle*«, und das älteste von allen – da vorne – war im »*huitième siecle*« erbaut worden.

Im Gegensatz dazu erschien uns Brüssel ultramodern. Mehrmals besuchten wir dort das Musée des Beaux Arts. Wir konzentrierten uns auf die Breughels, den Älteren, den Jüngeren und den Dritten – sie malten so realistisch, dass, wie Leona es in einem Brief nach Hause beschrieb, »die Menschen lebendig werden in ihrer Derbheit, man sieht ihre Spucke, hört ihre

Rülpser«. Am Ende unseres Tages entspannten wir uns im Café des Boulevards, wo wir *al fresco* dinierten, bei köstlichem Filet, Dame Blanche mit Café drippé, und zum krönenden Abschluss gab es eine Zigarette samt goldener Zigarettenspitze und eine Anispastille. Das war das wahre Europa, das feinsinnige Europa. Das war das wahre Leben.

Noch andere Seiten des flämischen Lebens sahen wir in Antwerpen, wo wir das Plantin-Museum besichtigten. In diesem Gebäude befand sich die Druckerei von Christophe Plantin, der Frankreich verlassen und sich 1548 in Antwerpen niedergelassen hatte. Hätten wir gewusst, dass wir eines Tages die Bücher, die er gedruckt hatte, kaufen, studieren und verkaufen würden, wären wir von dem Museum wahrscheinlich noch begeisterter gewesen, als wir es ohnehin waren. Aber auch so war ich fasziniert genug, um in mein Tagebuch zu schreiben:

Heute Morgen ein Augenschmaus mit Plantin-Drucken in seinem Haus mit den goldenen Kompassen im Wappen, in der Nähe der Rue Nationale. Das Haus ist fast exakt im Zustand des Jahres 1575 erhalten. Dort gibt es 36 Zimmer, von denen die meisten voller in Velin gebundener Bücher sind, die Wände aus Eiche, die Decke aus Balken, die Fenster aus bemaltem Glas. Druckerpressen, metallene Druckplatten und Druckblöcke aus Holz sind ausgestellt & und man braucht nicht viel Fantasie, um all die Maschinen rattern zu hören, die Korrektoren beim Lesen der Aushängebögen und die Diener auf dem rauen Steinfußboden in der Küche vor sich zu sehen, einen Mann, der das von Delfter Kacheln eingerahmte Feuer im Ofen entzündet & Mme Plantin, wie sie Rubens für ihr Porträt Modell sitzt. Das Haus ist viereckig und hat einen grünen Innenhof.

Nach dem Plantin-Museum in Antwerpen erschien es uns irgendwie angemessen, nach Straßburg weiterzureisen, wo Leona die Werke anderer Drucker aus dem sechzehnten Jahrhundert studiert hatte. Nun würde sie ihrer Freundin ihre befleckte silberne Stadt zeigen, und ihre Aufregung über die Rückkehr war so groß, dass sie beinahe in Ohnmacht gefallen wäre, als sie »Rue Goethe« zu dem Taxifahrer sagte. Von dem Augenblick an erlebte ich mit ihr ihr *déjà vu*.

»Ich sah L.s Zimmer in der Pension Elisa und aß das wunderbare Essen, das sie dort im vergangenen Jahr genießen konnte. Ich sah den Briefkasten, in den sie ihre Briefe geworfen hatte, & und die Bänke, wo sie sie geschrieben hatte. Wir wanderten den Quai des Pêcheurs entlang zur Place Corbeau, und ihre Aufregung war die meine. Ich weiß, wie sie sich fühlt und wie eigenartig es für sie ist, wieder hier zu sein, die Pensionstür aufzuschließen, die alten Treppen hinaufzusteigen und durch dieselben Straßen zu gehen.«

In der Bibliothek lernte ich Ritter kennen, der »überwältigt vor Freude war. Liebevoll holte er Bücher für seine Inamorata und suchte nach Gelegenheiten, mit ihr allein zu sein.« Er führte uns in der Bibliothek umher, in der Leona gearbeitet hatte, und geleitete uns durch das Hauptmagazin und den von einer Kuppel überwölbten Lesesaal bis hinauf aufs Dach, von wo wir die Spitze des Münsters sehen konnten. Später lud uns Papa Heitz zu einem vegetarischen Mittagessen im Pythagore ein und zeigte uns seine Schätze, seine hölzernen Druckblöcke, seltenen Bücher und Inkunabeln.

Überall wandelte ich mit Leona auf ihren alten Wegen durch diese deutsche Stadt, die angeblich französisch war, zum Petit Rhin, wo die Hakenkreuzfahnen wehten, zum Stadtarchiv und zur Taverne Kléber, noch immer das gesellschaftliche Hauptquartier der Nazis. Jetzt konnte ich mir ein besseres Bild von all den Monaten machen, in denen Leona allein in einer fernen und fremden Stadt gearbeitet hatte. Es war offensichtlich, dass Ritter sie noch immer liebte, auch wenn ihre Gefühle für ihn noch dieselben waren wie vorher. Es war auch klar, dass sie, trotz seiner Liebe, bei ihrer Arbeit in Straßburg sehr einsam gewesen war – wirklich sehr einsam, die ganze Zeit. Aber nun war sie nicht mehr einsam. Wir waren zusammen, teilten eine Vergangenheit und waren dabei, eine Zukunft aufzubauen.

Wir hatten so viel gemeinsam, vom familiären Hintergrund bis zu dem, was man euphemistisch die Segnungen des Single-Daseins nennt. Obwohl wir mit verschiedenen Männern gegangen waren, hatte keine von uns sich je wirklich auf eine feste Bindung eingelassen. Wir beide hatten denselben Humor und liebten das Abenteuer. Vor allen Dingen aber teilten wir eine wachsende Leidenschaft für Bücher und das gedruckte Wort. Gemeinsam lebten wir in der Welt des Geistes. Dort standen wir auf demselben Fundament. Wir liebten einander, wenn auch in einem asexuellen, platonischen Sinne. Die Tatsache, dass wir zwei Frauen waren statt Mann und Frau, schien, jedenfalls was uns betraf, für unsere Beziehung von geringer Bedeutung. Wir begannen bereits, uns ganz miteinander zu identifizieren, die Sätze der anderen zu Ende zu sprechen, ihre Gedanken zu erraten.

Von Straßburg und seinen Gespenstern fuhren wir in die Schweiz mit ihren Abenteuern. In Interlaken ergänzten wir unsere Glengarrys durch Bergstöcke, und in diesem Aufzug nahmen wir die Herrlichkeiten der Alpen in Angriff. Jeden Tag brachen wir von der Pension Iris auf, um diesen Weg oder jenen Kuhpfad auszuprobieren, eine Brücke zu überqueren oder über einen Holzzaun zu klettern. Wir fuhren über den Thuner See und den Brienzer See. In Brienz besuchten wir das Atelier des Holzschnitzers Huggler-Wyss und später, bei unserer Wanderung nach Heimwehfluh, sahen wir seine Schnitzfiguren in Lebensgröße vor uns. Unsere Rucksäcke voll gestopft mit Proviant, machten wir uns auf zu unseren täglichen Abenteuern – etwa einer Wanderung nach Mürren, wo Kuhglocken bimmelten und wir mit »Grüß Gott!«* begrüßt wurden, wo die Vorbilder für unsere Holzschnitzereien ihre Bärte kraulten und Bündel auf dem Rücken trugen. Wir stapften Trampelpfade entlang, an gefrorenen Wasserfällen vorbei, unsere Bergstöcke immer klappernd an unserer Seite.

Mit unseren Bergstöcken sammelten wir Erinnerungsplaketten, als wir immer höher gelegene Ortschaften besuchten – für jedes Dorf eine kleine Blechmedaille, die an unsere Stöcke genagelt wurde. Bei Nieselregen und Nebel saßen wir auf der Terrasse des eleganten Hotels Victoria Jungfrau und hofften, die Sonne möge durchbrechen, damit wir unsere Wanderung hinauf zur Jungfrau beginnen konnten. Einen eigenartigen und zugleich ausgelassenen Tag verbrachten wir mit einer Busreise nach Luzern, über den Rhone-Gletscher. Unser sturer, herrischer und sehr deutscher blonder Fahrer brauchte für die Hinreise sieben Stunden, doch in Luzern verkündete er, getrieben von dem Wunsch, unbedingt rechtzeitig zum Abendessen wieder in Interlaken zu sein, dass er die Rückfahrt in nur zwei Stunden schaffen wollte. Ich schrieb in mein Tagebuch:

Zuerst lief alles glatt & wir waren begeistert von der Aare-Schlucht, wo der Fluss weiß durch das graue Geröll hindurchschoss, vom Grimsel-Pass mit seinen Schwindel erregenden Felsen, vom Rhone-Gletscher, wo ein Einheimischer »God save the King« auf dem Alphorn spielte. Wir ließen die Gemsen und Bernhardiner hinter uns, als wir schließlich in Luzern ankamen. Aber als wir von dort wieder abfuhren, ging der Spaß los. Um die verlorene Zeit wieder aufzuholen, hatte unser Fahrer sich in den Kopf gesetzt, mit 130 Stundenkilometern über Alpenpässe, steile

Hänge und durch scharfe Kurven zu rasen. Wir schrien, er möge langsamer fahren. »Die Passagiere bestimmen nicht das Tempo«, warnte er und drosselte die Geschwindigkeit so sehr, dass wir nur noch dahinkrochen. Zu den übrigen Passagieren gehörten eine Dame aus Wisconsin und ein verängstigtes holländisches Ehepaar.

Mutig schlug ich vor, aus dem Bus zu steigen und für die Rückfahrt ein Privatauto zu mieten, doch da merkte ich, dass ich gar kein Geld dabeihatte und mich also an einer solchen Maßnahme gar nicht beteiligen konnte. Dann wurde Mrs. Wisconsin schlecht, das holländische Ehepaar war vollkommen eingeschüchtert von dem germanischen Fahrer, und irgendwie schafften wir es zurück nach Interlaken. Dieser Tag war eine merkwürdige Kombination aus lieblicher* Landschaft, majestätischen Bergen, sorgenfreier Laune und einer eigenartigen, unterschwelligen Bedrohung. Allerdings erholten wir uns davon und waren beide, wie Leona in ihr Tagebuch schrieb, »glücklich, wie wir es nur sein konnten – zusammen in den Alpen«.

Aber als sich der »Unsere-Herzen-waren-jung-und-fröhlich-Trip« dem Ende zuzuneigen begann, enthüllte Leonas Tagebuch, dass ihre Heiterkeit zeitweilig getrübt war. Wir hatten nur noch ein Reiseziel, bevor es zurück nach Hause ging, und diese Erkenntnis, zusammen mit der Sorge über Mr. Thorndikes mangelnde Begeisterung für ihr Thema, drückte bisweilen auf ihre Stimmung. Sie schrieb: »Ein langer Winter liegt vor uns, und manchmal wird mir die Nachtruhe von unheimlichen Schatten, die die Rückkehr in die Realität andeuten, geraubt.« Doch unser nächstes – und letztes – Ziel war Paris, und von den langen Schatten des Winters war noch nichts zu sehen.

»In Paris werden wir wenigstens keine Hotel-Probleme haben«, meinte Leona zuversichtlich. Zumindest sahen wir keine voraus. Schon von Straßburg aus hatten wir an eine kleine

Pension am Place St. Augustin, in der Leona im Jahr zuvor gewohnt hatte, geschrieben. »Nichts Großartiges«, hatte sie gesagt, »aber angenehm.« In ihrem Brief an den Gastwirt, Monsieur Laplace, hatte Leona betont, dass wir nicht mehr als fünfzig Francs die Nacht bezahlen würden, genauso viel, wie sie letztes Jahr bezahlt hatte. Monsieur Laplace schrieb uns eine ähnlich schmeichlerische Bestätigung, wie sie uns auch die Besitzerin des Belgravia geschickt hatte. Er freue sich darauf, sie wiederzusehen, mit ihrer Freundin und zum selben Preis wie letztes Jahr. Erst später – zu spät – wurde uns klar, dass der Franc seit Leonas Aufenthalt im Malesherbes beträchtlich gestiegen war.

Als wir ankamen, war ich nicht so angetan vom Hôtel Malesherbes, wie ich gehofft hatte. Erstens, weil der Aufzug in seiner Funktion stark eingeschränkt zu sein schien; aufwärts fuhr er bereitwillig, abwärts jedoch eher selten. Zweitens waren die Lampen im Flur so genannte *minuits*, die immer nur für ein paar Sekunden brannten, bevor eine Zeitschaltuhr sie wieder löschte. Drittens ließ unser Zimmer einiges zu wünschen übrig. Bei näherer Inspektion stellte sich heraus, dass die Stoffüberwürfe Unmengen von Dreck verbargen, und nachdem wir beide unsere Wäsche gewaschen hatten, konsultierten wir einen Pariser Hotelführer. Dabei entdeckten wir, dass wir dank unserer Unkenntnis der Währungsschwankungen für die kärgliche Unterkunft im Malesherbes genauso viel bezahlten, wie das exzellente Hôtel Lutétia am linken Seine-Ufer für ein Doppelzimmer mit Bad verlangte. Das konnte nicht geduldet werden, und trotz unserer tropfnassen Wäsche beschlossen wir, Monsieur Laplace und das Malesherbes umgehend zu verlassen. Wir würden uns eine plausible Geschichte einfallen lassen, um unseren plötzlichen Sinneswandel zu erklären.

Mit Krokodilstränen in den Augen gingen wir zum Besitzer und teilten ihm mit, dass meine nichtexistente einzige Schwester in Antwerpen im Sterben liege. Wie alle Franzosen nahm Monsieur Laplace ehrerbietig Anteil an Dingen, die mit Tod und Sterben zusammenhingen, und drückte uns sein tiefes Mitgefühl aus. Als wir jedoch hinzufügten, dass wir sofort an ihr Sterbebett eilen müssten, war er wie verwandelt. Auf einmal war Monsieur Laplace eine wahre Furie. Sein Gesicht lief rot an, er hüpfte auf und ab, rannte hin und her, zog seine Hose hoch, und während er uns anschrie, stellte er zugleich mehrere Rechnungen aus. Trotz meiner Trauer prüfte ich sie sorgfältig nach und teilte Monsieur Laplace mit, dass er uns drei Nächte statt einer berechnet hätte. Wir einigten uns schließlich auf zwei, und wir begannen zu packen. Während wir unsere nasse Wäsche zusammensuchten, wimmerte Leona ununterbrochen: »*Ah, ma soeur, ma soeur!*« Das Zimmermädchen, das die ganze Zeit um uns herumwuselte, war erstaunt, zeigte auf mich und sagte: »Ich dachte, es wäre *ihre soeur.*« »Oh, was macht das schon?«, erwiderte Leona in perfektem Französisch.

Vom Lutétia am Boulevard Raspail im Herzen des Viertels am linken Seine-Ufer aus erkundeten wir freudig zusammen Paris. Wir ergötzten uns an allem, selbst an den *pissoirs*, an den Citroën-Omnibussen und den schnauzbärtigen Flaneuren auf den Boulevards. Zusammen schwelgten wir in den Ausblicken, die Paris zu bieten hatte, ob von den engen Gassen und Kopfsteinpflaster-Straßen am linken Ufer der Seine aus oder von der breiten und eleganten Avenue de l'Opéra oder den Champs Élysées. Zusammen durchstreiften wir den Louvre, standen vor der stolzen und schönen *Nike von Samothrake*, schlenderten an den Bewunderern der *Mona Lisa* vorbei, den Corridor des Italiens hinunter zu unseren speziellen Schätzen.

Zusammen zogen wir durch die Geschäfte, gingen auf die Suche nach Wildleder- und Lederhandschuhen in den Galeries Lafayette, wo wir literweise mit kostenlosem, sehr starkem Parfüm bespritzt wurden, und im Grand Maison de Blanc, wo uns Berge von bestickten Schnupftüchern und bunten Schals umgaben. Wenn wir zusammen waren, war für uns all das reines Vergnügen.

1937 war Paris *en fête*, denn es beherbergte gerade die Weltausstellung. Zusammen mit Tausenden von Besuchern waren wir beeindruckt vom russischen Pavillon, der mit seinen Traktoren, Autos, Bodenschätzen und Statistiken zu sagen schien: »Schaut, was wir vollbracht haben!« In unmittelbarer Nähe befand sich der deutsche Pavillon, wo Hakenkreuzfahnen wehten und Postkarten mit Hitler-Porträts angeboten wurden. Der Pavillon, der uns damals am meisten interessierte, war der spanische. Francos Name wurde dort nirgends erwähnt, denn der Pavillon stand unter der Schirmherrschaft der Regierungstreuen, die auch der Armée Populaire von 1937 angemessenen Respekt zollten. In einer kleinen Ecke von Paris sahen wir einen Mikrokosmos des gegenwärtigen Europa und die Vorzeichen seiner Zukunft.

Unsere politischen Grübeleien wurden durch einen Arztbesuch unterbrochen. Vielleicht lag es an den wehenden Hakenkreuzfahnen, dass Leonas Herzschlag sich beschleunigte. Auf jeden Fall war sie beunruhigt genug, um einen Arzt zu konsultieren. Dr. Theodore Merrill, der uns vom Hotel empfohlen worden war, stammte aus Massachusetts. Seine Trumpfkarte war anscheinend die Tatsache, dass er Englisch sprach. Nach einer kurzen Untersuchung diagnostizierte er einen »tricuspidalen Herzklappenfehler« und riet Leona, es für den Rest ihres Aufenthalts ruhiger angehen zu lassen. Während er einen langen Brief an Leonas Vater über ihren Zustand verfasste, sahen wir uns in seiner Praxis um. Leona schrieb darüber in ihr Tagebuch: »Seine Praxis erinnerte mich an einen alten Trödelladen. Das Einzige, was zu seinem Beruf zu passen schien, war eine Tafel für Sehtests, halb verdeckt von einem Empire-Wandteppich. Das Prunkstück seiner Trödelsammlung war ein Zweig der Washington-Ulme.«

Wir ließen uns durch Dr. Merrills Diagnose während unserer letzten Tage in Paris nicht zu sehr beirren. Einen großen Teil unserer letzten Tage in Paris verbrachten wir stöbernd an den Bücherständen an den Quais. Unsere Tagebücher haben unsere Reaktionen festgehalten: »Als die Blechkästen geöffnet wurden, fand ich Lawrences *Lady Chatterley* und ihre Verteidigungsschrift, ein weiteres Exemplar von Baudelaires Poe-Übersetzung – 1857 – Rousseau.« Leona fand »eine hübsche kleine Sammlung zum Thema Buchdruck – Vignetten, Holzschnitte und den Katalog der Bibliothèque Nationale zur Französischen Revolution.«

Hätten wir nur gewusst, dass wir keine zehn Jahre später Partnerinnen im Geschäft mit seltenen Büchern sein, Rousseau und Baudelaire verkaufen und Leonas »hübsche kleine Sammlung zum Thema Buchdruck« zum Nachschlagen verwenden würden! Als wir uns jedoch im September 1937 auf der *Statendam* einschifften, um von unserer ersten gemeinsamen Europareise nach Hause zurückzufahren, erschien uns die Zukunft weniger klar und weniger rosig als je zuvor. Das Grollen bevorstehender Konflikte und Vorahnungen eines weltweiten Krieges vermischten sich mit unseren eigenen Unsicherheiten. Unzufrieden mit dem Unterrichten, begierig zu schreiben, aber ohne Plan im Hinblick auf Gattung und Thema, fühlte ich mich orientierungslos und unausgefüllt. Leona war besonders mutlos. Sie schrieb in ihr Tagebuch: »So viel näher an zu Hause, so viel unglücklicher. Ich weiß, dass dieses Eingeständnis unerhört klingt, aber die Rückkehr fällt mir schwer & ich bin so vollkommen glücklich dabei, mit Mady einfach immer weiter zu reisen. Ich kann den Gedanken, dass es vorbei ist, nicht ertragen. Ich kann es nicht.« Am Tag bevor die *Statendam* in Hoboken anlegte, notierte sie: »Wenn ich daran denke, dass ich morgen ZU HAUSE bin, und an alles, was damit zusammenhängt, erscheint es mir unmöglich. Ich will nicht zurück. Wohin? Zu vergeblichen Hoffnungen und Sorgen wegen meiner Dissertation – versuche, dem drohenden Versagen die Stirn zu bieten. Nachdem wir gemeinsam Europa erkundet haben, wie soll ich mich nun *allein* der Zukunft stellen?«

❧ Ebbe ❧

LEONA   Die Wirklichkeit schlug sogar här-
ter und schneller zu, als wir vorausgesehen
hatten. Unsere Mütter empfingen uns am
Pier eher ernst als fröhlich. Mady musste
ihren kurzen Resturlaub opfern, um bei
einem Lesekurs des Bildungsministeriums
einzuspringen. Wesentlich schwerwiegen-
der war die Nachricht, dass mein Vater tod-
krank war. Zu allem Überfluss waren wir nun
voneinander getrennt nach dieser großartigen gemeinsamen
Zeit, und Ende Oktober notierte ich in meinem Tagebuch:
»Unsere wundervolle Reise ist jetzt schon seit über einem Monat vorbei. Schwer, sich damit abzufinden – schwer zu glauben,
dass wir nicht mehr unsere Glengarrys aufsetzen, unsere Bergstöcke in die Hand nehmen und den Höhenweg entlangwan-
dern. Es scheint jetzt fast banal, von solchen Dingen zu sprechen, wo alles so schrecklich ist – Daddy fast von uns
gegangen – die Stunden furchtbarer Ungewissheit – bestän-
dige Angst & wir alle lieben ihn so.«

Innerhalb der nächsten Wochen erholte sich mein Vater
jedoch beträchtlich, und kurz darauf konnte er in seine Praxis
zurückkehren. Ich war wieder frei, an meiner Dissertation zu

arbeiten, und beurteilte meine Ergebnisse abwechselnd mit Zufriedenheit und Zweifel. Ich vertraute meine Zweifel Mady an, die ihrerseits auf der Suche nach einem Thema war. Sie brachte die Tage damit zu, mit gelangweilten Studenten Grammatik zu pauken oder *Silas Marner* zu lesen, und sehnte sich nach einer kreativeren Lebensaufgabe.

1936 hatte Van Wyck Brooks sein Buch *Die Blüte Neuenglands. Longfellow, Emerson und ihre Zeit* veröffentlicht. Jetzt, ein Jahr später, stürzten wir uns darauf, und nachdem ich das Kapitel »Alcott, Margaret Fuller und Brook Farm« gelesen hatte, schlug ich Madeleine vor, eine ausführliche Biographie Fullers zu schreiben. Der Vorschlag sollte Früchte tragen, und die »elektrisierende Erscheinung« der »Königin von Cambridge«, wie Brooks sie genannt hatte, sollte Madys Leben in den nächsten Jahren bestimmen.

Inzwischen konzentrierte ich mich auf meine Doktorarbeit. Meine beständigen Sorgen im Hinblick auf den Wert einer Arbeit, die den Einfluss des Verlegers auf seine Zeit belegen sollte, rührten einerseits von meinem mangelnden Selbstbewusstsein, andererseits von Mr. Thorndikes allgegenwärtigen Anspielungen und Andeutungen her. Er wünschte noch immer, dass ich mich mit seinen geliebten arabischen Astrologen beschäftigte, und – was noch wichtiger war – er war keinerlei Widerspruch gewohnt. Trotz allem fuhr ich fort, jedoch nicht ohne die ständige Angst, dass ich eines Tages unter den Konsequenzen meines Unabhängigkeitsdrangs zu leiden haben würde.

Zu diesen Sorgen kam auch der Kummer darüber, dass ich kein eigenes Geld verdiente und auf die Unterstützung meiner Eltern angewiesen war. All das wurde noch verschlimmert durch die Anwesenheit von Dr. Fritz Levy in unserem Haus. Er war ein Flüchtling aus Nazi-Deutschland, der Sohn des engsten Freundes meines Vaters, den meine Eltern eingeladen hatten, bei uns zu wohnen. Er kam 1938 und war ein höflicher, aber störender, leicht arroganter Arzt, und niemandem war entgangen, dass er an den hiesigen Gestaden nicht nur auf der Suche nach einem Lebensunterhalt, sondern auch nach einer Frau war. Mir war nur allzu klar, dass Fritz nicht ausschließlich aus humanitären Gründen bei uns eingeführt worden war, und die Situation, in die ich dadurch geworfen wurde, gefiel mir ganz und gar nicht. Fritz' Interesse an mir war offensichtlich künstlich, und ich spürte schon bald, dass es nicht ernsthaft war. Meine Eltern, so fand ich, hatten mich in eine peinliche und unhaltbare Lage gebracht, und einmal drohte ich sogar damit, von zu Hause fortzugehen. Die Angelegenheit war schließlich geklärt, als Fritz eine andere aus Deutschland geflohene Frau heiratete und sich selbständig machte. In der Zwischenzeit machte ich meinen Gefühlen in meinem Tagebuch Luft. Im November 1938 notierte ich: »Ich kann kaum von meinen Ängsten schreiben. Da ist die Tschechoslowakei – und Hitler marschiert & marschiert –, Englands Verrat und Frankreich, das sich drückt. Auf der anderen Seite des Ozeans ist überall Mobilmachung & bald werden Bomben über Straßburg zischen und heulen. Ich kann es nicht ertragen. Die Frage ist auch, wie ich Geld verdienen soll, um von alldem unabhängig zu sein – auch von der unglücklichen Situation mit Fritz.«

Obwohl ich mich vollkommen und mit großer Leidenschaft in meine Erforschung des Buchdrucks im sechzehnten Jahrhundert vertieft hatte, verfolgte mich weiterhin die Angst vor Thorndikes Ablehnung. Ich war beeinflusst von Van Wyck Brooks, dem gefeierten Literaturhistoriker, und sein Stil färbte auf den ersten Teil meiner Dissertation ab. Als ich schließlich den Mut aufbrachte, diesen Teil Mr.

Thorndike vorzulegen, reagierte er jedoch nicht vollkommen ablehnend. »Die Arbeit scheint einiges für sich zu haben«, gestand er zu und ergänzte: »Aber der Stil wird keine Billigung finden. Er ist zu populär. Sie müssen akademischer schreiben.«

Die Dissertation war also anscheinend noch nicht gestorben. Wir erlebten ein Familientreffen zu Thanksgiving, die Geburten der Babys unserer Freundinnen, sogar Lucys Hochzeit und eine Reise nach Mexiko. Wir ergötzten uns an Paul Muni in der Rolle Émile Zolas und dem jungen Yehudi Menuhin, wie er mit den New Yorker Philharmonikern das Violinkonzert von Brahms spielte.

Madeleine hatte bereits mit ihren Recherchen über den amerikanischen Transzendentalismus und Margaret Fuller, Feministin, Weltbürgerin und Verfasserin des Buches *Die Frau im neunzehnten Jahrhundert* begonnen. Wir beiden waren uns einig, dass ein Sommer in Maine das Richtige wäre, um uns in Ruhe intensiver mit unseren Projekten zu beschäftigen. Den Sommer 1938 verbrachten wir, genau wie viele folgende Sommer, in einem gemieteten Landhaus anderthalb Kilometer nördlich von Ogunquit.

Wir hatten das Ferienhaus ungefähr nach derselben sorglosen Methode gefunden, wie wir im Jahr zuvor unsere Hotels in Europa ausgesucht hatten. Ein junger Mann aus der Englisch-Abteilung der Long Island City High School, wohin Mady versetzt worden war, hatte zufällig erwähnt, dass er ein großartiges Wochenende in der Nähe von Ogunquit gehabt hatte. Begierig darauf, die Sommerferien dort zu verbringen, hatte Mady gefragt, wo es war. Der Lehrer hatte den Straßennamen vergessen, sogar den Namen der Stadt, und hatte keine Ahnung, wem das Haus gehörte, erinnerte sich jedoch, dass es »das vorletzte Haus in der Sackgasse eine Meile nördlich von

Ogunquit« war. Mit ihrem üblichen Optimismus adressierte Mady eine Anfrage an:

DEN BESITZER

VORLETZTES HAUS

SACKGASSE

EINE MEILE NÖRDLICH VON OGUNQUIT, MAINE

Der Besitzer, der zu dem Zeitpunkt gerade Urlaub in Florida machte, bekam den Brief tatsächlich, ein aufmerksames Postamt hatte ihn weitergeleitet. Und Mr. Powers würde das Haus, das Riverbank hieß, sehr gern vermieten, für zweihundert Dollar die Saison.

Unsere Eltern bestanden darauf, dass wir Riverbank vorher inspizierten, und da Mady unterrichten musste, meldete ich mich freiwillig für diese Aufgabe. Es war Mai, die Wilderdbeeren in Maine reiften, und der Pinienhain, in dem das kleine Haus lag, verströmte einen wunderbaren Duft. Ein nahe gelegener Fluss mündete in den Ozean, und in die Miete eingeschlossen war ein Boot. Bezaubert saß ich mit dem Besitzer auf einer kleinen kaputten Bank vor dem Haus und ließ mich über die Schönheit dieses Fleckchens aus. Mr. Powers war erfreut, aber er schlug vor: »Miss Rostenberg, möchten Sie sich das Haus nicht von innen ansehen?« Nach einer Blitzinspektion wurde der Mietvertrag unterzeichnet, und als ich nach Hause zurückkam, musste ich mich dem Verhör von Madys Mutter stellen, einer vorzüglichen Hausfrau:

»Wie steht es mit heißem Wasser?«

»Wie steht es mit dem Herd?«

»Wie steht es mit dem Kühlschrank?«

»Wie steht es mit der Wäsche?«

»Wie steht es mit einem Telefon?«

»Wie steht es mit dem Einkauf?«

»Wie steht es mit den Nachbarn?«

Und die letzte Frage: »Wie steht es mit dem Abfall?« Ich zuckte mit den Schultern. »Es ist so schön dort. Wen kümmert das alles?«

Es kümmerte uns ein wenig mehr, als wir in Riverbank ankamen. Wir drei – Mady, mein geliebter Terrier Chimpie und ich – wurden von Warren, dem Bediensteten meiner Eltern, zum Ferienhaus gefahren. Nachdem wir ausgepackt hatten, fuhr Warren umgehend zurück. »Nicht eine Nacht würde ich in dieser Bruchbude zubringen«, waren seine Abschiedsworte.

Die Bezeichnung war ziemlich treffend. Riverbank sah weniger wie ein Haus aus, sondern eher wie eine fünftürige Pagode auf der Tobacco Road. Die Zimmer waren voll gestopft mit kaputten Möbeln, die Küche wartete mit einer gusseisernen Spüle und einem Holzofen auf. Ein Badezimmer gab es nicht, stattdessen eine Freiluftdusche mit kaltem Wasser und auf der Veranda eine Toilette mit Schwingtüren. Aber dafür gab es einen Pinienhain, einen Fluss und einen Ozean.

Die nächsten drei Wochen regnete es ununterbrochen. Das Dach war undicht, die beiden »Pionierinnen« ernährten sich spartanisch, und der Abfall türmte sich immer höher. Wir hatten weder Auto noch Telefon. Unser einziges Transportmittel war das kleine Boot. Wir hatten jede Menge Zeit für unsere Arbeit, und ich sah mehrere Kapitel meiner Dissertation durch, während Mady abwechselnd melancholische Verse schrieb und Sekundärliteratur über Margaret Fuller las. Wir mussten schon bald feststellen, dass es unmöglich war, den Abfall zu verbrennen – vor allem die Apfelsinenschalen –, und sobald die Sonne wieder auftauchte, machten wir im Dorf bekannt, dass wir im Haushalt Hilfe benötigten.

Als Folge davon antwortete Chimpie eines Abends um acht mit lautem Gebell auf das Klopfen an einer unserer fünf Türen. Mary Buono stand kurz davor, in unser Leben zu treten. Sie war eine massige Frau mit einem bunten Kopftuch und einem Kind an jeder Hand. »Seid ihr die Mädels, die Hilfe brauchen?«, fragte sie. Und das kulinarische Vorstellungsgespräch nahm seinen Lauf. Mady erkundigte sich schmeichlerisch: »Sagen Sie, Mrs. Buono, wissen Sie, wie man Campbell's Tomatensuppe zubereitet?« Die Antwort war schallendes Gelächter. »Selbst meine Lilly – und sie ist erst fünf – kann Campbell's Tomatensuppe machen.« Mady stellte eine etwas schwierigere Frage: »Sagen Sie, Mary, wissen Sie, wie man Kalbskotelett zubereitet?« – »Meine Güte, Lady, ich bin Köchin. Sie sind so komisch, Sie sollten ein Witzbuch schreiben.« Für drei Dollar in der Woche wurde Mary Buono ein unverzichtbarer Bestandteil unserer Sommer in Maine, und für zwei Dollar extra im Monat entsorgte sie sogar unseren Müll.

Eine der Fragen in Mrs. Sterns Katechismus hatte gelautet: »Wie steht es mit dem Einkauf?« Den erledigten wir, indem wir unser kleines Boot über den Fluss navigierten. Bei Flut ruderten wir mit Chimpie an der Pinne ins Dorf. Dort trödelten wir beim Schlachter und beim Bäcker herum, und zum Abschluss gab es immer ein ausgedehntes Eisessen beim Konditor. Schließlich taumelten wir, bepackt mit unseren Einkäufen, zum Fluss zurück, aber es war längst Ebbe, und wir fanden nur noch eine Schlammpfütze vor, in der unser Boot feststeckte. Uns blieb nichts anderes übrig, als uns auf den langen, heißen Weg entlang der US-Bundesstraße 1 zu machen, unsere Bündel schleppend und verzweifelt Chimpies Leine festklammernd. Chimpie war ein perverser Terrier, der jedes Mal unweigerlich beschloss, gleichzeitig rückwärts zu laufen und in seine Leine zu beißen.

Bevor wir in die Lebensmittel bissen, die wir erstanden hatten, prüften wir sie. Als bekennende Hypochonder rochen wir meist an unserem Essen, bevor wir vorsichtig davon probierten. Aber jetzt, da Mary Buono unsere »Köchin« war, lagen derartige Probleme hinter uns.

»Mary, was halten Sie von der Sahne?«

»Sie fängt an, sauer zu werden, Mädels. Ich würde sie nicht nehmen. Aber ich nehm sie mit nach Hause und mache Pfannkuchen mit Sour Cream.«

»Das Fleisch schmeckt komisch, Mary. Was meinen Sie?«

»Es ist zu frisch, noch nicht abgehangen genug. Esst es lieber nicht.«

»Diese Haferflocken sehen grün aus, Mary.«

»Schimmel, Mädels. Esst bloß keinen Schimmel.«

Nachdem zwei Wochen vergangen waren, kam Mary nicht mit ihren Kindern, sondern mit deren Karre zu uns, und wenn sie wieder ging, war darin der größte Teil unserer Vorräte ordentlich aufgestapelt. Wir aßen oft Eier zum Abendessen, das zu frische Steak oder die angesäuerte Sahne verschwand aus unserem Blickfeld. Was dagegen merkwürdigerweise in unser Blickfeld zurückkehrte, waren die Hühnerknochen. Sie waren Chimpies Beitrag; er hatte Marys Abfalldeponie entdeckt – direkt hinter unserem Haus.

Unsere Tage in Maine zerfielen in Arbeitsattacken und Sprünge ins eiskalte Meerwasser. Und sie wurden unterbrochen durch Besuche von Freunden und Verwandten, von denen einige jedoch nicht allzu lange bei uns verweilten. Oft luden wir sie zur *specialité de la maison* ein – einem Grillsteak, nicht von Mary zubereitet, sondern von uns. In Ermangelung einer ausgefeilten, modernen Barbecue-Vorrichtung gruben wir einfach ein Loch in die Erde, füllten es mit Kohlen und gossen eine Kanne Kerosin darüber, bevor wir ein Streichholz entzündeten. Auf dieses Feuer stellten wir einen Grill, auf den wir unsere wunderbaren Steaks legten. Das Ergebnis war als »Steak à la Petroleum« bekannt. Die meisten unserer Gäste reisten früh am nächsten Morgen wieder ab.

Als während unseres ersten Sommers in Riverbank meine Eltern zu Besuch kamen, liehen wir uns Warren und das Auto aus, um nach Concord, Massachusetts, zu fahren. Mady, die jetzt immer stärker von Margaret Fuller fasziniert war, hatte begonnen, die Wurzeln des amerikanischen Transzendentalismus zu erforschen, Fullers Beziehung zu Emerson zu untersuchen und die Lebenswege des Personals des Buches *Die Blüte Neuenglands* zu verfolgen. Bis sie ihre Lebensbeschreibung Margaret Fullers abgeschlossen hatte, sollten noch viele weitere Besuche in Concord folgen, aber dieser war der erste und der wohl fruchtbarste, denn wir besichtigten nicht nur Emersons Wohnhaus, sondern auch Orchard House, die Wohnung von Louisa May Alcott. In den folgenden Jahren sollte Alcott uns beide weitaus mehr beschäftigen als Margaret Fuller.

Inzwischen war der Sommer vorüber, und nach Hause zurückgekehrt, legte ich letzte Hand an meine Dissertation, während Mady die Herausforderung ihrer Fuller-Biographie in Angriff nahm. Ermutigend war für mich ein Besuch bei dem berühmten Victor Hugo Paltsits, Präsident der Bibliographical Society of America und Leiter der Handschriftenabteilung der New York Public Library. Ich hatte ihn schon zuvor gelegentlich um Rat gefragt, aber nie war er enthusiastischer gewesen als jetzt. Er betonte, dass er glaube, ich sei auf der richtigen Fährte – es sei an der Zeit, die Rolle der frühen Drucker hervorzuheben, die Höhe der Auflagen und die Preise der Bücher seien von Bedeutung, die praktische Seite des Verlagswesens im frühen sechzehnten Jahrhundert habe definitiv Einfluss auf die Verbreitung von Wissen und die Beförderung der Reformation gehabt. Wenn Mr. Thorndike das nur genauso sehen würde!

Im Dezember überreichte ich Lynn Thorndike meine fertige Dissertation. Und wenige Wochen später, während Madys Weihnachtsferien, fuhren wir zu Fuller-Recherchen nach Cambridge, Massachusetts.

Durch unsere rosarote Brille betrachtet, schien Cambridge den Zauber von Oxford mit der Anmut von Concord zu verbinden. Wir verfolgten dort die Spuren Margaret Fullers. Von unserer Dachstube im Brattle Inn an der Tory Row aus gingen wir zu Harvards Widener Library, wo wir die Aufzeichnungen lasen, die uns ihre Kleidung und ihre Ernährung, ihren Freundeskreis, die Konzerte und Tanzveranstaltungen, die sie besucht hatte, die Bücher, die sie gelesen hatte, ihr geistiges Leben und ihre Bedeutung für die Welt lebhaft vor Augen führten. Vom Craigie Mansion bis zum Friedhof auf dem Mount Auburn – zu dem wir über schneebedeckte Straßen in einem Leichenwagen fuhren – folgten wir Margaret und versuchten, sie und ihre Welt zu neuem Leben zu erwecken. Wir spürten ihr in West Roxbury und in Brook Farm nach, wir folgten ihr – oder versuchten es – nach Boston. Aber in der West Street in Boston, wo sie ihre berühmten Gespräche geführt hatte, war jetzt eine Badeanstalt, und andere mit Margaret verbundene Gebäude auf der Bedford Street und der State Street beherbergten inzwischen ein Warenhaus und eine Bank.

Wir suchten auch alle lebenden Verwandten Margarets auf, die wir ausfindig machen konnten. Das war jedoch nicht immer besonders ergiebig. Mrs. Roger Warner aus der Chestnut Street in Beacon Hill bedauerte, dass sie nicht in der Lage war, die Manuskripte zu finden, von denen wir wussten, dass sie sie besaß. Margarets Neffe Freddie, der mit seiner Tochter Mabel in East Milton wohnte, war achtundachtzig Jahre alt, »leicht eingerostet und entrückt«. Madys aufgeregte Fragen entlockten ihm nur wenige Antworten, bis Mabel schließlich in die Luft ging: »Warum sollte irgendjemand all den alten Kram ausgraben wollen?«

Wir feierten meinen dreißigsten Geburtstag am 28. Dezember mit einem Theaterbesuch – die unvergleichliche Bea Lillie in Noël Cowards *Set to Music*. Mady machte mir zwei außerordentlich passende Geschenke – passender, als ihr selbst klar war: einen Füllfederhalter und einen Caxton-Club-Reprint von Estiennes großem Werk *Die Frankfurter Buchmesse*. Genau dieses Exemplar sollte später in einem Rostenberg-Katalog – unserem ersten – stehen, der 1946 erschien.

Mitte Januar 1939 wurde das Urteil gefällt. In einer kurzen Notiz teilte Mr. Thorndike mit, dass er meine Dissertation nicht akzeptieren könne. Wie er ursprünglich geglaubt habe, hätte das Thema gar keine Bedeutung. Die Drucker seien bloß Schreiberlinge und hätten gar keine eigenen Ansichten. Falls ich es wünsche, könne ich die Angelegenheit mit ihm in seinem Büro besprechen.

Trotz meiner Vorahnungen war ich wie betäubt, als ich das Urteil nun schwarz auf weiß in Händen hielt. Waren meine sechs Jahre Columbia völlig umsonst gewesen? Dennoch war ich zugleich kampfeslustig und begierig, mich zu rechtfertigen. Ich wusste, dass es wenig Sinn hatte, Lynn Thorndike in Frage zu stellen, aber ich musste ihn in Frage stellen, also nahm ich seine Einladung an. Er wiederholte einfach seine Meinung und schlug leichthin vor, ich solle eine neue Dissertation über die arabischen Astrologen schreiben. Mit Tränen in den Augen stieg ich die sechs Stockwerke in Fayerweather Hall hinab.

Ich konnte meine sechs Jahre Arbeit nicht einfach beiseite wischen. Ich würde Einspruch erheben, falls das möglich war. Hatten bei meiner mündlichen Prüfung nicht sechs Columbia-Professoren meine Fähigkeiten beurteilt? Wie konnte ein einziger Mann die Macht haben, über das Schicksal meiner Dissertation zu entscheiden? Der Dekan war zu der Zeit Dr. George B. Pegram, und ich beschloss, ihm meinen Fall vorzutragen. Ich hätte mir das vielleicht anders überlegt, wenn ich vorher gewusst hätte, dass Dr. Pegram Physiker war, ehemals geschäftsführender Direktor der Bergbau-Akademie und Verfasser des Buches *Elektrolyse der Thorium-Lösung*. Dr. Pegram war sehr freundlich, hörte aufmerksam zu und sagte lächelnd mit seinem schnarrenden schottischen Akzent: »Oh, schreiben Sie eine neue Dissertation.«

Die Zeit bewirkt manchmal kleine Wunder, und irgendwann sollte mir der Doktortitel zuerkannt werden. Aber über dreißig Jahre sollten bis dahin vergehen, und selbst wenn ich das damals schon gewusst hätte, wäre es nur ein schwacher Trost gewesen. Wie es aussah, musste ich mir nun ein neues Leben aufbauen.

Da ich keinerlei Rückendeckung in Columbia bekam, suchte ich erneut Dr. Paltsits in der New York Public Library auf. Er war ziemlich schockiert über Thorndikes Entscheidung und sagte: »Ich habe mal einen Kurs in Handschriftenkunde in Morningside Heights belegt, etwa vor dreißig Jahren. Das war schon damals kein Zuckerschlecken. Leider habe ich keinerlei Einfluss in Columbia. Ich wünschte, das wäre anders, denn ich bin von dem Wert Ihrer Arbeit überzeugt.« Er schob ein paar Papiere hin und her, schaute nachdenklich drein und sagte dann lächelnd: »Reisen Sie eigentlich gerne, junge Lady? Diesen Dezember findet in Washington eine Tagung der Bibliographical Society of America statt. Ich möchte, dass Sie dort Ihre Dissertation vorstellen.«

Ich war überwältigt, aber nicht verstummt. »Sehr gerne.«

»Und übrigens«, fuhr er fort, »ich kenne da einen österrei-

chischen Burschen – einen dieser Flüchtlinge aus Wien –, der
diesen Herbst hier ein Geschäft mit seltenen Büchern aufma-
chen will. Er braucht jemanden, der sich mit der Frühzeit des
Buchdrucks auskennt und Englisch kann. Klingt nach Ihnen.
Hätten Sie Interesse? Sein Name ist Herbert Reichner.«

◈ Doppelte Lehrzeit ◈

LEONA   Ich hatte erwartet, im Haus
Nr. 34 East Sixty-second Street ein hell
erleuchtetes Schaufenster mit schim-
mernden Kalbsledereinbänden, schönen
Holzschnitten und prunkvollen Titeleien
vorzufinden. Stattdessen stand ich vor
einem schäbigen braunen Sandsteingebäu-
de, dessen Treppe zu einem kleinen Schild
hinaufführte: H. REICHNER, ANTIQUARISCHE
BÜCHER. Ich wurde von einem kleinen, dicklichen Mann mit
strähnigem schwarzen Haar und wulstigen Lippen begrüßt. Er
stellte sich vor, öffnete die Tür zu seinem Apartment im zweiten Stock und führte mich in einen großen Vorraum, angefüllt
mit Büchern und Zeitschriften, Katalogen, Kartons und Pack-
kisten. An den Wänden standen schwere Mahagoniregale,
zum Teil voll gestellt. Zwei abgenutzte Eichenholztische, zwei
Schreibmaschinen und eine Trittleiter, auf der eine Dose Le-
derpolitur stand, rundeten das Bild ab.
    Mr. Reichner bot mir einen Stuhl an, und um nonchalant
zu wirken, zog ich eine Zigarette hervor. »Nein, nein,* Miss.
Rauchen Sie nicht bei den Büchern!« Ich hatte schon gleich
den Anfang vermasselt. Als er versuchte, mich in seinem sto-

ckenden Englisch zu befragen, unterbrach ich ihn: »Ich spreche Deutsch.« Er entspannte sich und stellte mich seiner Frau und seinem Kind vor. Beim »Anschluss« Österreichs durch die Nazis waren sie zusammen aus Wien geflüchtet. Er hatte dort eine Zeitschrift für Büchersammler, *Philobiblion*, herausgegeben und hatte Verbindungen zu führenden Antiquariaten in London und Europa. Durch sie sowie auf einer gerade beendeten Reise nach Frankreich hatte er eine Reihe schöner früher Drucke in Kommission genommen.

»Sind Sie auch in Straßburg gewesen?«, fragte ich.

Er blickte mich aufmerksam an. »Ach*, Straßburg. Ja*, Dr. Paltsits hat mir gesagt, dass Sie dort studiert haben. Ich bin gut mit Herrn Heitz und Herrn Ritter bekannt. Es überrascht mich, dass amerikanische Frauen sich für solche Dinge interessieren.«

Ich wagte es nicht, an dieser Bemerkung Anstoß zu nehmen. Ich brauchte den Job unbedingt. Und wie sich herausstellte, brauchte er unbedingt eine Assistentin. »Ich werde Sie benötigen, damit Sie mir beim Katalogisieren helfen; meine Beschreibungen müssen in gutem Englisch abgefasst sein. Außerdem müssen Sie hier etwas Ordnung schaffen«, fügte er hinzu und schwenkte seinen dicken, kurzen Arm mit einem Ruck in Richtung der Unordnung im Zimmer. »Es versteht sich von selbst, dass ich Ihnen nicht besonders viel zahlen kann. Es ist sehr teuer, in New York zu leben. Außerdem benötige ich Sie nur von neun Uhr morgens bis zwei Uhr nachmittags – sechs Tage die Woche natürlich.«

In den nächsten zwei Wochen verbrachte ich die Zeit zwischen neun Uhr morgens und zwei Uhr nachmittags damit, Herrn Reichner zu helfen, das Zimmer einzurichten, Bücher herumzuschleppen und sie sorgfältig in die Regale einzusortieren. Letzteres war von außerordentlicher Wichtigkeit. Herbert Reichner war ein Mann mit krankhaftem Ordnungssinn. Sein Schreibtisch wies nie eine Spur von Unordnung auf. Seine Post lag auf zwei akkuraten Stapeln. In einem penibel eingehaltenen Ritual füllte er jeden Tag seinen dicken europäischen Füllfederhalter, ohne einen einzigen Tropfen Tinte zu verschütten. Der Federhalter, ein Satz verschiedenfarbiger Bleistifte und ein schweres Lineal waren in Schlachtordnung auf seinem Schreibtisch aufgereiht. Die verschiedenfarbigen Bleistifte wurden dazu verwendet, die Empfehlungen für seine Kunden zu unterstreichen. Dicke doppelte Unterstreichungen wiesen auf den Zustand eines Buches hin, dicke dreifache Unterstreichungen hoben die Bedeutung eines Buches hervor.

Herbert Reichner besaß in der Tat viele Bücher von Bedeutung. Sein erster Katalog, bei dessen Zusammenstellung ich half, enthielt Bücher, die ich niemals zuvor gesehen hatte, sowie Titel, die eines Tages in meinen eigenen Katalogen auftauchen sollten. Während Reichner vor Wut über eine falsch abgeheftete Bestellung schäumte oder sich über die Ignoranz eines Sammlers ereiferte, studierte ich in seinem Geschäftsraum die Schätze seines Katalogs Nr. 1: eine Inkunabel von 1497, ein illustriertes Werk über berühmte Frauen, beginnend mit Eva, eine seltene französische Ausgabe des *Narrenschiffs*, Castigliones *Hofmann* in der Erstausgabe von 1528, gedruckt bei Aldine in Venedig. Mit wachsender Begeisterung durchblätterte ich Fourniers *Manuel Typographique*, einen Meilenstein der Typographie, und Hepplewhites monumentalen *Cabinet-maker*. Holbeins *Totentanz* in der seltenen Erstausgabe von 1538, Reptons Buch über Landschaftsgärtnerei, Adam Smith' *Wohlstand der Nationen* – alles ging durch meine begierigen und zitternden Hände.

Mein Horizont erweiterte sich mit jedem Buch, und während ich mit seinen Beständen vertraut wurde, lernte ich auch, mit den unkontrollierten Ausbrüchen meines wütenden Arbeitgebers umzugehen. Das war nicht immer einfach. Bei einem Schneesturm begrüßte er mich mit den Worten: »Was ist los? Sie kommen zu spät – es ist sieben Minuten nach neun.« Als ich einmal eine Katalogkarte getippt hatte, strich er sie durch und fügte mit Bleistift das Wort VERBESSERN hinzu, unterstrichen mit zwei violetten Schlangenlinien. Die Angaben zu Autor, Titel und Verlag waren ihm nicht gleichmäßig genug angeordnet. Wenn sich Lieferungen wegen der Engpässe aufgrund des Krieges in Europa verspäteten, wurde der Zoll gemeinsam mit dem Postsystem der Vereinigten Staaten Zielscheibe seiner vernichtenden Kritik. Und schon bald wurde ich abkommandiert, um als seine Repräsentantin beim Zollamt zu fungieren.

Vollkommen ahnungslos über all die Einzelheiten, mit denen »die Zollformalitäten erledigen« verbunden war, legte ich einem kleinen, geplagten Mann hinter dem Schalter im großen, kreisrunden Raum des alten Zollhauses in Bowling Green eine Eingangsbestätigung vor.

»Ausfüllen, Lady.«

»Was ausfüllen?«

»Die Formulare«, antwortete er müde. »Hier sind die Formulare – füllen Sie sie aus: das Schiff, das Ankunftsdatum, die Stückzahl, die Gebühren, Sie wissen doch.«

Folgsam brachte ich ihm ein paar mit Tinte ausgefüllte Spalten zurück.

»Hey, Lady, was ist mit dem Wechselkurs? Kennen Sie den Wechselkurs nicht?«

Am hinteren Schalterfenster erhielt ich die Formulare gewöhnlich mit dem Vermerk »Inakzeptabel« zurück. Die Umrechnung von Dollar in Franc oder Sterling – Pfund, Shilling und Pence – war immer falsch. Verzweifelt legte ich mein Bündel zurückgewiesener Papiere dem kleinen Mann am vorderen Schalter vor, der mich leicht mitleidig ansah.

»Hey, warum heuert Ihr Boss keinen Zoll-Makler an? Ein Geizkragen, was? Geben Sie mir die Papiere, sonst sind Sie und ich noch den ganzen Tag hier.«

Die neue Ware, die nach meinen Besuchen beim Zoll schließlich eintraf, wurde Reichners übrigen Beständen hinzugefügt, und viele dieser Bücher erschienen in seinem ersten Katalog. Auf meiner mechanischen Schreibmaschine haute ich dreitausend Adressaufkleber heraus.

»Wenn Sie die Etiketten aufkleben, müssen Sie außerordentlich sorgfältig sein, Fräulein*. Kleben Sie sie exakt in die Mitte der Umschläge. Es ist nicht genug Klebstoff auf den Etiketten, die diese Idioten* hier machen. Sie müssen den Kleber mit dem Finger mischen und gleichmäßig verteilen. Schön, ja?*«

Während ich an Schreibtisch, Schreibmaschine und Briefumschlägen kleben blieb, las Herr Reichner Korrektur. Seine Ermahnungen richteten sich nun an die Setzer – amerikanische Setzer –, »die allerdümmsten, ignoranten Idioten.* Schweinehunde!* Sie haben kein Gefühl, kein Verständnis für Bücher.« Mein eigenes Verständnis für Bücher nahm jedoch zu, obwohl er nicht davon abließ, mich »Fräulein Dummkopf«* zu nennen.

»Er ist wahrscheinlich geistesgestört«, sagte ich beim samstäglichen Lunch bei Schrafft's an der Fifty-ninth Street, Ecke Madison zu Madeleine. Bei Eiersalat-Sandwich auf getoastetem Käsebrot vertraute ich ihr meine Gefühle an. »Der Mann ist wirklich verrückt. Ich weiß nicht, wie lange ich das noch aushalte.« Doch ich befolgte den Rat meiner Freundin und meiner Eltern, seine Wutanfälle zu ignorieren und zu lernen,

und die Jahre, die ich bei Herbert Reichner verbrachte –
»Meine fünf Jahre Sibirien« –, sollten meine Zukunft prägen.
Das erste Jahr bei meinem unberechenbaren Arbeitgeber
war besonders schwierig. Als verwöhntes Hätschelkind allzu
sanftmütiger Eltern, das nun seinen ersten Job hatte, war ich
noch nie zuvor den Launen eines solchen Menschen ausge-
setzt gewesen. Wenn ich gerade nicht mit Herberts lebhaftem
Wesen zu kämpfen hatte oder einen besonders interessanten
Band studierte, beschäftigte mich der Fortgang des Krieges.
Mein Tagebuch hat die Atmosphäre der Zeit festgehalten:
»Habe eine herrliche Kunstausstellung im Met gesehen.
Wundervoll vor allem die Peales und Porträts von Bostonern
aus dem 18. & 19. Jahrhundert. Die ganze Selbstgefälligkeit
einer anderen Epoche im Kontrast zu unserer. In Europa fallen
die Bomben, und wieder gehen die Lichter aus. Wie irrsinnig
das alles ist. Russland verbündet sich jetzt mit Deutschland.
Die Russen kommen den armen, unterdrückten Weißrussen
in Polen zu Hilfe – ha, ha, ha. Reichner ist verrückt wie eh
und je.«
Der Krieg schien nur selten in das Büro von Mr. Reichner
einzudringen. Nachdem der Katalog Nr. 1 versandt worden
war, begannen jedoch seine Kunden einzutreffen – viele davon waren äußerst distinguiert. Nachdem ich mich mit den
großen Sammlern der Vergangenheit bekannt gemacht hatte,
lernte ich nun die großen Sammler der Gegenwart kennen:
Lessing Rosenwald, dessen Bestände an Blockbüchern und Inkunabeln später an die Library of Congress gehen sollten,
William A. Jackson, das Lieblingskind von Harvard und
schon jetzt ein bedeutender Bibliothekar, Zoltan Haraszti,
Leiter der Rara-Abteilung der Boston Public Library, dessen
ungarischer Akzent die Ladys von Beacon Hill entzückte, Ra-
chel Hunt, Doyenne aller Sammler botanischer Literatur, die

darauf bestand, höchstpersönlich die hohe Trittleiter hinaufzusteigen, um einen Blick auf das oberste Regal zu werfen.

Mein Tag endete nicht um zwei Uhr nachmittags. Ich hatte
mich in alte Bücher verliebt und begonnen, meine eigenen
Recherchen zu Themen aus dem Bereich der frühen Druck-
kunst zu unternehmen. Nach und nach erschienen meine Artikel: »Die Straßburger Drucker und der Humanismus« (das
Thema meines Washingtoner Vortrags), »Die Bibliotheken
dreier Nürnberger Patrizier«, »Die Karriere des Basler Druckers Johann Oporin«, »Andreas Rue, Papierhändler von St.
Paul«.

Einer meiner Artikel, publiziert im *Library Quarterly*, erregte die Aufmerksamkeit eines Edelkunden von Reichner,
des bekannten Sammlers Lucius Wilmerding. Mr. Wilmerding
lud mich freundlich ein, seine Bibliothek in seinem Haus an
der 12 East Eighty-ninth Street zu besichtigen. »Und selbstverständlich können Sie Ihre Freundin mitbringen«, schrieb
er. Über unseren Nachmittag dort notierte Madeleine in
ihrem Tagebuch: »Besuchten das Haus von Lucius Wilmerding … Zwei Alices im Wunderland. Sein Haus ist ein Juwel
in dieser großartigen Stadt. Die Bibliothek ist ein großer acht-
eckiger Raum voller Bücher, von denen einige Königin Elisabeth gehört haben.« Sie notierte nicht, dass sie sich, als der
Butler mit einem riesigen Teeservice hereinkam, nonchalant
eine Zigarette anzündete und lässig verkündete: »Leona liebt
es einzuschenken.«

Lucius Wilmerding war nicht nur ein erstklassiger Sammler, sondern auch ein außerordentlich aufmerksamer Gastgeber. »Nichts wie rein in die Tassen«, sagte er vergnügt. Also
schenkte ich Tee ein, während Mr. Wilmerding über seine Bücher sprach, über andere Sammler, Händler und meinen Artikel, der auf seinem Schreibtisch neben einem signierten Foto

von König George VI. und Königin Elisabeth prangte. Ich fühlte mich königlich durch diese Zusammenstellung.

Weniger königliche Höhen erreichte ich, wenn ich Herbert Reichners Papierkörbe ausleerte. Jedes Mal, wenn er einen ausländischen Katalog wegwarf, holte ich ihn wieder hervor und sammelte auf diese Weise Verzeichnisse der Bestände europäischer Händler. Durch ihre Kataloge entfaltete sich für mich eine neue Welt der Großen des Antiquariatsbuchhandels: Maggs, Quaritch, E. P. Goldschmidt, Davis & Orioli, Weil – alle in London –, Olschki in Florenz, Martini in Mailand, Berès in Paris. Ich versuchte sie mir vorzustellen. Wie waren sie? Waren sie auch alle verrückt? Würde ich sie je kennen lernen?

Obwohl ich mir dessen nicht bewusst gewesen sein mag, bereitete ich mich auf das Leben einer Antiquarin vor – ein Leben, das stillschweigend mit der Lehre einherging, die ich absolvierte.

Madeleine   Einige der Artikel, die Leona während ihrer Zeit bei Reichner schrieb, hatten nichts mit den humanistischen Verlegern des sechzehnten Jahrhunderts zu tun. Stattdessen beschäftigten sie sich mit der Laufbahn Margaret Fullers, deren Biographie mich nun ganz in Anspruch nahm. Leonas Artikel waren die Früchte unserer gemeinsamen Besuche in Boston, Cambridge und Concord, und einer der faszinierendsten darunter war »Margaret Fullers römisches Tagebuch«. Das Tagebuch war ein greifbares Überbleibsel des italienischen Unabhängigkeitskampfes und von Margarets letzten Jahren in Rom. Es hatte den Schiffsuntergang, bei dem Margaret 1850 ertrunken war, überstanden, und Leona hatte es nach dem vom Wasser gewellten Manuskript, das sie in Harvard gefunden hatte, ediert.

Ich hatte den Anspruch, in meiner Biographie sowohl ihre

Persönlichkeit als auch ihr Umfeld zu rekonstruieren. Darum brachte ich nach dem Unterricht in der Long Island City High-School Stunden damit zu, wieder und wieder die Quellen zu Margaret Fullers Leben zu studieren. Gelegentlich schrieb ich an einer Serie von Artikeln, aus denen, wie ich hoffte, Kapitel einer kompletten Biographie werden würden. Darin versuchte ich, Margarets Zeit und ihre Persönlichkeit zu neuem Leben zu erwecken. Meine biographische Technik lehnte sich an die Methoden von Van Wyck Brooks an.

Es sollte sich als schwierig erweisen, einen Verlag für die Biographie zu finden. 1940, während ich noch mitten in der Arbeit steckte, erschien bei Viking Mason Wades *Margaret Fuller: Whetstone of Genius*. Das warf die drängende Frage auf, ob sich auf dem Markt überhaupt zwei Biographien dieser Frau mit ihrer zwar dynamischen, aber doch begrenzten Wirkung würden halten können. Es stimmte jedoch, dass mein Standpunkt, im Unterschied zu dem von Wade, feministisch war. Meine persönliche Version des Feminismus lag mir wahrscheinlich in den Genen. Sie kam aus meinem Innersten, reichte weit zurück in mein Leben und basierte auf einer stark egalitären Weltsicht. Warum sollte es meinem Bruder – oder jedem anderen Mann – erlaubt sein, dies oder jenes zu tun, wenn ich es nicht durfte? Weder Leona noch ich gehörten irgendeiner feministischen Bewegung an; ein militanter Feminismus existierte damals noch gar nicht. Aber mein Standpunkt war stark feministisch, entschlossen unterstützte ich das Recht der Frauen, genau dasselbe zu tun, was Männer taten, wenn sie das wollten – Soldatinnen zu werden, Matrosinnen, Bergarbeiterinnen oder Kapitäninnen von mir aus. Es war noch sehr früh, um solch eine Sichtweise ins biographische Genre einzuführen, und es sollte fast ein halbes Jahrhundert dauern, bis diese Bemühungen anerkannt wurden.

Zusätzlich zur feministischen Perspektive war meine Schreibweise auch dadurch revolutionär, dass ich in einem nichtfiktionalen Werk versuchte, Gespräche und Gedanken darzustellen. Am 7. Dezember 1941 kamen die ersten Exemplare meiner Biographie aus der Druckerei. Gab es Parallelen zwischen dem Tag der Schande, den wir gerade erlebt hatten, und den Tagen der Schande, die Margaret in Rom gesehen hatte, das während ihrer letzten Jahre »ihre Heimat« gewesen war? Jetzt, ein Jahrhundert später, sah sich unser Land Mächten gegenüber, die bösartiger waren als alles, was sie je erlebt hatte. Würde ihre Lebensgeschichte überhaupt von Bedeutung sein für ein Land, das die Waffen ergriff und in seinen entsetzlichsten Krieg zog?

Meine erste Biographie war zweifellos ein Achtungserfolg, aber auch ein finanzieller Reinfall. Die meisten Rezensenten überhäuften mich mit Lob, aber Rezensenten kauften keine Bücher. Diejenigen, die es taten, hatten nicht die Verfasserin des Buches *Die Frau im neunzehnten Jahrhundert* im Kopf, sondern Pearl Harbor. Ich versuchte mich auf die Besprechungen statt auf die Verkaufszahlen zu konzentrieren, und die neunundzwanzigjährige Verfasserin ihrer ersten Biographie fand dort in der Tat berauschendes Lob. Zudem folgte auf die Publikation eine Reihe von Vortragseinladungen. Die Abteilung für Öffentlichkeitsarbeit des Dutton-Verlags teilte mir mit, dass die Women's National Book Association mich eingeladen hatte, »vor den Buchhändlerinnen von New York City bei ihrem monatlichen Dinner ... im Hotel Pennsylvania« zu sprechen. Das tat ich und rekapitulierte für die Gruppe der Buchhändlerinnen, wie Leona Rostenberg vor unserem ersten Besuch in Concord zu mir gesagt hatte: »Weißt du, Margaret Fuller wäre ein gutes Thema für eine Biographie ... Warum versuchst du es nicht?«

Dann bat mich auch Adelaide Hawley, die auf WABC die Radiosendung »Die Frauenseite im Äther« leitete, ihr Gast zu sein, und bot mir eine schöne Gelegenheit, über meine Intentionen als Biographin zu sprechen. Und im Oktober 1942 lud mich Professor Harry R. Warfel von der University of Maryland ein, bei der nächsten Versammlung der Modern Language Association (MLA) an einem Diskussionsforum teilzunehmen. Er schrieb: »Wir alle würden gern etwas über Ihr wunderbares Buch über Margaret Fuller hören oder über andere Ideen zum Thema Biographie, die Sie uns mitteilen mögen.« Zwei Monate später – ein Jahr und einen Tag nach unserem Tag der Schande – schrieb Professor Warfel erneut: »MLA ist anscheinend abgesagt worden.« Die Reisebeschränkungen, die durch den Krieg notwendig geworden waren, machten keine Ausnahme für die Weltbürgerin Margaret Fuller.

Zu der Zeit hatte ich bereits angefangen, an einer neuen Biographie zu arbeiten. Sowohl in der *Times* als auch in der *Tribune* erschien meine Bitte um Manuskripte, Briefe oder persönliche Erinnerungen über eine weitere Frau des neunzehnten Jahrhunderts, die beinahe überall als Amerikas beliebteste Kinderbuchautorin bekannt war. Leona hatte einen zweiten Vorschlag gemacht, der sich sogar als noch fruchtbarer erweisen sollte als ihr erster. Schon bald sollte ich mich voll und ganz Louisa May Alcott widmen.

Die Maske der Louisa May Alcott

MADELEINE   Während meiner Recherchen über Louisa May Alcott wurde mir früh klar, dass die Rekonstruktion ihres Lebens das Vergrößerungsglas einer literarischen Detektivin erfordern würde. Bestimmte Phasen ihrer künstlerischen Karriere, insbesondere ihr Leben vor der Entstehung von *Betty und ihre Schwestern*, lagen im Dunkel. Um ihren Beitrag zum Familieneinkommen zu leisten – das lange Zeit an der Armutsgrenze lag –, hatte sie mit neunzehn Jahren als Hausmädchen gearbeitet, aber niemand wusste, für wen sie tätig gewesen war und welche emotionalen Folgen diese Erfahrung gehabt hatte. Als ihr Ruhm gesichert war, hatte sie einmal zu der von ihrem Verleger herausgegebenen »No Name Series« einen anonym veröffentlichten Roman mit dem Titel *Ein moderner Mephistopheles* beigesteuert. In dieser Erzählung, die so völlig anders ist als ihre üblichen Werke, ging es um so finstere Themen wie Haschisch und Gehirnwäsche. Hatte sie vielleicht zuvor, in ihren ärmlichen Jugendjahren, noch weitere solcher Geschichten geschrieben, die radikal von der lieblichen und freundlichen Schreibweise, für die sie bekannt war, abwichen?

Ich verbrachte die Anfangsmonate meiner Recherchen damit, diese faszinierenden Fragen zu stellen, statt sie zu beantworten. In der U-Bahn vergrub ich mich in Literaturgeschichten des neunzehnten Jahrhunderts, selbst an meinem Schreibtisch in der Schule durchblätterte ich die Tagebücher des von Louisa verehrten Ralph Waldo Emerson oder den *Walden* von ihrem Nachbarn Thoreau. In der New York Public Library fand ich auf den brüchigen Seiten von Wochenzeitschriften oder Romanheftchen aus dem neunzehnten Jahrhundert Alcotts Namen oder Initialen unter Erzählungen, die man zuvor nicht mit ihr in Verbindung gebracht hätte. Ich plante Artikel über ihre Faszination fürs Theater oder ihre Arbeit als Krankenschwester während des Bürgerkriegs. Ich schrieb in mein Tagebuch: »In meinem verzweifelten Bemühen, meinen Schreibtisch freizuhalten, gebe ich mich jeden Tag vielen unwichtigen Aktivitäten hin – Korrespondenz, Bibliographieren etc. Alles nur Tropfen im großen Eimer, aber die Arbeit einer Biographin bedarf all dieser Tropfen.«

Während sich Tropfen um Tropfen in meinem bibliographischen Eimer sammelte, wuchs mein Verdacht, dass Louisa Alcott in der Tat ein ganzes Werkcorpus aus abweichenden Erzählungen geschaffen hatte. Sie mochte die Einzelheiten ihres literarischen Doppellebens verborgen haben, aber in ihren Briefen und Tagebüchern, sogar in *Betty und ihre Schwestern* selbst, hatte sie eine Fülle von Hinweisen darauf verstreut. Ich musste meine Sherlock-Holmes-Mütze aufsetzen, mein Vergrößerungsglas in die Hand nehmen und mich auf die Pirsch begeben.

Dabei sollten mich ihre eigenen Hinweise leiten. Unter ihren Briefen gab es einen, den sie am 22. Juni 1862 an ihren jungen Freund Alf Whitman aus Concord – eines der Vorbilder für den bezaubernden Laurie aus *Betty und ihre Schwestern* – geschrieben hatte. Darin hatte sie ihm anvertraut:

Ich habe die Absicht, den »Ledger« mit einer Blut- & Donner-Geschichte zu illuminieren, denn die ist leicht zu »verfassen« & besser bezahlt als moralische & elaborierte Werke eines Shakespeare, also erschrick nicht, wenn ich Dir eine Zeitung zuschicke, die ein großes Bild mit Indianern, Piraten, Wölfen, Bären & einer bedrohten Unschuld über einem Titel wie »Die wahnsinnige Braut« oder »Das Blutbad. Ein packender Roman der Leidenschaft« enthält.

Hatte Louisa Alcott, Autorin der unverfänglichen *Blumenfabeln* und zukünftige Schöpferin der Familiensaga *Betty und ihre Schwestern*, tatsächlich »Blut- & Donner-Geschichten« »verfasst«? Wenn ja, wie lauteten die Titel, die sie dafür ersonnen hatte – wirklich *Die wahnsinnige Braut* und *Das Blutbad*? Und wenn sie solche Erzählungen tatsächlich geschrieben hatte, wo waren sie veröffentlicht worden? Oder hatte sie nur ihrem sprühenden Humor die Zügel schießen lassen und ihren jungen Freund Alf Whitman auf den Arm genommen?

Der Verdacht wurde durch einige verlockende Hinweise, die sie in ihren Tagebüchern notiert hatte, genährt. Alcott verwendete häufig Initialen statt Namen in diesen Tagebüchern, die jedoch nicht zur Veröffentlichung bestimmt waren. Als sie nach ihrem Tod im Jahre 1888 ihrer großen und begeisterten Leserschaft zugänglich gemacht wurden, waren sie von einer Freundin der Familie, Ednah Dow Cheney, redigiert worden, die nicht gezögert hatte, im Interesse der Schicklichkeit Namen zu entfernen und durch Initialen zu ersetzen. Was dabei übrig blieb, war außerordentlich reizvoll für einen begeisterten Sherlock Holmes.

In demselben Jahr, 1862, in dem sie ihren faszinierenden Brief an Alf Whitman geschrieben hatte, hielt Alcott in ihrem Tagebuch fest:

Zwei Geschichten für L. geschrieben. Es gefällt mir, nur zu meinem eigenen Vergnügen zu fabulieren; und obwohl meine Geschichten albern sind, sind sie doch nicht schlecht, und meine Bösewichte haben alle irgendwo auch eine gute Seite. Ich hoffe, das ist eine gute Übung für Sprache und Stil, denn ich kann es schnell, und Mr. L. sagt, meine Geschichten seien so »dramatisch, lebendig und handlungsreich«, dass sie genau das seien, was er wolle.

Einige Monate später fügte sie hinzu:

Schrieb die letzte Geschichte um und schickte sie an L., der mehr haben will, als ich ihm schicken kann ... Ich spule meine »packenden« Erzählungen herunter und verhunze mir meine Arbeit auf merkwürdige, aber interessante Weise.

Wer war der Mr. L., der mehr dramatische und lebendige Geschichten haben wollte, als die Autorin produzieren konnte? Weitere verschleierte Bemerkungen in Louisas Tagebüchern steigerten mein Erstaunen und meine Neugier. Einige Jahre später gingen nicht nur von L. Bestellungen bei ihr ein, sondern auch von einem mysteriösen E.; er wollte von ihr »eine lange Geschichte in vierundzwanzig Kapiteln, und ich schrieb sie in vierzehn Tagen«. Ich hatte keine Zweifel daran, dass Louisa Alcott fieberhaft lebendige und dramatische Geschichten schrieb, aber wovon handelten sie, wo waren sie veröffentlicht und unter welchem Namen?

Alcotts Meisterwerk barg weitere aufregende Hinweise darauf, dass seine Verfasserin eine umfangreiche literarische Geheimproduktion betrieb. *Betty und ihre Schwestern* enthält ein bezauberndes Kapitel mit dem Titel »Geheimnisse«, und eines ihrer Geheimnisse flüstert Jo March ihrem Vertrauten Laurie zu: »Ich habe einem Journalisten zwei Geschichten übergeben, um sie zu veröffentlichen, und nächste Woche will er mir Antwort geben.« Dieses viel sagende Geflüster dröhnte mir dann geradezu in den Ohren, als ich in der Fortsetzung von *Betty und ihre Schwestern* das Kapitel »Literarische Lehrstunden« erreichte. Darin schaut sich Jo eine »bebilderte Zeitung« an und sieht dort eine »melodramatische Zeichnung eines Indianers in voller Kriegsbemalung, der eine Klippe hinabstürzte, mit einem Wolf an seiner Kehle, während sich in der Nähe zwei wütende Gentlemen mit unnatürlich kleinen Füßen und großen Augen eine Messerstecherei lieferten, und im Hintergrund flüchtete eine Frau mit zerzaustem Haar und weit aufgerissenem Mund«. In diesem bunten Blatt liest Jo eine Geschichte, die ein »Labyrinth aus Liebe, Geheimnis und Mord« ist und zu »jener Art leichten Literatur« gehört, »in der die Leidenschaften sich austoben, und wenn die Inspiration des Autors versagt, dann fegt eine grandiose Katastrophe die Hälfte der dramatis personae von der Bühne, und die andere Hälfte jubiliert über deren Untergang«. Und nicht nur das, keck beschließt Jo March zu versuchen, »die Hundert-Dollar-Prämie«, die in den Spalten des Blattes als Preis »für eine Sensationsgeschichte« ausgelobt werden, »zu ergattern«. Tatsächlich gewinnt sie das Preisausschreiben, und weitere Hundert-Dollar-Schecks folgen, denn »der Zauber ihrer Feder verwandelte ihren ›Schund‹ in Labsal« für ihre bedürftige Familie. »*Die Tochter des Herzogs* beglich die Rechnung beim Metzger, *Eine Phantom-Hand* bescherte ihnen einen neuen Teppich, und *Der Fluch des Hauses Coventry* erwies sich für die Familie March als Segen im Hinblick auf Kleidung und Lebensmittel.«

Später hob Louisa Alcott in ihrem Tagebuch die »Tatsachen« aus *Betty und ihre Schwestern* hervor, »die wahr sind«, und in diese Aufzählung schloss sie auch »Jos literarische … Erfahrungen« ein. Warum hätten sie auch nicht wahr sein sollen? Gewiss brauchte Louisa Alcott das Geld, das Sensationsstorys einbringen konnten; ihre Familie hatte ständig Bedarf an »Kleidung und Lebensmitteln«. Außerdem war sie, insbesondere zu Beginn ihrer Laufbahn, auf der Suche nach Genres und begierig zu experimentieren. Warum sollte sie also nicht auch einmal im Sensationsgenre wildern? Aus Sorge, ihre Umgebung zu schockieren, hätte sie solche Unternehmungen sicherlich geheim gehalten, aber ebenso gewiss genossen. Doch die Fragen blieben bestehen, denn keiner dieser verstreuten Hinweise führte zur sicheren Identifikation irgendeines Titels oder eines Pseudonyms, das sie gebraucht haben könnte.

Aber ein anderes Kapitel in der Fortsetzung von *Betty und ihre Schwestern* bot eine farbenfrohe, wenn auch verschleiernde Beschreibung von Jo Marchs Verlegern. In dem Kapitel »Ein Freund« erfährt der aufmerksame Leser, dass Jo March »sich aufs Schreiben von Sensationsgeschichten verlegte, denn in diesen finsteren Zeiten las selbst das rundum perfekte Amerika Schund. Sie erzählte niemandem davon, aber sie dachte sich eine spannende Erzählung aus, und kühn trug sie sie persönlich zu Mr. Dashwood, Herausgeber des *Wöchentlichen Vulkans* ... sie zog sich ihr bestes Kleid an und ... stieg mutig die beiden dunklen und dreckigen Treppen hinauf. Sie fand sich in einem unordentlichen Zimmer, einer Wolke von Zigarrenrauch und der Gegenwart von drei Gentlemen wieder. Sie saßen dort, die Füße etwas höher gelagert als ihre Hüte, und keiner von ihnen machte sich die Mühe, Letztere abzunehmen, als sie eintrat.« Es folgt Jos Unterhaltung mit Mr. Dashwood, und in deren Verlauf erklärt sie ihm, dass sie beileibe keine Anfängerin sei, schließlich habe sie für eine ihrer Erzählungen den Preis des *Barneystoner Banners* gewonnen. Nachdem Mr. Dashwood ihre Geschichte angenommen hat, stürzt sich Jo »sogleich in die seichten Gewässer der Sensationsliteratur«, sie ist »begierig,

Material für Geschichten zu finden ... sie durchsuchte die Zeitungen nach Unfällen, Vorfällen und Verbrechen; sie erregte den Verdacht der Bibliothekare, indem sie sich nach Werken über Gifte erkundigte; sie studierte die Gesichter auf der Straße und die Menschen – gute, böse, gleichgültige ... und machte sich vertraut mit Torheit, Sünde und Elend«.

Auf jeden Fall schienen Jos – Alcotts? – Verleger ein Trio zu sein, nach dem zu suchen sich lohnte, aber ich konnte noch so viele Anfragen an Bibliothekarinnen und Bibliothekare richten, keine führte zur Identifikation des *Wöchentlichen Vulkans*, des *Barneystoner Banners* oder Mr. Dashwoods und seiner beiden Partner.

Ein Interview, das Alcott später in ihrem Leben gegeben hatte, enthielt weitere Hinweise auf die Machart der wilden und melodramatischen Storys, die sie möglicherweise in solchen Sensationsblättern veröffentlicht hatte. Sie sagte dem Interviewer:

Ich glaube, mein wahres, meinem innersten Naturell gemäßes Streben gilt im Grunde dem grellen Stil. Ich schwelge in großartigen Fantasien und wünschte, ich hätte den Mut gehabt, sie auf meine Seiten zu schreiben und der Öffentlichkeit vor Augen zu stellen ... Wie hätte ich es wagen können, das wohlanständige Grau des guten alten Concord aufzumischen? Die liebe alte Stadt kennt keine Aufsehen erregenden Farbtupfer mehr, seit die Rotröcke hier waren. Nichts liegt mir ferner, als diese neutrale Tönung durch eine unharmonische Farbe zu stören ... Wenn man sein ganzes Leben lang Mr. Emerson als intellektuelle Gottheit verehrt hat, dann ist man mit einem Kettenpanzer des Anstands gewappnet ... Und was würde mein guter Vater von mir denken ... wenn ich Leute das tun lasse, was ich meine Gestalten so gern tun lassen würde? Nein, mein Lieber, ich werde für alle Zeit ein erbärmliches Opfer der respektablen Traditionen von Concord bleiben.

Aber war sie tatsächlich ein solches Opfer? Ich glaubte nicht. Sie wusste zu viel über Illustrierte des neunzehnten Jahrhunderts und ihre Verleger. Gewiss hatte sie diesem »grellen Stil« gefrönt, der ihrem »innersten Naturell« entsprach. Es war essenziell für Alcotts Biographin, die Wahrheit über ihr literarisches Leben zu enthüllen und alle Geschichten zu identifizieren, die sie geschrieben hatte, ohne sie jedoch als ihre eigenen auszuweisen. Was hatte es auf sich mit diesen Erzählungen, die ihre Figuren dabei zeigten, wie sie das taten, was sie ihre »Gestalten so gern tun lassen würde«?

Ein Besuch bei einem Alcott-Sammler im Frühjahr 1942 – einem von vielen Besuchen bei Nachkommen der Familie und bei Wissenschaftlern, die Leona und ich im Laufe der für eine Biographie üblichen Recherchen absolvierten – katapultierte uns auf den Königsweg zur Entdeckung. Carroll Atwood Wilson wohnte in der Horatio Street in Greenwich Village. Er war weltgewandt, gut aussehend und leistete sowohl in seinem Beruf als Anwalt als auch in seinem Hobby als Büchersammler Hervorragendes. Sein Sammelgebiet umfasste dreizehn Autoren und reichte von Emerson zu Hawthorne, von Trollope zu Hardy. Unter seinen »repräsentativen Männern« war eine repräsentative Frau – Louisa May Alcott. Er begrüßte uns herzlich und führte uns stolz seine signierten Bücher, Erstausgaben, Leseexemplare, Manuskripte und Briefe vor. Zu Letzteren gehörte ein bemerkenswerter Brief, den Aaron K. Loring um 1864 an Louisa geschrieben hatte. Darin skizziert der Verleger Loring seine Maßstäbe für populäre Literatur:

Eine Geschichte, die mich berührt und bewegt, die ich anderen zu lesen geben kann und von der ich sie überzeugen kann … Ich mag eine Geschichte, in der ständig etwas passiert, immerzu Trubel und Bewegung herrschen … Ich mag eine Geschichte, die … be-

ständig die Neugier steigert, bis sie im Schlusskapitel kulminiert und einen gebannt zurücklässt.

Ohne Zweifel hatte Jo March mit ihren Einsendungen für den *Wöchentlichen Vulkan* und das *Barneystoner Banner* diesen Maßstäben entsprochen, und wenn Jo March das getan hatte, warum nicht auch Louisa Alcott?

Alle drei sinnierten wir über diesen fesselnden Brief, und das brachte unseren Gastgeber dazu, zu mir zu sagen: »Wirklich, Miss Stern, Sie sollten all Ihre Zeit der Biographie widmen und zusehen, dass Sie sie schreiben und publizieren. Warum bewerben Sie sich nicht um ein Guggenheim-Stipendium, damit Sie mit dem Unterrichten aufhören und sich mit Louisa beschäftigen können?«

Dann wandte er sich an Leona: »Alle wissen, dass Jo March Sensationsstorys schrieb und heimlich veröffentlichte. Wir drei vermuten, dass Louisa Alcott dasselbe getan hat, unter irgendeinem Pseudonym. Vielleicht können ihre Verleger Licht in das Dunkel ihrer literarischen Laufbahn bringen? Miss Rostenberg, ich weiß durch Ihre Artikel, dass Sie sich für die Geschichte des Verlagswesens interessieren. Warum legen Sie nicht los und entdecken Louisas Pseudonym und die Thriller, die sie geschrieben hat?«

Wir vergaßen Carroll Wilsons Anordnungen nicht. In den Frühjahrsferien 1942 besuchten wir Harvards Houghton Library, die vor kurzem eröffnet worden war und deren Eleganz der außerordentlichen Bedeutung ihrer Bestände entsprach. Über den Handschriftenlesesaal wachte Carolyn Jakeman, der wir unsere Bestellung der Alcott-Materialien übergaben. Nach einer angemessenen Zeitspanne brachte ein Saaldiener vier Schachteln mit Briefen und Manuskripten an unseren Tisch. Wir begannen, die Familienpapiere und -andenken zu sichten.

1942 gab es noch keine Computer. In der tiefen Stille des Handschriftenlesesaals der Houghton Library klapperte nicht einmal eine tragbare Schreibmaschine. Der Bleistift war das lautlose Instrument zur Übertragung von der Originalhandschrift ins Notizbuch aus dem zwanzigsten Jahrhundert. Leona erinnert sich lebhaft an Szenerie und Handlung des anschließenden Dramas:

Ich beschäftigte mich mit Kasten Nr. 11 der Alcott-Handschriften. Nachdem ich ein kurzes Schreiben eines Alcott-Cousins dritten Grades, in dem er sich über die Inflation ausließ, betrachtet hatte, legte ich es beiseite und erspähte ein kleines Bündel Briefe, die anscheinend zusammengehörten. Als ich einen davon in die Hand nahm, wurde mir plötzlich heiß und kalt und eigenartig schummerig. Der Brief war auf den 21. Januar 1865 datiert, er war adressiert an die »Liebe Mrs. Alcott« und lautete: »Sie können mir alles schicken, Skizzen oder kurze Unterhaltungsromane von der Sorte, deren ›Vaterschaft‹ Sie nicht selbst übernehmen wollen oder von denen Sie wünschen, dass A. M. Barnard oder ›irgendein anderer Mann‹ dafür verantwortlich sei, & wenn sie mir passend erscheinen, werde ich sie kaufen … Lassen Sie von sich hören. Mit sehr freundlichen Grüßen J. R. Elliott.«

Mein wildes Kriegsgeheul erschütterte die weihevolle Stille des Handschriftenlesesaals der Houghton Library. Miss Jakeman starrte mich tadelnd an. Mady ließ ihren Bleistift fallen. Ich traute meinen Augen kaum. Ich hatte Carroll Wilsons Auftrag ausgeführt. Nun kannte ich das Pseudonym. Ich kannte auch den Namen des Verlegers. Mr. Elliott war zweifellos der E. aus Louisa Alcotts Tagebuch.

Nach einer Unterbrechung durch Glückwünsche, Ausgelassenheit und mehrere Zigaretten kehrten wir zu unseren Arbeitsplätzen zurück, und ich schrieb sorgfältig jedes Wort aus jedem der fünf Briefe von J. R. Elliott an die »Liebe Mrs. Alcott« ab.

Der erste Brief trug das Datum 5. Januar 1865 und enthielt den Titel einer der geheimen Geschichten von Miss Alcott (A. M. Barnard?), »V. V.« Er lieferte auch den Namen der Zeitschrift, in der sie veröffentlicht worden war, The Flag of Our Union (Die Fahne unserer Union)*. Und sein Briefkopf identifizierte Mr. Elliotts Firma, »Elliott, Thomes & Talbot Publications, Journal Building, 118 Washington Street, Boston, Mass.« Mr. Elliotts Teilhaber waren William H. Thomes und Newton Talbot. Mr. Dashwood und seine Gesellschafter waren enttarnt. Das rauchige Zimmer von Jo Marchs Verlegern war betreten worden.*

Die drei übrigen Briefe komplettierten das Bild der Schriftstellerin aus Concord im geheimen Schaffensrausch. Ein Brief vom 15. Juni 1865 erwähnte einen weiteren Titel, »Die Marmorfrau«, und teilte dem Verfasser A. M. Barnard mit, dass Mr. Elliotts Freunde ihn »einfach fabelhaft« fänden und dass er der Ansicht sei, dass »kein Romanschriftsteller sich dafür schämen [müsse], ein solches Kind zu haben«. Zugleich versicherte er Miss Alcott, dass er die Tatsache, »dass A. M. Barnard & Sie identisch sind, nicht ausposaunt« habe. Der letzte aus dieser kostbaren kleinen Gruppe von Briefen stammte vom 11. August 1866 und sprach in den höchsten Tönen von einem weiteren Erzeugnis der flinken Feder A. M. Barnards: »Die Erzählung mit dem Titel ›Hinter einer Maske‹ ist angenommen. Ich halte sie für eine Story von eigentümlicher Kraft und habe keinen Zweifel daran, dass meine Leser davon genauso fasziniert sein werden wie ich selbst, als ich das Ms. las. Ich werde Ihnen $ 65 dafür geben ... Ich erbitte mir eine neue Story bis zum 20. September.«

Überwältigt von Euphorie, kehrten wir nach Hause zurück, entschlossen, die Thriller, die A. M. Barnard Mitte der sechziger Jahre des neunzehnten Jahrhunderts in James R. Elliotts *Flag of Our Union* veröffentlicht hatte, aufzuspüren. Zu jeder anderen Zeit wäre dies eine vergleichsweise einfache Angelegenheit gewesen, aber 1942 waren die kriegsbedingten Hindernisse unserem Vorhaben im Wege. Leona reiste nach Washington, um *The Flag of Our Union* in der Library of Congress durchzusehen, wo sich der vollständigste Bestand der Zeitschrift befand. Die Reise war fruchtlos. Alle Ausgaben der *Flag* waren für die Dauer des Krieges in ein sicheres Depot ausgelagert worden; ihr Aufenthaltsort war ein ebenso gut gehütetes Geheimnis wie Louisas Thriller selbst.

In der Boston Public Library fanden wir einige Ausgaben der *Flag*, die Ergüsse A. M. Barnards enthielten. Und dann stießen wir zu unserer Freude, als wir im Katalog der New York Public Library nach dem Pseudonym der Autorin suchten, auf den Eintrag: V. V. / VON A. M. BARNARD / VOLLSTÄNDIG. Die Story, eine Erzählung über eine rachsüchtige und boshafte Femme fatale, war als Groschenroman nachgedruckt und von der New York Public Library in einen nicht näher beschriebenen Band mit der Aufschrift »Flugschriften, diverse« eingebunden worden. Unverzüglich klärten wir die Katalogabteilung darüber auf, dass »V. V.« als abnormer, pseudonymer Abkömmling von Louisa May Alcott an einen gehobeneren Ort, nämlich in die Rara-Sammlung der Bibliothek, gebracht werden müsse.

Außerdem enthüllte ein Brief, der im Orchard House in Concord aufbewahrt wurde, einen weiteren Absatzmarkt der unermüdlichen Geschichtenerzählerin. Dieser Brief, geschrieben im Dezember 1862, war ihr zugesandt worden, als sie Krankenschwester im Bürgerkrieg gewesen war, und teilte Miss Alcott mit, dass »Ihre Erzählung ›Pauline‹ heute Vormittag mit dem $-100-Preis für die beste Kurzgeschichte für Mr. Leslies Zeitung ausgezeichnet worden ist … Gestatten Sie mir, Ihnen zu Ihrem Erfolg zu gratulieren und Ihnen zu empfehlen, alles Weitere, was Sie fortan in derselben Art schreiben, bei Mr. Leslie einzureichen.«

Nun hatten wir nicht nur den *Wöchentlichen Vulkan*, sondern auch das *Barneystoner Banner*, nicht nur den E., sondern auch den L. aus Alcotts Tagebuch identifiziert. L. war Frank Leslie, Zeitungsmagnat, Herrscher über ein journalistisches Imperium in New Yorks Zeitungsviertel, dessen Flaggschiff *Frank Leslie's Illustrated Newspaper* war. Auf den lebendig illustrierten Folioseiten dieser bunten Wochenzeitschrift fanden wir Jo Marchs preisgekrönte Story, eine zweiteilige Serie mit dem Titel »Paulines Leidenschaft und Sühne« von »einer Lady aus Massachusetts«. In dieser verblüffenden Geschichte über feministischen Zorn, gewalttätige Rache und den Machtkampf der Geschlechter hatte die namenlose »Lady aus Massachusetts« sich keinen literarischen Zwang angetan und war ganz aus sich herausgegangen.

Ich fand, Leona sollte ihre Entdeckung der wissenschaftlichen Welt bekannt machen. Ihre Studie »Einige anonym und unter Pseudonym veröffentlichte Thriller von Louisa M. Alcott« erschien 1943 in der Sommerausgabe der *Papers of the Bibliographical Society of America*.

Carroll Wilsons Vorschlag, mich für ein Guggenheim-Stipendium zu bewerben, hatte ich in der Zwischenzeit nicht aus den Augen verloren. Im Kielwasser unserer Entdeckung folgte ich seinem Rat und verfasste ein siebzehnseitiges, einzeilig getipptes Exposé, in dem ich ausführlich meinen »Arbeitsplan« darlegte:

Meine Absicht ist es, nicht nur das Leben Louisa May Alcotts im Zusammenhang mit ihrer Zeit darzustellen, sondern auch ihre literarische Entwicklung vom Zauberkessel der Hexe hin zu Heim und Herd der Familie nachzuzeichnen ... Ich bin überzeugt, dass eine solche Biographie ... ein wichtiger wissenschaftlicher Beitrag sein wird, da es erstens eine große Menge unerforschter Materia-

lien gibt, da zweitens keine der bisherigen Biographien über Louisa Alcott den historischen Hintergrund und ihre Persönlichkeit so stark zueinander in Beziehung gesetzt hat, wie ich es zu erreichen hoffe, und vor allem, da bislang noch keine einzige literaturwissenschaftliche Untersuchung zu ihrem Werk vorliegt.

Zusammen mit meinem umfangreichen Antrag reichte ich Empfehlungsbriefe meiner Fürsprecher ein.

Am Sonntag, dem 14. März, rief mich Henry Allen Moe, Generalsekretär der John Simon Guggenheim Memorial Foundation, an und bat mich, ihn am darauf folgenden Tag um 16.30 Uhr in seinem Büro aufzusuchen. Große Aufregung, Gespräche und bange Erwartung waren die Folge, und am Montag fuhr ich gleich nach der Schule mit dem Bus in die Fifth Avenue 551. In meinem Tagebuch habe ich die Qualen der Befragung festgehalten:

Ich saß an einem langen Tisch & wurde von den beiden älteren Männern [Dr. Adlon und Mr. Moe] mit Fragen bombardiert: »Was hat Margaret Fuller über ›Den Raben‹ geschrieben?« Habe schlecht geantwortet. »Welche Methode verwenden Sie für Ihre Aufzeichnungen?« Lange, schwere Gesprächspausen. Bin erschöpft nach Hause gekommen & meine liebe Leona stattete mir einen Überraschungsbesuch ab, um meinen Bericht zu hören.

Mein Tagebuch verzeichnet auch, was auf dieses Gespräch folgte. Am 24. März 1943 schrieb ich:

Tag aller Tage! Ich habe heute Morgen erfahren, dass ich ein Stipendium der J.S. Guggenheim Foundation erhalten habe. 12 Monate. $ 2000. Hurra!!!!!!!!! ... Leona besuchte mich in der Schule ... Lil zitterte vor Freude am ganzen Körper – eine wahrhaftige Schüttellähmung de delirium exquise ... Habe an alle meine »Fürsprecher« geschrieben und mich bedankt.

Vor einem halben Jahrhundert war die Guggenheim-Stiftung bedeutend genug, um in der Zeitung mit einer Liste der Stipendiaten gewürdigt zu werden. Ich würde mich in sehr guter Gesellschaft befinden. Zu meinen Mit-Stipendiaten gehörten nicht nur jene, die auf meinem eigenen Gebiet berühmt werden sollten – Randall Stewart, der Biograph Hawthornes, William Charvat, der Erforscher des Berufsschriftstellertums –, sondern auch Martha Graham und Vladimir Nabokov. Ich richtete es so ein, dass mein Stipendium im September begann, und am 31. August schrieb ich in mein Tagebuch: »Morgen beginne ich meine Guggenheimschaft. Möge es ein fruchtbares Jahr werden.«

Befreit vom Unterrichten, konnte ich mich jetzt ganz darauf konzentrieren, mir ein neues Leben, eine neue Karriere aufzubauen. Louisa Alcott hatte weitaus mehr verborgene Geheimnisse und ungelöste Rätsel zu bieten als Margaret Fuller. Um ihren gesamten Lebenslauf zu verfolgen, erschloss ich Quellen, fand Hinweise und ging ihnen nach. Sie hatte viele verschiedene Leben geführt und legte viele Widersprüche an den Tag. Sie hatte New England, von wo sie stammte, hinter sich gelassen. Sie war in ihrer Jugend Hausmädchen gewesen und aus eigenem Antrieb zur Ernährerin ihrer Familie geworden. Sie hatte als Krankenschwester im Bürgerkrieg gedient, sie hatte unterrichtet, genäht und war gereist. Aber vor allem hatte sie geschrieben. Und dabei hatte sie viele unterschiedliche Persönlichkeiten offenbart und maskiert. Ich wusste, ich musste sie alle erforschen, mit Hilfe der Hinweise in ihrer euphemistischen Erzählung »Wie ich auszog, um zu dienen«, ebenso wie durch die finsteren Ingredienzen aus »Die Marmorfrau«, deren Heldin dem Opium frönte, die Boshaftigkeit der rachsüchtigen Virginie Varens aus »V. V.« und das liebevolle Familienleben in *Betty und ihre Schwestern*. Louisa Alcott war eine weitaus komplexere Persönlichkeit, als man sich bislang hatte vorstellen können.

Jetzt konnte ich mich an ihre Fersen heften, und das tat ich. An der Columbia University, wo Marinekadetten paradierten und militärische Kommandos widerhallten, durchsuchte ich die Regale nach Quellen, die die Geheimnisse preisgaben. In der New York Public Library versuchte ich, den Arbeitgeber zu identifizieren, der ihr nachgestellt und sie überstrapaziert hatte, als sie in Dedham, Massachusetts, seine Bedienstete war. Im Magazin der New York Public Library an der Twenty-fifth Street vertiefte ich mich in Bostoner Adressverzeichnisse aus dem neunzehnten Jahrhundert, um die Aufenthaltsorte sowie Werbeanzeigen ihrer Verleger aufzuspüren. In der »Marmorfrau« schrieb sie über Opium – hatte sie auch selbst Opium probiert? Wie leicht war es damals zugänglich gewesen? Ich überprüfte die amtlichen Arzneibücher ihrer Zeit in der New York Academy of Medicine.

In Philadelphia lokalisierte ich die Stelle, an der ihr Geburtshaus gestanden hatte, inzwischen ein Freimaurertempel. In einem Gespräch mit Frederika Wendte erfuhr ich viel über ihre letzten Jahre, denn Mrs. Wendte erinnerte sich daran, wie Louisa am Ende ihres Lebens am Louisburg Square gewohnt hatte. Ein Packen Briefe, den ich von Percy Whiting Brown zugesandt bekam – Briefe, die Louisa an ihre Großmutter Laura Hosmer, eine Ärztin, geschrieben hatte –, erwies sich als Goldmine mit lauter häuslichen Details über ihr späteres Leben.

Von Zeit zu Zeit reisten Leona und ich nach Boston, auf der Spur von Alcotts Wohnhäusern, von der Beacon Street zur Groton Street, vom Cottage Square zum Louisburg Square. Im Colonial Inn in Concord befragten wir eine ältere Frau, die noch wusste, dass Louisas Schwester May ihr Zeichenunterricht gegeben hatte, die mich aber warnte, dass alles andere, an das sie sich erinnerte, nicht stimmen würde. Dort kam auch der charmante Zoltan Haraszti, Hüter der Rara in der Boston Public Library, zu uns zum Dinner, in der Hoffnung, Leona nach Boston locken zu können, um bei ihm zu arbeiten; mit mir erörterte er die verwickelte Beziehung zwischen Hawthorne und den Alcotts.

In Concord erhielt ich meine erste strenge Lektion in Skeptizismus. Im Orchard House zeigte mir die Kuratorin einen großen kupfernen Teekessel, den Louisa, wie sie mir voller Stolz mitteilte, nach Washington mitgenommen habe, als sie Krankenschwester im Bürgerkrieg gewesen sei. Später, am selben Tag, schaute ich bei der Concord Antiquarian Society vorbei, wo mir ein etwas kleinerer Teekessel gezeigt wurde, den Louisa, wie mir die Kuratorin voller Stolz mitteilte, nach Washington mitgenommen habe, als sie Krankenschwester im Bürgerkrieg gewesen sei. Als ich einwandte: »Aber man hat mir diesen Teekessel doch schon im Orchard House gezeigt!«, erwiderte die Kuratorin verärgert: »Hat man das? Wir hatten uns doch darauf geeinigt, dass es dieses Jahr unser Teekessel sein sollte!« Wenn die Identifikation von Teekesseln schon fragwürdig war, wie fragwürdig würde dann erst die Identifikation anonym und unter Pseudonym veröffentlichter Storys sein!

Ich forschte nach Hinweisen auf die Persönlichkeit der Autorin der Erzählung »Hinter einer Maske«, die selbst bestimmte Phasen ihres Lebens maskiert hatte. Das war eine erfrischende und fesselnde, bisweilen aber auch frustrierende Arbeit. Doch mit der Zeit begann sich ihre Identität herauszuschälen – die Identiät einer Berufsschriftstellerin, die mit vielen literarischen Gattungen experimentiert hatte, vom Märchen zum bürgerlichen Drama, von der Sensationsstory zum philosophischen Roman. Sie hatte mehr geschrieben, als sich irgendjemand hatte vorstellen können. Und sie hatte sich selten wiederholt. In einer Folge von Artikeln bemühte ich mich, den Phasen ihres wechselvollen Lebens und den ebenso vielfältigen Aspekten ihrer Arbeit nachzuspüren. Diese Artikel wurden unweigerlich meiner aufmerksamen Mutter und – üblicherweise an einem Tisch bei Schrafft's – meiner aufmerksamen Freundin vorgelesen.

Meine Guggenheim-Tage waren in der Tat verzaubert. Am Ende des ersten Jahres wurde mein Stipendium um sechs Monate verlängert, und ich begann an meiner Biographie zu schreiben. Zwischendurch gab es Aufführungen von Thornton Wilders *Wir sind noch einmal davongekommen* oder *Und morgen die ganze Welt*, einem Drama, in dem Skippy Homeier ein brutales Nazi-Kind spielte. Angesichts der Stromausfälle, des Sirenengeheuls und der Wohltätigkeitsveranstaltungen zugunsten der Anti-Nazi-Liga oder des russischen Kriegsfonds konnte einem der Krieg nicht entgehen. Einzelheiten darüber, was man später den Holocaust nennen sollte, begannen zu uns durchzudringen, wenn sie auch meistens ungläubig aufgenommen wurden. Diejenigen, die wie ich von deutsch-jüdischer Herkunft waren, konnten damals nichts Glaubhaftes an dem finden, was in der Zukunft als »die Endlösung« bekannt werden sollte. Die meiste Zeit vergrub ich mich in ein Leben aus dem neunzehnten Jahrhundert, das mich fesselte und faszinierte. Ich wusste, dass meine Rückkehr zum Unterrichten eine Enttäuschung werden würde, nachdem ich so ausgiebig den Geschmack der Freiheit gekostet hatte.

Auch Leona fand ihre langwierige Lehrzeit als Buchhändlerin unerträglich. Wie oft vertraute sie mir ihren Wunsch an, selbst Antiquarin zu werden! Ihre Familie unterstützte sie darin nicht. Ihr Vater glaubte fest, dass das Geschäftsleben nichts für eine Frau sei, und ihre wunderschöne Mutter aus New Orleans erklärte: »Mein Schatz, keine Frau aus unserer Familie hat sich jemals mit Handeln abgegeben.« Ohne Zweifel bestärkten solche Bemerkungen Leona nur in ihrem Wunsch. Obwohl sie sich ihres Interesses und ihres Zieles vollkommen sicher war, schwankte sie beständig. Zudem verfügte sie über gar kein Kapital, und bei der Ablehnung ihrer Dissertation hatte sie erfahren, wie sich eine Niederlage anfühlt, und fürchtete sich noch immer davor.

Aber hatte nicht Thoreau in *Walden* geschrieben: »Wer selbstbewusst und mit Zuversicht in Richtung seiner Träume voranschreitet und es wagt, das Leben zu leben, das er sich vorgestellt hat, dem wird zu einer ganz gewöhnlichen Stunde unerwarteter Erfolg beschieden sein.«?

Ich beschloss, dass es in meiner Macht stand, Leonas Zwiespältigkeit ein Ende zu machen. Ich hatte ein Geschenk im Sinn, das sie zugleich begeistern und ermutigen sollte und das sie – dessen war ich gewiss – selbstbewusst ihren Träumen näher bringen sollte. Sobald das Geschenk angeliefert wäre, würde ich es in einen großen Karton packen und es ihr zu Weihnachten überreichen.

✑ Leona Rostenberg – Seltene Bücher ✒

LEONA »›Ohne Geschenke ist Weihnachten nicht Weihnachten‹, brummte Jo, die
auf dem Teppich lag.« Mit dieser un-
vergesslichen Beschwerde hob sich der
Vorhang für *Betty und ihre Schwestern.*
Weihnachten 1943 war wahrhaftig Weihnachten für mich, und es hob den Vorhang
für meine Zukunft.

Ich verbrachte den Feiertag mit Mady und ihrer wunderbaren Mutter Lil. Meine Eltern waren in den Süden gefahren, und mein Bruder, mittlerweile verheiratet,
lebte in Washington. Die Wohnung der Sterns war meine
zweite Heimat geworden. Für den festlichen Anlass hatte ich
eine Lampe für Madys Guggenheim-Schreibtisch und für Lil
Marquands neuen Bestseller *Das Leben ist zu kurz* ange-
schleppt. Bevor Mady ihre Geschenke auspackte, überreichte
sie mir ein großes, wackeliges Paket, und Lil sagte: »Ich
möchte deinen Gesichtsausdruck sehen, wenn du das aus-
packst.«

»Es ist ein Hundebaby!«, quietschte ich.

»Als ob ich ein Hundebaby einpacken würde. Mach es
auf«, befahl Mady.

Als ich das Paket auswickelte, fielen fünf Schachteln heraus. Ich öffnete eine nach der anderen, und mir wurde dabei nach und nach immer schummeriger und hysterischer zumute. Schachtel Nummer eins brachte Briefbögen auf Schreibmaschinenpapier zum Vorschein, Schachtel Nummer zwei Briefbögen von halber Größe. Schachtel Nummer drei enthielt einen Satz Adressaufkleber. In Schachtel Nummer vier war ein Stapel kleiner Visitenkarten. In alle waren die folgenden, Schwindel erregenden Worte eingeprägt:

LEONA ROSTENBERG – SELTENE BÜCHER
152 EAST 179TH STREET
NEW YORK 53, N. Y.
TELEPHONE TR. 8-2789

Die linke obere Ecke zierte das Bild eines Renaissance-Druckers und seines Lehrjungen.

Bis dahin war ich schon so von Gefühlen überwältigt, dass ich kaum sprechen konnte. Die letzte Schachtel gab mir endgültig den Rest. Sie enthielt einhundert Rechnungsbögen mit demselben wunderschönen Briefkopf samt Emblem. Ich warf mich auf die Couch, schrie und jammerte: »Aber ich werde niemals hundert Bücher haben!« Umgeben von diesen Weihnachtstrophäen, durchlebte ich ein Wirrwarr von Gefühlen – Freude natürlich, Dankbarkeit und, unweigerlich, Angst. Die Würfel waren gefallen. Ich konnte all dieses wunderbar geprägte Papier nicht vergeuden.

Als ich meine Sinne wieder einigermaßen beisammenhatte, sah ich mir das Briefpapier genauer an. Das Bild des Druckers war aus Jost Ammans *Ständebuch* entnommen, aber im Unterschied zum Holzschnitt aus dem sechzehnten Jahrhundert trug es eine Inschrift aus dem zwanzigsten Jahrhundert:

Leona Rostenberg blieb keine Wahl. Sie musste ins Geschäft einsteigen. Und dreißig Jahre später, als Leona Rostenberg – Seltene Bücher von der *Times* interviewt wurde, sollte als Überschrift über dem Artikel stehen: »Wie Briefpapier die dreißigjährige Partnerschaft zweier Frauen begründete«.

Trotz Madys großzügigem Geschenk war ich noch immer Herbert Reichners Lehrling, und da ich noch immer Leona war, mangelte es mir nicht nur an Selbstbewusstsein, sondern auch an Geld. Bei weiteren Schrafft's-Essen äußerte ich noch immer meine Zweifel, und Mady bemerkte: »Sei kein Esel. Versuch es. Und nach meinem Guggenheim können wir Partnerinnen werden. Ich leihe dir tausend Dollar.«

»Aber was ist, wenn ich die verliere?«

»Das wirst du nicht. Und wenn doch ...«

»Dann glaubst du also, ich könnte sie verlieren.«

»Ich glaube nicht, dass du sie verlierst. Du bist wirklich eine Närrin. Was hältst du von Nachtisch?«

Es dauerte noch bis Mai 1944, bis ich endgültig alle Brücken hinter mir abbrach. Ich teilte Herbert Reichner mit, dass ich im Herbst nicht zurückkommen würde. »Das überrascht mich nicht«, erwiderte er ziemlich erschüttert. »Ich wusste, das würde eines Tages geschehen. Sie machen natürlich Ihr eigenes Geschäft auf. Aber lassen Sie mich Ihnen sagen: Wenn Sie es sich anders überlegen, werde ich Ihr Gehalt erhöhen. Vergessen Sie nicht, dass es nicht einfach ist. Sie brauchen Fingerspitzengefühl* – Sie müssen es in den Fingern spüren, um ein seltenes Buch zu erkennen, wenn Sie eines sehen. Außerdem ist das Buchgeschäft nicht das reine Vergnügen; es gibt viele Probleme mit Büchern und mit Kunden.«

Wie sich herausstellte, sollte Herbert Reichner in der Tat

viele Probleme bekommen. Im darauf folgenden Jahr musste er eine Abfolge von sieben verschiedenen Sekretärinnen ertragen. Was mich betraf, so bereitete ich alles für den Auftritt von Leona Rostenberg – Seltene Bücher vor.

Die ersten Schritte wurden in Sunnybank unternommen, dem Haus in Maine, das wir für den Sommer 1944 gemietet hatten. Im Unterschied zu unserer vorigen primitiven Pagode war es ein zivilisiertes Wohnhaus mit allen Annehmlichkeiten, Wänden mit Pinienholz-Täfelung und Blick auf den Ozean. Es hatte außerdem vier weitere Bewohner aufzuweisen, die Meg, Jo, Beth und Amy hießen. Das war ein Quartett von Rhodeländer Legehennen, die sich Mady aus irgendeinem unerfindlichen und unverständlichen Grund zum Geburtstag gewünscht hatte.

Ich hatte versucht, sie im Kaufhaus Macy's zu erwerben, das damals seine neunte Etage zum »Bauernhof« umgewidmet hatte, wo man Vieh kaufen konnte. Mein Gespräch mit dem kenntnisreichen Verkäufer war fruchtlos, aber zitierenswert:

LEONA: Ich möchte gern vier Hühner kaufen.

VERKÄUFER: Haben Sie ein Haus?

LEONA: Natürlich habe ich ein Haus.

VERKÄUFER: Hat es Strom?

LEONA (erbost): Natürlich hat es Strom. Es hat fünf Zimmer und eine Veranda …

VERKÄUFER (unterbricht): Ich denke nicht, dass *Sie* Hühner haben sollten.

Als mir schließlich dämmerte, dass der »Bauernhof«-Experte einen Hühnerstall gemeint hatte, während ich an das hübsche Landhaus dachte, das wir gemietet hatten, beschloss ich, mein Geflügel bei unserem Vermieter zu bestellen. Das Ergebnis war interessant, aber im Unterschied zu ihren Namenskusinen aus *Betty und ihre Schwestern* erwiesen sich unsere Neuengländerinnen als lästige Mitbewohnerinnen. Das Gegacker von Madys Hühnerstange, ganz zu schweigen vom Geflatter im Stall, unterbrach oft meine Versuche, Leona Rostenberg – Seltene Bücher auf den Weg zu bringen.

Während meiner Jahre bei Herbert hatte ich seine weggeworfenen Kataloge ausländischer Händler gesammelt. Jetzt begann ich, selbst welche anzufordern, sie zu studieren und einige Stücke aus dem sechzehnten und siebzehnten Jahrhundert zu bestellen. Da mir klar geworden war, dass ich für meine Bestände auch Kunden brauchte, schrieb ich zugleich emsig die Mitgliedernamen von so ehrwürdigen Vereinen wie dem Grolier Club oder der Bibliographical Society of America ab. Diese ergänzte ich um die Namen von Kuratoren der Rara-Abteilungen in amerikanischen Bibliotheken. Während meine Kartei anzuwachsen begann, widmete Mady sich den Namenskusinen unserer Rhodeländer und arbeitete an dem Kapitel mit dem Titel »*Betty und ihre Schwestern*«.

Da wir nicht am Piccadilly oder in der Charing Cross Road stöbern und nach Büchern jagen konnten, durchstreiften wir die Nachbardörfer in Maine. Zwischen Portland im Norden und Portsmouth im Süden fuhren wir umher, Mady am Steuer ihres Plymouth, Chimpie die Düfte des Sommers schnüffelnd, wir alle waren abenteuerlustig. Würden wir finden, was man in der Branche einen »Schläfer« nannte, ein Buch, dessen Wert dem Verkäufer unbekannt, für uns, die Käuferinnen, aber ein alter Hut war? Und so reisten wir von Zeit zu Zeit nach Berwick und Biddeford, Kennebunk und Kittery, Sanford und Salmon Falls – zum »Haus der tausend Stühle«, der »Alten Farm«, dem »Krähennest« und »Großmutters Dachstube«, begutachteten Ramsch und Sperrmüll, Moder und zerbrochenes Geschirr, armlose Puppen – und Bücher.

Zwischen den Stapeln unvollständiger Zeitschriftenjahrgänge und Büchern ohne Titelblatt – *Die Sprache der Blumen, Das Mädchen aus Limberlost* – fanden wir einige wenige Kandidaten für das magere Sortiment des zukünftigen Geschäfts Leona Rostenberg – Seltene Bücher. Aus all dem Ramsch zog Mady einen Folio-Band hervor, herausgegeben von Elizabeth Peabody, einer Freundin Margaret Fullers, Lehrerin an der von Bronson Alcott geleiteten Schule und daher der Biographin Stern wohl bekannt. Peabodys *Polish-American System of Chronology* wurde unseres, für fünfundzwanzig Cents. Jacksons *Second Report of the Geology of the State of Maine*, erschienen 1838, noch im Originalumschlag und ebenfalls zum Preis von fünfundzwanzig Cents, schien mir ein guter Kauf zu sein. Auch wenn ich europäische Drucke aus dem siebzehnten Jahrhundert bevorzugte, würde die Firma Leona Rostenberg – Seltene Bücher doch immer Platz für interessante amerikanische Raritäten haben. Eine solche Rarität, ausgezeichnet mit dem volkstümlichen Preis eines Vierteldollars, schnappte sich Mady – die Gedichte von Thomas Holley Chivers als Erstausgabe mit dem Titel *Nacooche oder Der schöne Stern*, ein Werk, das seinen Freund Edgar Allan Poe stark beeinflusst hatte. Wir sollten von unseren Erkundungsfahrten mit einem frühen Webster-Wörterbuch, Pittmans *Phonographie*, Christys *Melodien* nach Sunnybank zurückkehren – und mit großen Hoffnungen für mein zukünftiges Geschäft.

Zwischen unseren Exkursionen kombinierten wir Schwimmen und Schreibtischarbeit. Mady fuhr fort, ihre Alcott-Biographie zu schreiben und zu überarbeiten, während ich weiter meine Geschäftspläne schmiedete. Wir unterbrachen unsere sitzende Tätigkeit, um an örtlichen Auktionen teilzunehmen. Als wir erfuhren, dass der gesamte Inhalt eines Hauses und einer Scheune bei einer öffentlichen Versteigerung angeboten werden sollte, unternahmen wir sofort eine Vorbesichtigung.

Wir wanderten durch Zimmer voll aufgestapelter Matratzen und Sprungfedern, durch eine Phalanx von Nachtgeschirren und Bügeleisen, Lampenschirmen und Sofabezügen, bis wir schließlich in eine dunkle Ecke der Scheune kamen, wo wir ein paar Bücher erspähten. Wir fanden eine alte Bibel, einige Gesangbücher, unbedeutende Romane, und dann schlug das Fingerspitzengefühl* an. In der Gegend verstreut sah ich, was aussah wie in bedrucktes Papier eingewickelte Flugblätter. Ich hob eines auf. In meinen Händen hielt ich eine Folge von Charles Dickens' Roman *Master Humphreys Wanduhr*. Uns war bekannt, dass Dickens' Romane in Teilen oder Lieferungen veröffentlicht worden waren, bevor sie in Buchform erschienen, und ich wusste, dass ein Dickens in Fortsetzungen weitaus wertvoller war als ein Dickens zwischen Buchdeckeln. Aber waren auch alle Folgen dabei? Wir huschten umher, sammelten eine nach der anderen ein – eine literarische Maus hatte das Titelblatt von einer Lieferung angeknabbert –, und tatsächlich, alle zwanzig Teile von *Master Humphreys Wanduhr* waren in der Scheune verstreut. Wir schnürten sie zu einem Bündel zusammen, gaben die Bibel dazu und suchten nach dem Auktionator. Ob er so freundlich sein würde, diesen Posten bei der bevorstehenden Auktion anzubieten?

Bei der Auktion bot er ihn nicht bloß an, er warb auch äußerst eloquent dafür. Nachdem er die Matratzen und Lampen, die Nachtgeschirre und Kochutensilien losgeworden war, hielt er das Bündel, das wir geschnürt hatten, in die Höhe. »Und nun, Leute, kommen wir zu äußerst eleganter Literatur. Nicht von einem Amerikaner, Leute. Sie stammt von einem englischen Knaben namens Dickens. Sie alle haben von Mr. Dickens gehört. Nun, was bieten Sie für Mr. Dickens?«

Das Publikum war nicht sehr beeindruckt von diesem bloßen Bündel loser Papiere. Nachdem ich einen Moment lang atemlos gewartet hatte, rief ich: »Fünfzig Cents!«, und der Auktionator antwortete: »Die Lady mit der Brille sagt fünfzig Cents. Gibt es kein höheres Gebot für Mr. Dickens? Ich kann ihn doch nicht beim ersten Gebot abgeben, meine Damen und Herren.«

Ich stieß Mady in die Rippen, und sie rief schnell: »Sechzig Cents!«

»Die andere Lady mit Brille bietet sechzig Cents. Sechzig Cents, Leute. Mr. Dickens zum Ersten, zum Zweiten, zum Dritten – verkauft an die Lady mit der Brille. Für sechzig Cents!«

Ich hatte meinen ersten »Schläfer« gefunden. Leona Rostenberg – Seltene Bücher würde nicht nur in der Lage sein, einige ungewöhnliche Americana anzubieten, sondern auch eine echte literarische Rarität aus dem England des neunzehnten Jahrhunderts – einen Charles Dickens in Originallieferungen.

Mein Fingerspitzengefühl* hatte gerade erst zu wirken begonnen. Es funktionierte besonders gut, als ich eines Tages einen Katalog der englischen Firma McLeish & Sons, die sich in der Londoner Little Russell Street befand, studierte. Mady hatte sich in Louisa Alcotts Grand Tour nach Übersee im Jahre 1870 vertieft, Chimpie döste auf der Veranda vor sich hin, ich blätterte im McLeish-Katalog, der gerade von meiner zeitweiligen Sekretärin, meiner Mutter, an mich weitergeleitet worden war. Die meisten Stücke, die darin aufgeführt waren, interessierten mich nicht, bis mein Blick auf die Nr. 188 fiel. In dem Moment wurde mein Fingerspitzengefühl* zu einer elektrischen Leitung. Meine Kopfhaut juckte. Und ich quiekte laut.

All diese Anzeichen und Symptome waren durch etwas hervorgerufen worden, das vor einigen Monaten passiert war. Als ich noch für Reichner gearbeitet hatte, hatte ich einen seiner weggeworfenen Kataloge studiert, eine Hochglanzbroschüre mit prächtigen antiquarischen Raritäten von der Firma Lionel and Philip Robinson, Pall Mall, London. Dort hatte ich eine begeisterte Beschreibung eines Bandes gelesen, nach dem man sich die Finger lecken musste: [CALDERWOOD (David),] Perth Assembly. [Leiden: Pilgrim Press,] 1619. Auf den ersten Blick sagte mir das Buch gar nichts. Ich hatte nie etwas von Calderwood oder seiner *Perth Assembly* gehört, und von meiner Zusammenarbeit mit Reichner wusste ich genug, um mir darüber im Klaren zu sein, dass Leiden im frühen siebzehnten Jahrhundert geradezu ein Bienenstock verlegerischer Aktivitäten gewesen war und dass nur sehr wenige Stücke aus jener Zeit, die von dort stammten, besonders wertvoll waren. Aber es waren die eingeklammerten Worte »Pilgrim Press«, die es zu einem Wertobjekt machten, und warum das so war, hatte ich durch die Beschreibung im Robinson-Katalog erfahren.

Die Pilgrim Press – wie sie erst später von Historikern genannt worden war – war von William Brewster heimlich gegründet und von 1617 bis 1619 in Leiden betrieben worden. Brewster sollte in seiner Geheimdruckerei nur zwanzig Titel herstellen, bevor er und seine Mit-Pilger an Bord der *Mayflower* nach New England auswanderten. Diese Titel belegten nicht nur die inbrünstige anti-englische Haltung dieser Gruppe, sondern sie waren in gewisser Weise auch die ersten gedruckten Americana. Sie spiegelten die Ansichten unserer Pilgerväter wider und waren daher die frühesten gedruckten Urkunden unseres Landes – amerikanische Inkunabeln sozusagen. Calderwoods Buch, heimlich hergestellt von Brewster dem Älteren, war in der Tat ein Musterbeispiel präkolonialer Druckwerke. Als solches konnte man es fast als unbezahlbar ansehen. Es hatte jedoch einen Preis. Die Robinsons hatten ihn auf sechzig Pfund veranschlagt. Sechzig Pfund entsprachen im Jahre 1944 dreihundert Dollar, genug, um davon mehrere Monate lang in New York City leben zu können. Egal wie rosig meine Zukunft auch immer aussehen mochte, ich würde doch gewiss niemals in der Lage sein, diesen Betrag für einen einzigen Band aufzubringen, und ich würde niemals, niemals ein Buch aus der Pilgrim Press besitzen.

Nun, im August 1944, hatte ich die Chance, eines zu erwerben. Ich war bei Nr. 188 des McLeish-Katalogs angekommen, wo ich las: »Perth Assembly. 1619.«

All die eingeklammerten Angaben, »Pilgrim Press« eingeschlossen, waren fortgelassen worden. Der Firma McLeish war nicht bewusst, dass sie ein außerordentlich seltenes Buch anbot, das von der Geheimdruckerei der Pilgerväter in Leiden herausgegeben worden war. Sie wusste nicht, dass sie da einen Schatz in ihrem Katalog führte, und hatte für das Buch einen Preis von einem Pfund und fünfzehn Shilling beziehungsweise acht Dollar festgesetzt.

Nun war die eigentliche Frage: Würde ich dieses Buch je in die Hand bekommen? Mein Wasserfall von Erklärungen, Aufregung und Sorge ergoss sich über Mady und endete in einer Überschwemmung. »Es ist eines von zwanzig Büchern, die die Pilger in ihrer geheimen Druckerei in Leiden gedruckt haben, bevor sie nach Amerika kamen! Es ist ein Vermögen wert! Aber wie soll ich darankommen? Wie, wie, wie? Ich bin eine Unbekannte – sicher wird ein guter Londoner Händler es sich schnappen!«

Mady hatte sich besser in der Gewalt. Sie ließ Louisa Alcott an der Piazza Barberini Nr. 2 in Rom zurück und verkündete: »Wir werden sofort Maßnahmen ergreifen. Wir werden zum Büro der Western Union in Ogunquit fahren und ein Telegramm an McLeish schicken.« Verschlagen tarnte ich meine

Entdeckung, indem ich neben Nr. 188 noch ein paar weitere Stücke bestellte, und mein Telegramm wurde in die Little Russell Street 2, London, geschickt. In dieser Zeit, in der internationale Telefonanrufe beinahe so selten waren wie Calderwoods, konnte ich nichts anderes tun, als den Ausgang abzuwarten, zwischen Hoffen und Bangen, in ständiger Spannung. Würde ich Leona Rostenberg – Seltene Bücher mit einer großen, großen Entdeckung vom Stapel laufen lassen können oder nicht?

In der Zwischenzeit führte ich die letzte meiner Vorbereitungen aus. Ich formulierte die Ankündigung, die einer atemlosen, Bücher kaufenden Öffentlichkeit die Existenz einer wackeren neuen Firma bekannt machen würde:

LEONA ROSTENBERG
gibt sich die Ehre, bekannt zu machen,
dass sie den Verkauf seltener Bücher aufnimmt
in
152 East 179th Street
New York 53, N.Y.
Tremont 8-2789

Für einen geringen Aufpreis setzte der Drucker aus Portland auch das Emblem meines Briefpapiers in die linke obere Ecke. Ich ließ zweitausend Exemplare drucken. Wir verschickten sie alle, und nachdem wir die inzwischen brütenden Hühner Meg, Jo, Beth und Amy unserem Vermieter geschenkt hatten, verließen wir Anfang September das hübsche Haus mit Seeblick.

Mein Geschäft erfüllte eine der Grundvoraussetzungen für ein Antiquariat: Es lag auf der East Side. Es war allerdings ein bisschen weit außerhalb: 152 East 179th Street, in der Bronx. Dort, in dem dreistöckigen Haus, in dem ich aufgewachsen war, wandelte ich das verwaiste Schlafzimmer meines Bruders in mein Büro um. Dort deponierte ich mein wunderschönes Briefpapier, meine Schreibmaschinenbögen, die halben Bögen, meine Visitenkarten, meine Adressetiketten, meine einhundert Rechnungsbögen. Was meinen Bestand an antiquarischen Büchern betraf, so passte dieser bequem in das kleine Bücherregal, das ursprünglich die *Encyclopaedia Britannica* beherbergt hatte, die meine Eltern erworben hatten, als ihr Sohn auf die High School kam. Mein großer Schreibtisch – der einst meinem Vater gehört hatte – wurde in eine Nische gegenüber dem Fenster gerückt. Darauf ruhte meine Schreibmaschine – meine Jugend-Schreibmaschine, die nicht einmal mit einer Rückschritttaste ausgestattet war. Meine Wände zierten Reproduktionen von Holzschnitten aus dem fünfzehnten Jahrhundert, die ich in Straßburg gekauft hatte. Mein Terrier Chimpie rollte sich auf dem kleinen Teppich zusammen. Mein Telefon ruhte in Wartestellung auf einem Fensterbrett. Leona Rostenberg – Seltene Bücher war bereit.

Um mein mageres Sortiment zu vergrößern und den Prozess von Angebot und Nachfrage anzukurbeln, kehrte ich nach Morningside Heights zurück. Die oberen, auf der Galerie befindlichen Regale des Buchladens der Columbia University waren voll gestellt mit langweiligen, in Leinen gebundenen Ausgaben vergessener Leuchten der englischen Literatur. Ein in Kalbsleder gebundenes Buch erregte meine Aufmerksamkeit, aber als ich die fehlende Titelei bemerkte, verwandelte sich meine Hoffnung in Enttäuschung. Aber es musste doch irgendein Duplikat – oder auch ein ausrangiertes Exemplar – eines Buches geben, das Columbia nicht wollte, das aber von einer anderen Universiätsbibliothek heiß begehrt wurde. Und dann entdeckte ich es. Es war ein Quarto-Format, wunderschön in poliertes Kalbsleder gebunden, und seine Pracht wurde noch gesteigert durch ein goldgeprägtes Wappen auf dem Umschlag. Vorsichtig zog ich es aus dem Regal, und als ich die Titelseite sah, wäre ich fast von der Galerie gefallen. Ich hatte ein Exemplar dieses Buches bei Herbert Reichner gesehen: A *Six Weeks Tour through the Southern Counties of England and Wales* von Arthur Young. Herbert hatte andauernd von seiner Bedeutung geschwärmt, es war eine Fundgrube an Informationen über die englische Wirtschaft des achtzehnten Jahrhunderts, vom Ackerbau bis zu Lohnkosten, von der Landwirtschaft bis zu den armen Tagelöhnern. Herbert hatte es in der Erstausgabe von 1768 besessen, und dieses war auch eine Erstausgabe, aber sogar in besserem Zustand als seine; dieses Exemplar stammte aus einer bedeutenden Bibliothek, der Camperdown Library, deren Wappen auf den Umschlag geprägt war. Warum Columbia es aussortiert hatte, war mir ein Rätsel, aber ich hatte wichtigere Dinge zu tun, als mir darüber den Kopf zu zerbrechen. Ich musste das Exemplar prüfen, um sicherzugehen, dass es vollständig war, und dann musste ich von den Einrichtungen meiner Alma Mater Gebrauch machen. Ich verbrachte einige Zeit damit, im Katalog von Harvards Kress Library of Business and Economics nachzuschlagen, und vergewisserte mich, dass die großartige Bibliothek nur mit der zweiten Auflage dieses Werkes aufwarten konnte. Dieses war nicht nur die Erstausgabe, sondern das Camperdown-Exemplar. Es kostete drei Dollar. Schnell trug ich meinen Fund zur Kasse und tauschte ihn für drei Scheine ein. Youngs *Six Weeks Tour* war das schönste Buch in meinem kleinen Lager. Außerdem war es eine Rarität und – um dem Ganzen die Krone aufzusetzen – auf Englisch, so dass es auch für Bibliothekare ohne griechische und lateinische Bücher interessant war. Es sollte das erste offizielle Angebot von Leona Rostenberg – Seltene Bücher werden.

Zu diesem Zweck wählte ich nicht nur einen halben, sondern einen ganzseitigen Bogen meines fabelhaften Briefpapiers aus. Die Beschreibung, die ich verfasste, war beinahe ebenso lang wie das Buch selbst. Sie ließ sich über jedes Detail der sechswöchigen Reise aus und endete mit dem Loblied: »Das Buch gibt sowohl einen ökonomischen als auch einen sozialen Überblick eines großen Teils von England in der zweiten Hälfte des achtzehnten Jahrhunderts. Seltene Erstausgabe.« In diesen Zeiten, als es noch keine Fotokopierer gab, fertigte ich elf Abschriften meines Angebots an und versandte sie an elf Bibliotheken.

Ich meldete Mady die Fertigstellung: »Mein Arthur Young ist auf seiner ersten Amerika-Tournee. Was hältst du davon?« Mady, die einer möglichen Enttäuschung vorbauen wollte, warnte mich: »Versuch, Geduld zu haben. Es kann gut sein, dass vor Weihnachten keine Bestellung bei dir eingeht.«

Niedergeschlagen kehrte ich nach Hause zurück, wo ich einen vor Aufregung völlig aufgelösten Haushalt vorfand. Während meiner Abwesenheit hatte mein Telefon geklingelt. Miss Kerry, die Sprechstundenhilfe meines Vaters, hatte den Anruf entgegengenommen und die Nachricht auf einen Zettel vom Rezeptblock notiert. Und was für ein Rezept! »Bitte senden Sie den Young zur Ansicht. John Fall, Ankäufe, New York Public Library.«

Arthur Young war weit gereist. Er hatte mehrere Male den Kanal überquert. Jetzt, gut verpackt in unzählige Schichten Seidenpapier und Wellpappe, überquerte er weniger stürmische Gewässer – den East River – und wurde von seiner zeitweiligen Besitzerin nach Manhattan transportiert. John Fall begrüßte uns beide amüsiert.

»Er ist auf jeden Fall gut verpackt.«

»Er hat eine ziemliche Reise hinter sich«, erwiderte ich.

»Ein schönes Exemplar«, bemerkte er, nachdem er den unter Papier begrabenen Mr. Young aus seiner vielschichtigen Umhüllung befreit hatte. »Wir geben Ihnen Bescheid.«

Es war mein erster Verkauf. Meine Mutter war so überwältigt, dass sie ihre Schwester in Cedarhurst, Long Island, per Ferngespräch anrief. Zum Erstaunen meiner Familie – und meinem eigenen – lief das Geschäft weiter. Aus ausländischen Katalogen wählte ich Bücher früherer Jahrhunderte aus, die Bedeutung für unseres zu haben schienen, und offensichtlich stimmten die Bibliothekare mir darin zu, denn die Bücher wurden gekauft: Rousseaus Abhandlung *Über den Gesellschaftsvertrag*, die unsere Verfassung mitbeeinflusst hatte, der Briefwechsel der Lady Mary Wortley Montagu, einer frühen Feministin, die im Westen die Pockenimpfung eingeführt hatte. Ein dünner englischer Katalog, der kurz nach unserer Rückkehr aus Maine eintraf, machte mich mit einer Literaturgattung des siebzehnten Jahrhunderts bekannt, den so genannten *petites histoires*, kurzen Beschreibungen bedeutender Ereignisse oder Menschen – etwa einer Geschichte Dünkirchens, noch immer aktuell, einer Biographie über Christina von Dänemark, einer erbitterten Streitschrift gegen einen früheren Diktator, Ludwig XIV. Aus diesen unprätenziösen Andenken aus einem anderen Zeitalter kristallisierten sich für mich historische Details, Tatsachen und Spekulationen über das siebzehnte Jahrhundert heraus. Einzeln mochten sie uninteressant sein, aber zusammen betrachtet boten sie das Spiegelbild einer vergangenen Epoche. Für mich waren sie *multum in parvo*, und auch darin stimmten die Kuratoren der Universitätsbibliotheken mit mir überein. Die *petites histoires* verließen die 179th Street beinahe unmittelbar, nachdem sie eingetroffen waren.

Nicht all meine Käufe waren so erfolgreich. Ein für mich untypischer Ankauf war ein Band von Arthur Conan Doyle.

Nachdem er Sherlock Holmes Ende 1893 getötet hatte, hatte es der Autor mit Geschichten versucht, die nichts mit dem großen Detektiv zu tun hatten, und 1894 hatte Doyle *Round the Red Lamp* veröffentlicht, eine Sammlung von Erzählungen aus seiner Praxis als Mediziner. All dies beschrieb ich ausführlich. Ich begann mein Angebot mit einer Beschreibung der medizinischen Ausbildung des Verfassers und schloss mit einer kritischen Analyse des Werkes. Selbstverständlich schickte ich mein umfangreiches Angebot an den Sherlock-Experten Christopher Morley. Seine Antwort war entmutigend: »Vielen Dank, aber ich habe es bereits – sende Ihr Angebot an einen anderen Kenner.« Das war ein schwacher Trost, denn ich sollte niemals etwas von dem »anderen Kenner« hören.

Zur selben Zeit beschloss ich, einem anderen Experten Jacksons *Second Report of the Geology of the State of Maine* anzubieten, den ich im »Haus der tausend Stühle« in Salmon Falls gefunden hatte. Die Beschreibung von Jacksons *Report* war sogar noch umfangreicher als die von Doyles *Red Lamp*. Sie begann mit Jacksons Ausbildung, schilderte seine Tätigkeit als Geologe im Dienste des Staates Maine und gab den Inhalt von Teil 1, 2 und 3 seines *Report* wieder. Der populärste Schriftsteller Maines war Kenneth Roberts, Verfasser von *Oliver Wiswell* und der *Nordwest-Passage* und sehr vertraut mit der felsigen Küsten Maines. Darum sandte ich mein Jackson-Angebot an Mr. Roberts aus Kennebunkport. Seine Antwort war genauso entmutigend wie die von Christopher Morley:

Vielen Dank für Ihren Brief ... und die freundlichen Dinge, die Sie schreiben.

Ich zweifle ein wenig daran, dass Jacksons Buch mir wirklich eine besondere Hilfe beim Schreiben von Romanen wäre – Cap Huff musste nur zwei Arten von Steinen unterscheiden: diejeni-

gen, die er aufheben und fortwerfen konnte, und diejenigen, die groß genug waren, um darauf hinabzustürzen.

Ich wusste, dass solche Enttäuschungen zum Geschäftsleben dazugehörten. Außerdem wurden sie vollständig überstrahlt durch das Eintreffen eines kleinen Päckchens aus der Little Russell Street, London. Als ich das Etikett von McLeish & Sons darauf erblickte, hatte ich beinahe Angst, es zu öffnen. Würde das Päckchen lediglich die paar Stücke enthalten, die ich angefordert hatte, um den Pilgrim-Press-Schatz zu tarnen, oder würde die große Rarität darin sein? Ich bezwang meine Furcht, riss die Verpackung auf, entfernte die Wellpappe, und mit klopfendem Herzen fand ich zwei Bücher vor. Das eine war ein Werk aus dem achtzehnten Jahrhundert über spanische Maler. Das andere war ein in Schafsleder gebundenes Oktav-Format. Ich schlug die Titelseite auf: *Perth Assembly*. 1619. In meinen Händen hielt ich einen der zwanzig Titel, die der Pilgervater Brewster der Ältere in seiner Geheimdruckerei in Leiden publiziert hatte, bevor er an Bord der *Mayflower* ging. *Petites histoires* waren ja schön und gut, Jean Jacques Rousseau und Lady Mary Wortley Montagu ebenfalls, aber jetzt besaß ich ein Denkmal, einen Meilenstein der Druckgeschichte.

Ich mäßigte meine Aufregung und platzierte meinen Calderwood in meinem *Encylopaedia-Britannica*-Regal genau dort, wo er hingehörte, unmittelbar vor einen Band von Gasparo Contarini. Letzteren, *The Commonwealth and Government of Venice*, hatte ich einem anderen englischen Händler abgekauft – die 1599 publizierte englische Übersetzung einer Geschichte Venedigs, die William Shakespeare möglicherweise studiert hatte, bevor er *Othello* schrieb. Mit Sicherheit gab es einige Einzelheiten bei Contarini, die der Tragödie des Mohren von Venedig entsprachen.

In den darauf folgenden Wochen schwelgte ich in meinen Neuerwerbungen: eine Shakespeare-Quelle neben einer amerikanischen Inkunabel! Nachdem ich mich vor allem an meinem Paradestück, meinem Calderwood, geweidet hatte, beschloss ich zu tun, was alle guten Buchhändler tun müssen: meine Ware zu verkaufen. Ich verfasste Beschreibungen zu beiden Büchern und bot sie zusammen meinem alten Freund John Fall, Direktor der Abteilung Ankäufe, New York Public Library, an. Als ich Mady diesmal berichtete, was ich getan hatte, warnte sie mich nicht, dass ich möglicherweise bis Weihnachten auf eine Entscheidung warten müsse. Erneut trug ich meine Bücher, eingewickelt in mehrere schützende Schichten, in die Forty-second Street, und erneut bewunderte John Fall ihre Verpackung. Diesmal warnte er mich jedoch, dass die Entscheidung einige Zeit brauchen würde, denn der Calderwood sei kein gewöhnlicher Ankauf. Erneut wartete ich gespannt auf den Ausgang.

Eine Woche später rief der Direktor der Abteilung Ankäufe an. »Ich habe eine gute und eine schlechte Nachricht.«

Ich hielt den Atem an.

»Den Contarini haben wir bereits. Aber wir kaufen den Calderwood – sind hocherfreut, ihn zu bekommen.«

Was scherte mich *Othello*? Ich hatte meinen ersten wirklich großen Coup gelandet. Ein weiteres Ferngespräch nach Cedarhurst war fällig, und diesmal gestattete ich meiner von Ehrfurcht ergriffenen Mutter großzügig, mein Telefon zu benutzen.

Von Zeit zu Zeit fielen mir die Lücken in meinem Bücherregal auf. Für eine Buchhändlerin im Anfangsstadium war dies eine Situation, der abgeholfen werden musste. Die Galerie des Buchladens der Columbia University, wo ich meinen Arthur Young gefunden hatte, würde möglicherweise weitere Fundstücke bereithalten. Ich durchstöberte die Regale, leise hoffnungsvoll vor mich hin pfeifend, zog Bücher heraus und stellte sie wieder zurück, erwog und verwarf, bis ich auf einen dickleibigen Oktav-Band stieß. Ich schlug ihn auf und erblickte eine uninteressant wirkende Titelseite: *Orationes IV*. Der Verfasser der *Orationes IV* hatte einen ebenso wenig verlockenden Namen: Johann Balthasar Schupp. Gleichgültig durchblätterte ich seine Ergüsse von 1704. Mynheer Schupp war anscheinend unermüdlich. Seinen *Orationes IV* folgte eine weitere lateinische Titelseite und seine *Dissertatio de Opinione*, niedergeschrieben 1703. Diese fast zweieinhalb Jahrhunderte alten, weitschweifigen Auslassungen würden nicht mehr als fünfzehn bis zwanzig Dollar einbringen. Aber irgendetwas – vielleicht Fingerspitzengefühl*, vielleicht PSI, vielleicht einfach nur Glück – lockte mich weiter. Rasch blätterte ich Schupps Seiten durch. Und dann stieß ich auf eine dritte Titelseite. Meine Gleichgültigkeit verwandelte sich augenblicklich in Aufregung und Herzklopfen. Mit Mynheer Schupp war ein weiteres lateinisches Werk zusammengebunden, über fünfzig Jahre vor dessen Schwulst veröffentlicht. Es war nicht von einem holländischen Rhetor geschrieben worden, sondern von dem berühmten französischen Skeptiker René Descartes. Und nicht nur das, es handelte sich um seinen wichtigsten Beitrag auf dem Gebiet der Psychologie. Versteckt hinter zwei vollkommen unbedeutenden Werken befand sich die erste lateinische Ausgabe der außerordentlich wichtigen *Leidenschaften der Seele*. Der Band sollte fünf Dollar kosten. Hier würde mein Profit enorm sein. Der Descartes könnte bis zu zweihundert Dollar einbringen (heutzutage würde er mindestens zehnmal so viel erzielen). Vor dem Kauf nutzte ich natürlich die Columbia-Bibliothek zum Nachschlagen, wo ich meine Vermutung, dass

Columbia eine Rarität aussortiert hatte, bestätigt fand. Jetzt gehörte sie mir.

Descartes sollte an die Sterling Library der Yale University gehen. Dort verdanke ich ihm die Bekanntschaft des vorzüglichen Bibliothekars Donald Wing, der ein treuer Freund werden sollte. In gewisser Weise war die zweite Bestellung für den Descartes sogar noch interessanter. Es war unglaublich: Sie kam von der Abteilung Ankäufe, Columbia University Library.

Was die beiden langweiligen Werke von Mynheer Schupp betraf, so wollte ich sie in die alphabetische Anordnung meines *Encyclopaedia-Britannica*-Regals einsortieren und versuchen, sie zu vergessen. Sie zu vergessen sollte sich jedoch als unmöglich erweisen. Leona Rostenberg – Seltene Bücher stand kurz davor, sich zu vergrößern – durch Aufnahme einer Teilhaberin, die die beiden unbedeutenden Bände in eine Inventarliste aufnehmen, ihre Anschaffungskosten auf null veranschlagen und nach einer gewissen Zeit zu einem Preis verkaufen sollte, den man nur als totalen Profit bezeichnen konnte. Am 9. April 1945 rief Madeleine mich an und sagte: »Du hast eine Juniorpartnerin. Ich werde ab morgen kommen.«

MADELEINE Dieser Telefonanruf war der Kulminationspunkt meines ganzen bisherigen Lebens, ausgelöst wurde er jedoch durch unmittelbar gegenwärtige Ereignisse. Nachdem mein Guggenheim-Stipendium ausgelaufen war, verabscheute ich das Unterrichten mehr als je zuvor. Am 9. April wurde mir mitgeteilt, dass die Lehrerin einer speziellen Klasse für unterdurchschnittliche Schüler einen Nervenzusammenbruch erlitten habe und dass ich als Ersatz für sie vorgesehen sei. In dem Augenblick sah ich meinen eigenen Nervenzusammenbruch vor mir. Ich fuhr mit der U-Bahn von der Schule zurück, und mein innerer Aufruhr verwandelte sich nach und nach in ruhige Entschlossenheit. Ich hatte schon vor langer Zeit geplant, mich im Herbst mit Leona zusammenzutun. Ich würde es einfach jetzt schon machen, im Frühling. Ich würde meine Brücken zur gesicherten Existenz als Lehrerin in Festanstellung abbrechen und Leonas wunderbares Briefpapier um meinen Namen ergänzen: Madeleine B. Stern, Teilhaberin.

Als ich nach Hause kam, rief ich meinen Schuldirektor und den Leiter meiner Abteilung an und teilte ihnen meinen Entschluss mit. Ich schickte meine Schlüssel zurück. Als meine Mutter nach Hause kam, begrüßte ich sie mit der explosiven Mitteilung: »Ich habe bei der Schule gekündigt.« Sie setzte sich sofort hin und sagte: »Etwas Furchtbares muss passiert sein.« Ihr Kopf war voller Beschützerimpulse. In all den langen Jahren der Depression und des Krieges hatte sie sich mit dem Gedanken getröstet, dass ich als fest angestellte Lehrerin allzeit abgesichert wäre, finanziell unabhängig und in der Lage, auf eigenen Füßen zu stehen, falls das nötig sein sollte. Sie muss am Boden zerstört gewesen sein, aber sie enthielt sich jedes weiteren Kommentars. Sie würde mich, wie eh und je, ebenso wunderbar unterstützen, wie sie mich liebte.

Ich fragte mich oft, wie wohl Leona – und ihre Familie – auf meine Ankündigung reagiert hatten. Heute glaube ich, dass sie vielleicht ebenso besorgt gewesen sind wie meine Mutter. Falls sie es waren, so haben sie sich das jedoch nicht anmerken lassen. Am 10. April 1945 polierte ich meine Schuhe, zog mein rot kariertes Kostüm an und nahm die U-Bahn zu dem großen Haus in der Bronx. Ich war schon tausend Mal dort gewesen. Aber diesmal war es nicht einfach das Haus meiner engsten Freundin, sondern ein Firmengebäude, mit dem ich fortan verbunden sein sollte. Und diesmal fand ich an der Tür ein Schild vor: WILLKOMMEN.

Die Seniorpartnerin geleitete die Juniorpartnerin ins Büro. Ein Bridge-Tisch war aufgestellt worden und darauf das Schild: »M. B. Stern, Teilhaberin«. Ich verweilte nicht lange an dem Tisch, sondern begutachtete das Sortiment, mit dem ich bereits vertraut war. Schließlich hatte ich es zum Teil selbst ausgewählt. Als ich das Briefpapier überprüfte, versicherte ich meiner Partnerin: »Du wirst bald mehr Rechnungsbögen brauchen.« Bei einer Konferenz der Geschäftsleitung, der beide Teilhaberinnen und Terrier Chimpie beiwohnten, teilten wir die Abteilungen untereinander auf. Leona würde sich selbstverständlich auf die frühen Drucke spezialisieren; Mady, die gerade ihre Alcott-Biographie fertig stellte, würde natürlich die Abteilungen Belletristik und Americana leiten – so, wie sie jetzt waren. Chivers' Gedichte waren noch immer da, genau wie Elizabeth Peabodys *Polish-American System of Chronology* und der Webster. Wir würden die Americana-Abteilung vergrößern müssen, um deren Leiterin zufrieden zu stellen. Dem Barnard College war das winzige Ausmaß unserer Americana-Abteilung offenkundig nicht bewusst. Zu unserer Erheiterung verkündete die Ehemaligen-Zeitschrift des College, dass »Madeleine B. Stern Fachberaterin und Leiterin der Forschungsabteilung für Americana in der antiquarischen Buchhandelsfirma von Leona Rostenberg, New York City« geworden sei. In meiner Eigenschaft als Leiterin der Forschungsabteilung für Americana nahm ich die Gedichte von Chivers und das *Polish-American System of Chronology* von Elizabeth Peabody zu Studienzwecken mit nach Hause. Meine Juniorpartnerschaft hatte begonnen.

Zwei Tage darauf starb Franklin D. Roosevelt. Wir alle weinten um unser Idol und fragten uns, ob Amerika jemals wieder dasselbe sein würde. Roosevelts Tod und unsere formelle Geschäftspartnerschaft markierten einen Wendepunkt in unser beider Leben. FDR verkörperte die Vergangenheit, unsere Partnerschaft legte den Grundstein für die Zukunft in der Firma Leona Rostenberg – Seltene Bücher.

Alle Zweifel, die ich möglicherweise gehabt hatte, waren alsbald zerstreut. Leonas Mutter und Vater nahmen mich herzlich auf, die Besorgnis meiner Mutter ließ nach. Mit jedem erfolgreichen Verkauf staunten sie mehr. Es dauerte eine Weile, bis mir mein erster Verkauf gelang. Weder Webster noch Chivers, noch Peabody schienen die Rara-Bibliothekare des Landes zu reizen. Ich blieb bei der Stange und wurde dafür belohnt. Meine zweiseitige, einzeilig getippte Beschreibung von Elizabeth Palmer Peabodys *Polish-American System of Chronology* lockte am Ende schließlich einen Käufer an. Nachdem ich Beschaffenheit und Zustand des Buches beschrieben hatte, ließ ich mich über Miss Peabodys Leben aus, von ihrer Tätigkeit in Bronson Alcotts kirchlicher Schule bis zu ihrer Arbeit als Kindergärtnerin. Dazwischen erörterte ich ihre Bekanntschaft mit dem polnischen Exilanten General Joseph Bem und dessen kuriosen System historischer Schautafeln. Ich schloss mit der unbestreitbaren Feststellung: »Das Buch ist von großer Bedeutung für jede Sammlung pädagogischer Werke.« Eine Institution, die University of Alabama, war derselben Ansicht. Sie erwarb unsere Peabody, die uns in Maine einen Vierteldollar gekostet hatte, für 6,75 Dollar. Das Eintreffen des mit Druckschrift ausgefüllten Bestellformulars für das Buch versetzte mich in freudige Hysterie, die durch den Eingang weiterer Bestellungen nicht geschmälert wurde. Chivers' *Nacoochee*, ein Werk von »literarhistorischer Bedeutung«, Poes Erzählungen in Baudelaires Übersetzung, die Gedichte von Phillis Wheatley, einer ehemaligen Sklavin aus dem achtzehnten Jahrhundert – sie alle gingen durch meine eifrigen Hände, bevor sie den Weg in wissenschaftliche Bibliotheken fanden. Die geistige Auseinandersetzung mit unseren Büchern bereitete uns beiden großes Vergnügen. Der skeptischen Prophezeiung eines Freundes, dass sich Geschäft und Freundschaft nicht miteinander verbinden ließen, zum Trotz: Wir waren die Ausnahme von der Regel. Unsere Verbindung sollte dauerhaft sein.

Gemeinsam machten wir eine Bestandsaufnahme unserer Bücher und schätzten ihren Wert. Auf dem *Encyclopaedia-Britannica*-Regal standen in erster Linie Bücher, die Leona für den Katalog Nr. 1 ausgesucht hatte. Er sollte, wie sie mir erklärte, die Geschichte des Buches als Produkt und als Ausdrucksmedium widerspiegeln, sollte die Kunst des Buchdrucks und die großen Drucker ebenso ins Licht rücken wie Büchersammler, Buchbinder, die Handwerker, die Liebhaber, sogar die Fälscher von Büchern.

»Aber ist das nicht furchtbar einseitig?«, fragte ich. »Es gibt keine Literatur, keine Geschichte, keine Naturwissenschaften, keine Kunst. Wird es genug Interessenten für ein so spezielles Thema geben?«

Leona beruhigte mich: »Für Bibliothekare, Buchhändler und Sammler ist das Thema Bücher über Bücher kein bisschen einseitig.« Also gingen wir an die Arbeit.

Die Sorgen und Probleme bei der Erstellung und Publikation eines Katalogs sind einer Schwangerschaft und der Geburt eines Kindes nicht vollkommen unähnlich, und der erste Katalog lässt sich zweifellos mit einem Erstgeborenen vergleichen. Im Falle unseres Katalogs Nr. 1 währte die Schwangerschaft länger. Erst Ende 1945 hatten wir die einhundert Titel, die er enthalten sollte, zusammen. Der ehemalige Lehrling Leona Rostenberg konnte sich gut mit den französischen Versen über das Elend eines Druckerlehrlings aus dem neunzehnten Jahrhundert identifizieren, die Entdeckerin von Alcotts

Pseudonym nahm durchaus nicht ungern ein französisches Buch aus dem siebzehnten Jahrhundert über Pseudonyme mit dem Titel *Auteurs déguisez* auf. Ihrem Interesse an Drucken des siebzehnten Jahrhunderts entsprach auch Clavels *General Catalogue of Books printed in England since the dreadful Fire of London 1666.* Der erste Katalog amerikanischer Erstausgaben, erschienen 1885 bei der mysteriösen Firma Leon & Brother, hinter der sich, wie sich schließlich herausstellte, zwei Flüchtlinge aus Polen verbargen, fesselte die Detektivin Stern, während andere Titel, die sich mit einem berühmt-berüchtigten Bücherdieb namens Libri und einem belesenen und dreisten Fälscher, der Tom Wise hieß, beschäftigten, uns beide faszinierten. Die Zensur war in unserem Katalog Nr. 1 durch ein Edikt über verbotene Bücher, das Philipp II. von Spanien 1570 erlassen hatte, vertreten und die Antwort auf die Zensur durch den einhundertsten Eintrag in unserem Katalog: den *Prozess des John Peter Zenger*, dessen Freispruch den Grundstein für die amerikanische Pressefreiheit gelegt hatte.

Wir recherchierten und brüteten über unseren hundert Büchern, befassten uns nicht nur mit ihrem Inhalt, sondern auch mit ihrem Äußeren: Format, Einband, Papier und Typographie – und wir erfreuten uns an ihnen allen. Aber würden unsere potenziellen Kunden unsere Freude teilen? Wir waren nicht sicher.

Bevor wir es herausfinden konnten, mussten wir unseren Katalog drucken lassen. Unser Budget war streng begrenzt, die edle Southworth-Anthoenen Press konnten wir uns nicht leisten. Der Drucker, den wir auswählten – ein Mr. Rapp –, war ein Patient von Leonas Vater und hatte sein Büro in der New Yorker Hubert Street. Als die Korrekturabzüge fertig waren, eilten wir dorthin. Die ganze Gegend duftete nach dem köstlichen Aroma aus einer nahe gelegenen Schokoladenfabrik. Die sorgfältig gedruckten Korrekturbögen waren für uns ebenso süß wie die Luft, und während wir die wenigen Fehler korrigierten, sogen wir die herrlichen Düfte der Hubert Street ein.

Unsere Aufregung steigerte sich, als Mr. Rapp anrief, um uns zu sagen, dass die zweitausend Exemplare in einer Woche geliefert würden. Als sie ankamen, blickten wir voller Entzücken auf unseren Erstgeborenen: A Catalogue for the Easter Term containing diverse matters relating to the History of the Book. Unsere Kumpel vom örtlichen Postamt stellten uns ein Dutzend Postsäcke zur Verfügung. Gewogen und frankiert, wurde unsere kostbare Fracht in ein Taxi geladen, das zum Postamt an der Forty-fifth Street fuhr. Als die Säcke schließlich auf der Laderampe gestapelt waren – »Passt gut auf sie auf!«, flehten wir –, standen wir zusammen an der Ladeplattform und umarmten uns hysterisch. Unser erstes gemeinsames Werk war unterwegs. Wie würde seine Zukunft – unsere Zukunft – aussehen?

Beinahe augenblicklich wurde aus der Zukunft Gegenwart. Innerhalb einer Woche war über die Hälfte des Katalogbestands verkauft, und viele Stücke hätten mehrfach verkauft werden können. Titel Nr. 42 wurde von elf Sammlern bestellt, darunter Harvard und die Newberry Library. Leona raufte sich deswegen die Haare, und ihre erstaunte Mutter bemerkte: »Schatz, ich verstehe dich nicht. Warum kaufst du nicht gleich mehrere Exemplare deiner Bücher auf einmal?«

»Mehrere Exemplare« von Titel Nr. 42 wären in Wirklichkeit einem Wunder gleichgekommen. Titel Nr. 42 war ein flüchtiger Artikel über »Die Kunst des Papierkrieges«, geschrieben im Mai 1787 für eine Zeitschrift, das American Museum. Der Artikel war mit verschiedenen zeitgenössischen Druckbeispielen illustriert, und sein Verfasser, Francis Hopkinson, hatte den merkwürdigen Vorschlag gemacht, Gefühle wie Freude, Leidenschaft und Ernst durch verschiedene Drucktypen und Schriftgrößen auszudrücken. »Die Kunst des Papierkrieges« erregte so viel Aufsehen, dass wir inständig wünschten, wir hätten acht Exemplare davon zur Verfügung gehabt. Tatsächlich hatte das Exemplar, das wir verkauften, Leona gar nichts gekostet. Eines Abends, spät, hatte sie den Katalog eines New Yorker Händlers studiert und den Hopkinson darin gefunden. Trotz der späten Stunde hatte sie dort angerufen und sich daraufhin die Vorhaltungen eines müden und zornigen Buchhändlers anhören müssen, der versuchte, ein Radiokonzert zu genießen. Sie hatte nie erwartet, den Hopkinson zu bekommen. Zu ihrem Erstaunen schickte der Händler ihr das Buch – ohne Rechnung, aber dafür mit einer Entschuldigung für seine Ungeduld.

Zu seiner Bestellung von Titel Nr. 42 – zusammen mit vier weiteren Bestellungen aus unserem ersten Katalog – schrieb der bedeutende Harvard-Bibliothekar William A. Jackson: »Glückwünsche zu einem sehr interessanten Katalog – gut geschrieben und mit vielen ungewöhnlichen Büchern darin … Machen Sie weiter so.« Glückwünsche kamen von Leonas altem Freund John Fall von der New York Public Library und von dem Direktor der John Cerar Library, der »Ihre ausgezeichnete Katalogisierung, Ihre anschaulichen Anmerkungen und Ihre Bewertung der präsentierten Bücher« hervorhob. »Sie haben den allergrößten Erfolg verdient.« Der vielleicht aufregendste Brief kam von dem großen Schriftdesigner Bruce Rogers: »Ich habe Ihren Katalog Nr. 1 … mit großem Vergnügen und Gewinn gelesen. Er bietet viele und – für mich – neue Aufschlüsse über Büchermenschen, mit denen ich lange vertraut bin, und andere, von denen ich noch nie etwas gehört hatte … Ich gratuliere Ihnen zu einem der interessantesten Kataloge, die ich je gesehen habe.«

Wir hatten den süßen Geschmack des Erfolgs gekostet. Wir hatten mehr als doppelt so viel eingenommen, wie wir investiert hatten. Aber das Wichtigste war, dass Katalog Nr. 1 uns das bestmögliche Publikum für Buchhändler eingebracht hatte: kenntnisreiche Sammler, sowohl Institutionen als auch Individuen. Katalog Nr. 1 ermöglichte uns – formte für uns – auch Katalog Nr. 2.

Einer der wenigen Titel in unserem ersten Katalog, den wir nicht verkauft hatten, war Nr. 29, das Bestandsverzeichnis des Hauses Elzevier von 1674, eines Familienunternehmens holländischer Verleger, die die Buchproduktion im Europa des siebzehnten Jahrhunderts beherrscht hatten. Dieses unverkaufte Bestandsverzeichnis umfasste zwanzigtausend Titel, von extravaganten Folios bis hin zu kleinen, hübschen Taschenausgaben der Klassiker und Geschichten der europäischen »Republiken«. Unser Katalog Nr. 2 sollte 165 Elzevier-Publikationen enthalten, die politische, historische und literarische Aspekte des siebzehnten Jahrhunderts widerspiegelten, das Zeitalter Ludwigs XIV., des Sonnenkönigs, und die Haltung der Niederländer gegen Aggression und Eroberung.

Für den Erwerb dieser Bücher erschlossen wir uns neue Bezugsquellen. Wir kauften nicht mehr nur aus ausländischen Katalogen, sondern auch auf amerikanischen Auktionen, insbesondere bei Freeman in Philadelphia. 1946 reisten wir zweimal in die Stadt der Bruderliebe. Einmal, um mehrere Elzeviers, die durch die Firma von Samuel Freeman versteigert werden sollten, zu inspizieren, das andere Mal, um zu kaufen.

Titel Nr. 29 aus unserem ersten Katalog wurde zu Titel Nr. 45 in unserem zweiten. Erneut prüften wir unsere Waren, schickten unsere Beschreibungen zum Druck in die Hubert Street und sandten unsere Kataloge in die Welt hinaus. Eine Woche nach der Versendung von Katalog Nr. 1 hatten wir die

Hälfte aller Titel verkauft. Drei Wochen nach der Versendung von Katalog Nr. 2 war nicht eine einzige telefonische Bestellung bei uns eingegangen. Was war los? Hatten wir unser Gespür verloren? Hatte das siebzehnte Jahrhundert keine Bedeutung für das zwanzigste? Oder war etwas Unvorhergesehenes passiert? Nach ein paar Anrufen bei treuen Kunden erfuhren wir, dass *Das Haus Elzevier* niemals ausgeliefert worden war. Erneut machten wir uns auf den Weg zum Postamt an der Forty-fifth Street, Ecke Lexington Avenue, wo unsere Kataloge aufgegeben worden waren. Der Leiter des Postamtes führte uns in den dunklen dritten Stock und zeigte auf einen Haufen Säcke in einer besonders dunklen Ecke. »Ihre?«, fragte er. Wir schauten in die Säcke hinein. Dort lag, in vollkommener Ruhe, *Das Haus Elzevier*, aus unbekannten Gründen völlig vergessen von der Post der Vereinigten Staaten. Unseren sorgsam vorbereiteten Katalogen war ein langes, unvorhergesehenes Poste Restante beschieden gewesen. Schließlich wurden sie ausgeliefert. Als Katalog Nr. 2 seine diversen Bestimmungsorte erreicht hatte, begann das Telefon wieder zu klingeln, Telegramme und Briefe trafen ein, und das Leben lief für Leona Rostenberg – Seltene Bücher wieder auf Hochtouren.

Mit der Erneuerung der Aktivitäten – der Versendung vieler Pakete an Kunden, dem Eintreffen einiger weniger Pakete von ausländischen Buchhändlern – bemerkten wir, dass unsere Regale allzu viele Lücken aufzuweisen begannen. Als ich in die Firma eingetreten war, hatte ich gesagt: »Du wirst mehr Rechnungsbögen brauchen.« Die übereinstimmende Meinung war nun, dass wir auch mehr Bücher brauchten.

Die englischen Kataloge, aus denen wir bestellt hatten, hatten unseren Appetit auf frühe Drucke angeregt. Zudem sandten viele ausländische Buchhändler, mit denen wir in den letzten drei Jahren zu tun gehabt hatten, inzwischen »herzliche persönliche Grüße«. Wir machten uns unsere Gedanken darüber. War es an der Zeit, *unsere* Grüße persönlich zu überbringen? Es stimmte, dass die Zeitungen ein erbarmungswürdiges Bild vom Nachkriegs-England mit seiner Lebensmittelknappheit, den zerstörten Straßen, dem Mangel an Annehmlichkeiten zeichneten. Wenn überhaupt, hatten sich nur wenige amerikanische Händler nach Übersee gewagt, um Bücher zu kaufen. Ob wir beiden verwöhnten Amerikanerinnen auf die schlimmen Überreste des Krieges, das rationierte Essen, den rationierten Komfort vorbereitet waren? Wir hatten weit mehr ausländische Kataloge gelesen als Zeitungen.

Wir waren beide mehrmals zuvor nach Übersee gereist, jede für sich; zusammen hatten wir Glengarrys und Bergstöcke getragen. Jetzt beschlossen wir, elterlichen Sorgen zum Trotz, zu unserer ersten gemeinsamen Geschäftsreise nach Übersee aufzubrechen. Im April 1947 suchten wir das Büro der Holland-America Line am unteren Ende des Broadway auf und kauften zwei Bordkarten für die *S. S. Veendam* – Zielhafen Southampton.

❧ Bücher nach dem »Blitzkrieg« ❧

Leona und Madeleine   Trotz des Trubels bei unserem Auslaufen am 29. Juli 1947 um Mitternacht – mit Scharen von Abschiednehmenden, »Gute-Reise!«-Rufen, einer Kapelle, die aufspielte, dem Dröhnen des Nebelhorns – war unsere Überfahrt an Bord der *S. S. Veendam* keine Luxuskreuzfahrt. Das wurde uns klar, sobald das Kommando »Alles an Land, was an Land gehört« den Abschied von unseren Eltern und Freunden signalisierte. Unsere Kabine auf Deck D lag nicht nur nach innen und weit unterhalb der Wasserlinie, sie hatte auch keine Sanitäreinrichtungen. Um zur Toilette zu gelangen, mussten wir über eine Leiter auf Deck C klettern. Außerdem entdeckten wir, dass wir die Kabine mit einer dritten Bewohnerin teilen mussten. Wie sich herausstellte, war sie die Freundin einer Freundin von uns – eine Frau, die für uns die Zerrüttungen verkörperte, die der Krieg mit sich gebracht hatte. Valerie Kunreuther war ein Flüchtling aus Nürnberg. Als Tochter wohlhabender deutscher Juden, die mit Bismarck befreundet gewesen waren, war sie von einer Gouvernante erzogen worden. Um dem Nazi-Terror zu entkommen, waren sie und ihr Mann an Bord der unglückseligen *Navimar* geflohen, die gezwungen gewesen war, auf Kuba anzulanden. Als sie schließlich die Staaten erreichte, hatte sie ihren Mann verloren und musste ihren Lebensunterhalt als Dienstmädchen und Haushälterin verdienen. Nun war sie unterwegs, um ihre Tochter zu besuchen, die sich in England niedergelassen hatte und die sie seit acht Jahren nicht gesehen hatte. Sie machte den Krieg und seine Folgen sehr real für uns.

Die Folgen des Krieges zeigten sich überall an Bord. Es gab keine Touristen oder Lehrer, sondern vielmehr Flüchtlinge, die zurückkehrten, um nach Überlebenden des Holocaust zu suchen. Überall bildeten sich Schlangen, die nach allem Möglichen anstanden, von Deckstühlen bis Schreibpapier. Das Essen war grässlich, und wir verwöhnten Amerikanerinnen entsorgten das meiste davon durch eine Schiffsluke. Schlagsahne war zwar erhältlich, aber nur in der ersten Klasse.

All das wurde unbedeutend, als die *Veendam* nach zehn Tagen vor Southampton vor Anker ging. Ein Tender brachte uns zu den Southampton Docks, behelfsmäßigen Schuppen, die das zerbombte Original ersetzten und uns auf das vorbereiteten, was uns erwartete. Die klaffenden Löcher auf dem Hafengelände, die Häusergeripppe und Fenster ohne Glasscheiben versetzten uns einen Schock. Im Zug nach London lasen wir die Slogans, die für die Kriegsmüden entworfen worden waren: »Arbeit oder Armut«, »Nörgele nicht! Vermisst du auch Saucen und Braten, sei dankbar für unsre Soldaten!«.

Die Hauptstadt des British Empire war verfallen, zerbombt, eine Stadt der Ruinen, die den architektonischen Hintergrund unserer ersten professionellen Bücher-Expedition bildete. Der Zug brachte uns zur Waterloo Station, und von unserem Eckzimmer im Cumberland Hotel aus blickten wir auf Marble Arch und Hyde Park. Die Southampton Docks hatten uns einen Vorgeschmack auf den Zustand Londons gegeben. Unser erstes Frühstück im Cumberland Hotel gab uns einen Vorgeschmack auf das Nachkriegsessen und die Prüfungen, die es bereithielt. Zwischen schimmeligen Haferflocken und Tee verließen die Kellner mit ihren abgetragenen Fräcken auf einmal ihre Tische, um für höhere Löhne zu streiken. Sie verdienten zehn Shilling (zwei Dollar) die Woche. Im Grunde hatten sie praktisch nichts zu servieren. Wir erfuhren sogleich, dass beim Essen nur drei Gänge erlaubt waren, wobei ein Brötchen bereits einen Gang darstellte. Es war nicht gestattet, mehr als fünf Shilling plus Servicezuschlag für eine Mahlzeit auszugeben. Die englischen Wochenrationen bestanden aus einer Unze (28,35 Gramm) Fett, zwei Unzen Butter und einer Scheibe Schinken. Die Milch war nicht pasteurisiert, außer für Kinder. Pferde- und Walfleisch wurde anstelle von britischem Rindfleisch serviert. Fisch gab es, aber wir gewöhnten uns an, ihn argwöhnisch zu beäugen, sobald wir auf dem Markt welchen sahen – ein ungekühltes Festmahl für hungrige Fliegen. Die Einheimischen, die ständig fleischlose Tage zu gewärtigen hatten, ernährten sich von ihrer Spezialität: »dies und das«.

Zwischen den Nachkriegsmahlzeiten wanderten wir durch die traurigen Straßen Londons auf der Suche nach unseren Buchhändlern. In einem Brief nach Hause schrieb Leona: »Es gibt kein Viertel in dieser großen, zerschlagenen Stadt, das nicht getroffen wurde, sowohl die besten als auch die ärmlichsten Gegenden – verlassene, öde Ruinen, die an die teutonische Raserei erinnern –, und die Gebäude, die stehen geblieben sind, sind grau, zersplittert, in schlechtem Zustand.« Auf unserem Weg in die Charing Cross Road, Londons Buchhändlerviertel, betraten wir ein ausgebombtes Haus und betrachteten seine herabhängenden Dachsparren, versengten Dielen, den zerbröckelten Putz und die Glasscherben, die überall auf dem Boden verstreut lagen. Mit Schrecken erblickten wir eine Badewanne, die im dritten Stock gefährlich von einer Fußbodendiele herabhing. In der Seymour Street 118, in der Nähe des Cumberland Hotels, sahen wir einen in sich zusammengestürzten Schutthaufen, der einst ein palastartiges Wohnhaus gewesen war, und auf dem Fußboden gab es eine einzige Stelle, wo die alten schwarzweißen Fliesen noch intakt waren. »Wir sind in ein vom ›Blitz‹ getroffenes Haus gegangen«, schrieb Mady an ihre Mutter, »und haben überall zerbrochenes Glas, Trümmer und klaffende Löcher gesehen. An vielen Orten gibt es nichts als Leere, bis auf das Unkraut, das hochwächst, um die Leere zu verdecken.« Für uns waren das drei beinahe obszöne Sinnbilder: die Badewanne, die in der Luft hing, der Flecken schwarzweißer Fliesen, das wuchernde Unkraut.

Wir gingen an ausgebrannten Häusern und Trümmerhaufen vorbei, die nur von Besuchern angestarrt wurden. Die Londoner selbst nahmen sie längst nicht mehr wahr. Sie waren weit mehr damit beschäftigt, sich durchzuwursteln, so gut sie konnten, und verbrachten einen Großteil ihres Tages mit Schlangestehen – an Bushaltestellen und Theatern, einfach nach allem, insbesondere Essen. Sie stellten sich nicht nach Kleidung an, denn alles in dieser Kategorie war so streng rationiert und so überteuert, dass es unverkauft blieb. Wenn man die nötigen Bezugsscheine hatte, konnte man eine Bluse aus Fallschirmseide, die drei Dollar wert war, für das Sechsfache kaufen. Alles, was es ohne Bezugsschein gab, war zusätzlich zum Preis mit einer Kaufsteuer von 100 Prozent belegt. Eine stämmig gebaute Londonerin erzählte uns entrüstet: »Ich brauche eine Genehmigung vom Handelsministerium, um einen Büstenhalter zu bekommen!«

Die Briten, so schien es uns, hatten zwar genug Mut, aber weitaus weniger Geschicklichkeit. Sie hielten an ihren traditionellen Umgangsformen fest. Die Fräcke der Kellner

Das Haus auf dem Hügel in der Bronx

A CATALOGUE
for the
EASTER TERM

containing divers matters
relating to the
History of the
BOOK

LEONA ROSTENBERG
Rare Books
152 EAST 179th STREET
NEW YORK 53, N. Y.

1 9 4 6

»Unser Erstgeborener«

*Unterwegs zur Jagd auf der
S. S. Veendam, 1947*

*Madeleine und Leona auf
der Pirsch, London 1948*

*Zwei Spürnasen bei der Arbeit –
Madeleine und Leona in ihrem
Büro, 1953*

Der Geist der Renaissance, 1954

Madeleine und Leona in der Nationalbibliothek, Wien 1954. Alte Bücher und ...

... junger Wein. Leona und Madeleine beim Heurigen, Wien 1954

PERTH
ASSEMBLY.

CONTAINING

1 The Proceedings thereof.
2 The Proofe of the Nullitie thereof.
3 Reasons presented thereto against the recei-
   ving the fiue new *Articles* imposed.
4 The oppositenesse of it to the proceedings and
   oath of the whole state of the Land. *An.* 1581.
5 Proofes of the unlawfulnesse of the said fiue
   Articles, *viz.* 1. Kneeling in the act of Re-
   ceiving the Lords Supper. 2. Holy daies.
   3. Bishopping. 4. Private Baptisme. 5. Private Communion.

EXOD. 20. 7.

*Thou shalt not take the name of the Lord thy God in vaine, for the
Lord will not hold him guiltlesse that taketh his name in vaine.*

COLOS. 2. 8.

*Beware lest there be any that spoyle you through Philosophy & vain de-
ceit, through the traditions of men, according to the rudiments of the
World, and not of Christ.*

MDCXIX.

*Leonas erste große Entdeckung: ein
Buch aus der Pilgrim Press, heimlich
gedruckt von William Brewster,
Leiden 1619*

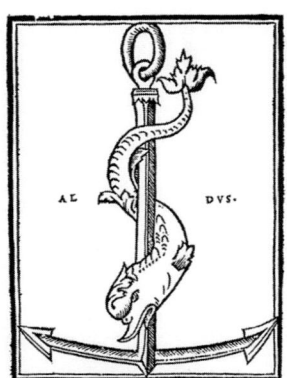

IL LIBRO DEL CORTEGIANO
DEL CONTE BALDESAR
CASTIGLIONE.

AL — DVS.

*Das Aldine-Emblem mit
Anker und Delfin auf der
Titelseite von Castigliones
»Hofmann«, 1528 – heute
das Signet des Doubleday-
Verlages*

Haffi nel priuilegio, & nella gratia ottenuta dalla Illuſtriſſima
Signoria che in queſta, ne in niun'altra Citta del ſuo
dominio ſi poſſa imprimere, ne altroue
impreſſo uendere queſto libro
del Cortegiano per·x· anni
ſotto le pene in eſſo
contenute·

In Schale geworfen fürs Dinner – eine Party der englischen Buchhändler-vereinigung bei Quaglino's, London 1965

Leona und Madeleine »auf glühenden Kohlen« mit einem 25 000-Dollar-Gebot, Streeter-Auktion 1969

Leona posiert für ihr Porträt als Präsidentin der ABAA, 1973

Madeleine posiert für ihr Porträt für die »New York Times«, 1973

»Dr. Leona Rostenberg:
Columbia korrigiert sich selbst«,
Annus mirabilis 1973

Wie die »New York Times« uns sah,
1974

BOOKS PUBLISHED
DURING
SHAKESPEARE'S LIFETIME

Catalogue 84

LEONA ROSTENBERG & MADELEINE B. STERN

Members ABA-ABAA
Box 188 — Gracie Station
New York, N.Y. 10028
Tel.: [212] 831-6628
BY APPOINTMENT:
40 East 88 Street, New York, N.Y. 10028

1564–1616: *Unser Katalog von*
1980 *zu Ehren des Barden*

An unserem Stand auf der ersten Buchmesse in der Bryn Mawr College Library, Mai 1976

Alt und rar mit Dackel Bettina, East Hampton 1993

schwirrten um kärglich gedeckte Tische herum. Gentlemen mit Monokel im Auge saßen in Restaurants, in denen es keine Servietten gab, und hantierten mit matter Eleganz mit ihrem Fischbesteck. Nachdem sie Raketen und Splitterbomben ebenso erlebt hatten wie Kontrollpunkte und Essensrationierung, lauschten sie Clement Atlees Warnungen aus dem Radio, dass alles noch schlimmer werden könnte, mit einer gewissen Gelassenheit.

Obwohl es den Anschein hatte, als wollte ganz England nach Amerika fliehen, waren die meisten seiner Einwohner antiamerikanisch eingestellt. Im Hyde Park nahmen die Redner Amerika im Allgemeinen und die Wall Street im Besonderen aufs Korn. Aber trotz ihres Misstrauens wandten sie sich an uns, wenn es um Hilfe ging. Bei einer Tee-Party der britischen Schwiegereltern von Leonas Kusine wurden wir auch ermahnt, dass man es nicht zulassen könne, dass die armen Deutschen verhungerten. Wir müssten vergeben und vergessen.

In den Buchhandlungen fiel es uns leicht, nicht nur die »armen Deutschen«, sondern auch die gebeutelten Engländer zu vergessen. Gemeinsam durch die mit Schlaglöchern übersäten Straßen Londons zu streifen, auf die Dachstuben oder in die Keller von Londons Buchhandlungen zu klettern, das war ein ständiges Abenteuer für uns. In dieser geschundenen und kriegsmüden Stadt fanden wir unsere Bücher und begannen unsere Händler kennen zu lernen.

Ernsthaft begannen wir unsere Bücherjagd am 9. August 1947. »Zwei Pence und 'nen halben, love.« Die Stimme des Schaffners war durchdringend, fröhlich, hatte einen warmen Cockney-Akzent, und der Bus Nr. 12 fuhr die Oxford Street hinab. Wir kletterten auf das Oberdeck und fühlten uns behaglich in unserer Gewissheit, dass wir 2000 Dollar für Bücher zur Verfügung hatten, dass wir eine ganze Welt von Händlern kennen lernen würden und dass in Mayfair und Bloomsbury, Soho und Holborn, Wimbledon und Golders Green Schätze auf uns warteten.

Unsere erste Station lag in der Berkeley Street. Da der Besitzer, Thomas Thorp, abwesend war, wurden wir von seinem Gesellschafter, einem Mr. Harris, begrüßt, einem knollenförmigen, untersetzten Mann, der uns mitteilte, dass die Firma durch den »Blitzkrieg« vierzigtausend Bücher verloren hatte. Uns schien es, als hätten sie weitere vierzigtausend übrig behalten, und unter ihnen fanden wir einen Schatz, ein italienisches Werk zur Architektur von Domenico Fontana, erschienen 1590 in Rom. Einige Jahre zuvor hatte Signor Fontana die technische Großtat vollbracht, die in diesem Buch beschrieben wurde. In der Regierungszeit Caligulas war ein riesiger ägyptischer Obelisk nach Rom gebracht worden. Jahrhunderte später beschloss der Papst, den Obelisken von seinem ursprünglichen Standort entfernen und vor dem Petersdom aufstellen zu lassen, damit alle Welt ihn bewundern konnte. Fontana gelang dieser Triumph der Ingenieurskunst, und das Buch, das den Transport des Obelisken beschrieb, wurde ein Meilenstein der Architekturgeschichte. Wir fanden ihn in Thorps dezimierten, aber noch immer überfüllten Regalen und beschlossen, ihn in die East 179th Street in der Bronx transportieren zu lassen.

Beinahe beiläufig stießen wir auf weitere Bücher aus dem sechzehnten Jahrhundert und lernten die illustren Londoner Händler kennen, die für uns bisher nichts weiter als Namen auf Katalogen gewesen waren. Es verstand sich von selbst, dass die Firma McLeish zu unseren ersten Zielen gehörte, stammte doch der Band aus der Pilgrim Press, das dem Hause Leona Rostenberg – Seltene Bücher zu seinem ersten Coup verholfen hatte, aus der Little Russell Street 22. Also fuhren wir an einem unserer ersten Tage in London früh am Morgen mit dem Bus zu dem hellen und komfortabel eingerichteten Laden, stellten uns bei Mr. McLeish vor und strebten zu seinen unwiderstehlichen Regalen. Zu der Zeit wussten wir noch nicht, dass er einen Bruder hatte, und als wir den Besuch in unseren Tagebüchern festhielten, beschrieben wir den Besitzer als den leutseligen Mr. McLeish. Als wir später einen Artikel über unsere Bücherjagd von 1947 veröffentlichten und darin den leutseligen Mr. McLeish erwähnten, zog er uns mit der Frage auf, welchen der beiden Brüder wir denn gemeint hätten. Wie sich herausstellte, traf die Beschreibung auf alle beide zu. Sie waren leutselig, gesprächig, herzlich und jederzeit für Fachsimpeleien über Bücher zu haben. Ihre Räumlichkeiten waren behaglich, und wir beschlossen, dass wir – sollten wir jemals ein Ladengeschäft haben – ebenfalls Tische und Stühle zum Durchblättern der Bücher und Aschenbecher für die unvermeidlichen Zigaretten bereitstellen würden. Diesmal, 1947, fanden wir keine Bücher aus der Pilgrim Press in seinen verlockenden Regalen, dennoch stießen wir auf einige interessante Raritäten. Dazu gehörten eine 1508 erschienene juristische Abhandlung über die Frage, ob hingerichtete Verbrecher bestattet werden dürften oder nicht, eine Erstausgabe des 1511 erschienenen *Büßerschiffs* von einem Prediger an Leonas Straßburger Münster und ein *Decamerone* von 1550, verziert mit einem Porträt Boccaccios und zehn großformatigen Holzschnitten. Wir waren in der Tat zufrieden mit unserer ersten Begegnung mit McLeish, wenn es auch noch ein Jahr dauern sollte, bis wir in dem Geschäft mit Blick auf die Little Russell Street zum »zweiten Frühstück« mit Tee und Kuchen eingeladen werden sollten.

Eine andere Buchhandlung in der Nähe, Grafton's an der

Great Russell Street, sollte für uns ebenso unvergesslich werden wie McLeish, wenn auch aus einem ganz anderen Grund. Die Besitzerin, von der wir annahmen, dass es sich dabei um Mrs. oder Madame Grafton handelte, war, wie sich herausstellte, weder die eine noch die andere. Als wir sie zum ersten Mal sahen, saß sie in einer Ecke des Ladens, in einen schwarzen Seidenumhang gewandet, den eine Granatbrosche zierte, mit einem breitkrempigen Hut auf dem Kopf und einer Tasse Tee in der Hand. Aufgrund späterer Besuche in ihrem Reich kamen wir zu der Überzeugung, dass sie sich nie von diesem Platz fortbewegte und fast nie ihre Kleidung wechselte. Der Hut war auf jeden Fall eine Konstante. Von ihrem Kommandostand aus erteilte sie Anordnungen an ihre beiden Assistenten, den Bibliographen Robert Peddie und H. B. Copinger, die Kapazität auf dem Gebiet der Elzeviers. Diese beiden bekannten Gelehrten in fortgeschrittenem Alter waren sichtlich eingeschüchtert von ihrer zänkischen Arbeitgeberin. Bevor wir auch nur einen einzigen Blick auf die Regale geworfen hatten, herrschte sie uns schon an: »Ihr könnt die Bücher kaufen, Mädels, aber fasst sie ja nicht an!« Wir schenkten ihr keine Beachtung und zogen ein ausgesprochen passendes Buch aus ihrem Regal, die Biographie einer ebenso streitbaren, aber noch berühmteren Frau, Katharina von Medici. Derweilen ließ die Besitzerin von Grafton's sich über Zollformulare und die Schwierigkeiten einer Lieferung in die Staaten aus. Jedes Jahr sollte sie uns mit ihren Ermahnungen und Klagen begrüßen, aber wir hörten selten zu. Im Laufe der Zeit sollten wir bei Grafton's nicht nur Bücher finden, sondern auch mehr über die Hut und Umhang tragende Besitzerin des Geschäfts in der Great Russell Street 52 erfahren. Es stellte sich heraus, dass sie »Frank Hamel« war, Verfasser populärer historischer Romane.

Während unserer beiden ersten Tage in London kauften wir einundfünfzig Bücher. Einige davon waren aus Lagerhäusern, in die sie zur Sicherheit gebracht worden waren, in die Stadt zurückgekommen, andere hatten den »Blitzkrieg« in Keller-verstecken überdauert, wieder andere wiesen Spuren von Feuer und Feuchtigkeit auf, aber sie alle waren Überlebende – Überlebende von Renaissance-Kriegen, Überlebende der Ver-heerungen des zwanzigsten Jahrhunderts. In den prunkvollen Gemächern der Firma Maggs Brothers, am Berkeley Square 50, entdeckten wir nur wenige Spuren des Krieges. Das ganze Haus strahlte Eleganz aus. Seine Vitrinen, in denen prächtige Kalbslederbände ausgestellt waren, schüchterten uns Novi-zinnen gehörig ein. 1947 kauften wir nichts bei Maggs, aber wir nahmen seine Essenz mit uns. Maggs, so entschieden wir, war ein Champagnerhändler.

Ein wenig besser erging es uns in dem prächtigen Haus Ber-nard Quaritch in der Grafton Street neben den Medici-Gale-rien. Die riesigen runden Schaukästen waren verlockend, ohne einzuschüchtern, und wir verließen den etwas amüsier-ten Leiter, Mr. Edward Dring, mit zwei Trophäen. Die eine war eine Abhandlung über den Seelenfrieden von einer adligen Renaissance-Dame, Isabella Sforza, die andere war die erste Biographie der Königin vom Nil, die mehr als ein Jahrtausend älter war als Isabella. Als wir nach Hause zurückkehrten, bo-ten wir unsere Kleopatra der berühmten Katherine Cornell an, die zu jener Zeit just diese Rolle am Broadway spielte. Im darauf folgenden Anruf aus ihrem Büro wurde unser Ange-bot abgelehnt, aber was machte das schon? Wir hatten engen Kontakt mit der größten aller Schauspielerinnen – sogar grö-ßer als Kleopatra selbst – gehabt, die wir schon lange aus der Ferne anbeteten.

Auf unserer ersten Einkaufsreise nach London lernten wir

weitere legendäre Londoner Buchhändler kennen oder begannen zumindest, sie kennen zu lernen. Irving Davis von der Firma Davis & Orioli war mehr Italiener als Engländer. Auf jeden Fall war er der Inbegriff des italienbegeisterten Engländers. Bei dem geringsten Anlass eilte er nach Italien und kehrte dann mit seinen Fundstücken nach London zurück – alle italienisch, alle aus dem sechzehnten Jahrhundert, alle herrlich in unseren Augen. Er sah aus wie ein scharfsichtiger Kobold, mit wilden Haarbüscheln, die auf seinem Schädel sprossen. Er war eine Art literarischer Gnom. Er redete ununterbrochen, trotz der allgegenwärtigen Pfeife, an der er beständig nuckelte. Er zeigte uns eine ganze Welt von Renaissance-Büchern, in die wir uns verliebten. Aus seinen Räumen in der Maddox Street nahmen wir nicht nur eine Michelangelo-Biographie von Vasari mit nach Hause, sondern auch den Eindruck von einer Persönlichkeit, einem Charakter, der untrennbar mit den Büchern verbunden war, die ihn umgaben.

Nicht weit davon entfernt lag das Domizil des bedeutendsten Wissenschaftlers und Händlers auf dem Gebiet des frühen Buchdrucks. E. P. Goldschmidt aus der Old Bond Street 45 war für uns der Gipfel der Gelehrsamkeit, der Unvergleichliche unter den Buchhändlern, der Schutzheilige des Humanismus sowie der Verfasser des Standardwerks *Bucheinbände der Gotik und der Renaissance*. Geboren auf dem Kontinent, hatte er sich als junger Mann in London niedergelassen. Wir kamen zu ihm wie andächtige Kirchgängerinnen, aber auch mit einer gewissen Angst. Er war homosexuell und stand in dem Ruf, Frauen gegenüber nicht besonders freundlich zu sein. Außerdem hatte er einen strikten Zeitplan, nach dem man sich richten musste. Da er die ganze Nacht lang mit seinen Büchern beschäftigt war und niemals vor Mittag aufstand, musste jeder Termin mit ihm nach vier Uhr nachmittags stattfinden.

Wir bezwangen unsere Furcht, und an einem Augustnachmittag, nach vier Uhr, folgten wir Mr. Goldschmidts Assistenten die Treppe hinauf zu seinem mit Büchern angefüllten Heiligtum. Leonas Aufregung war so groß, dass sie sich neben den Stuhl setzte, den der elegante junge Mann, Randall, ihr anbot, und beinahe auf den Teppichboden geplumpst wäre. Wir fanden genug von unserer Fassung wieder, um uns umzusehen. E. P. Goldschmidt thronte wie eine Gottheit an seinem Schreibtisch. Hinter ihm stand eine Kanne Filterkaffee, der einen aromatischen Duft verbreitete. In Reichweite lag der Kamin, der voll weggeworfener Zigarettenstummel war. Die rauchgeschwängerte Luft war zum Schneiden dick. Um uns herum standen überall Regale voller Bücher mit wundervollen Einbänden, Folio-Bände in Kalbsleder, Schweinsleder und Velin, Taschenausgaben in geprägtem Maroquin, Bücher, die Schönheit und Wissen miteinander verbanden. Außerdem – o Wunder – schien E. P. G. uns ausgesprochen warmherzig aufzunehmen. Leichthin plauderte er mit uns über seine Bücher, als wären sie Freunde von ihm. Jahr für Jahr sollten wir in die Old Bond Street 45 zurückkehren, um zuzuhören, unsere Büchergeschichten zu erzählen und Bücherfragen mit ihm zu diskutieren. Jetzt, bei unserem ersten Besuch im Goldschmidt-Schrein, waren wir beide verzaubert, verzaubert von seinen Erzählungen über seine Funde in Österreich, seine Ankäufe von Büchern aus dem berühmten Kloster Melk, verzaubert von ihm. Unser einziges Problem war: Was sollten wir kaufen? »Wie viel würde dies kosten, Mr. Goldschmidt?«, fragten wir furchtsam und hielten ein schmales Bändchen in die Höhe. »Oh, ich würde sagen, nur 75 Dollar.« – »Gibt es vielleicht irgendetwas, das ein kleines bisschen billiger ist?« Er schien Verständnis für unsere missliche Lage zu haben, und am Ende konnten wir von unserem Abgott eine Renaissance-Flugschrift für 11 Dollar erwerben. Wie auf Wolken gingen wir zurück zum Cumberland Hotel.

Cecil Court war etwas ganz anderes als Old Bond Street. In gewisser Weise ähnelte er New Yorks Fourth Avenue, lauter kleine Secondhand-Buchhandlungen reihten sich hier aneinander. Die kurze Gasse, die die Charing Cross Road kreuzte, war bevölkert von Antiquaren, deren voll gestopfte Läden angefüllt waren mit Verheißungen. Es mochte uns nicht vergönnt gewesen sein, bei Quaritch oder Goldschmidt zuzuschlagen, aber in diesem Bücherwirrwarr konnten wir umherstöbern und womöglich eine Entdeckung machen. Das Geschäft von E. Seligman war nicht leicht zu betreten – die Bücher stapelten sich auf dem Fußboden, die Regale reichten bis an die Decke. In der Mitte stand ein Tisch, aber er war so mit Büchern voll gestellt, dass er kaum auszumachen war. Im Hinterzimmer lag ein winziges Büro, doch war es fast unmöglich, bis dorthin vorzudringen. Dort, an einem überfüllten Schreibtisch, saß der Besitzer. E. Seligman war ein deutscher Flüchtling, ein kleiner, jähzorniger Mann. Als wir versuchten, ein Buch aus einem Stapel herauszuziehen, wurde er sehr wütend und stampfte mit dem Fuß auf. Wir hatten jedoch die Kühnheit der Jugend auf unserer Seite und wagten uns sogar auf eine schwankende Leiter, um seine höchsten Regale zu erreichen. Ein in Schweinsleder gebundener Band war uns aufgefallen, und wir stiegen die Leiter hinab, um ihn anzusehen. In der Hand hielten wir eine Sammlung von sechzehn Predigten, die Martin Luther zwischen 1519 und 1522 gehalten hatte. Als wir die Seiten durchblätterten, bemerkten wir, dass eine der Predigten – die früheste, von 1519 – auf dem Titelblatt mit einem Holzschnitt-Porträt des Reformators versehen war. Wir blickten einander an. War das der »Schläfer«, auf den wir gehofft hatten? Wir wussten, dass es ein Luther-Porträt von dem deutschen Maler Lucas Cranach gab, aber wir waren sicher, dass es später entstanden war. Konnte es sein, dass wir auf das erste Porträt Luthers gestoßen waren? Seligman sah uns über die Schulter. »Ein schöner Sammelband«*, bemerkte er. Wir pflichteten ihm bei. Der Sammelband war möglicherweise sogar schöner*, als Herr Seligman ahnte. Wir mussten das natürlich noch überprüfen, aber unser Instinkt war sich bereits ziemlich sicher. Das Titelblatt zu der Predigt von 1519, das Martin Luther in seinem Mönchshabit zeigte, war sehr wahrscheinlich eine Kostbarkeit. Wir kauften an dem Tag auch andere Bücher bei E. Seligman, die wir alle per Schiff in die Bronx schicken ließen. Den »schönen Sammelband«* jedoch trugen wir vorsichtig bei uns, als wir Cecil Court verließen.

Die Flüchtlinge aus Deutschland gehörten zum Bild vom Nachkriegs-London wie die zertrümmerten Häuser und die freien Flächen, auf denen das Unkraut wucherte. Mehrere darunter waren im Antiquariatsgeschäft tätig, und 1947 lernten wir einige von ihnen kennen. Heinrich Eisemann, der in einer verwinkelten Wohnung in Maida Vail lebte, ähnelte einem alternden Mephistopheles. Er setzte einen Preis immer erst fest, nachdem er seine »Bibel« konsultiert hatte – sein riesiges Bestandsverzeichnis – und die nötigen Berechnungen laut vor sich hin gemurmelt hatte; auf Deutsch, in der Annahme, wir könnten es nicht verstehen. Zu einem anderen geflüchteten Händler hatten wir ein engeres Verhältnis. Aus Ernst Weil aus München war Ernest Weil aus Golders Green geworden. Dort lebte er zusammen mit seiner Mutter, seiner Frau, seiner Haushälterin und seiner Katze. Er begrüßte uns herzlich und verkaufte uns ein paar Bücher, während er beim Kaminfeuer in seinem Arbeitszimmer saß. Anschließend geleitete er uns ins Wohnzimmer zu Kaffee und Kuchen*. Dort, mit Blick auf den Garten, unterhielten wir uns über den Krieg und seine Folgen, über Amerika und über Bücher, während seine Mutter hustete, seine Katze schnurrte und seine Frau uns nötigte, mehr von den belegten Broten und dem selbst gebackenen Guglhupf* zu essen.

Es war jedoch noch ein anderer Händler, der für uns die Verheerungen des Krieges verkörperte. Er war ein Flüchtling, nicht aus Deutschland, sondern vor dem Leben. Eine deutsche Bombe hatte ihr Ziel gefunden. In Francis Normans Abwesenheit waren seine Frau und sein Kind getötet und der größte Teil seines Sortiments vernichtet worden. Er lebte allein in einer Kellerwohnung in der Gower Street, wo wir seine staubbedeckten, angesengten Bücher durchstöberten, während er Klavier spielte. Er lebte in seiner eigenen Welt, scheu, zurückgezogen, verunsichert, und er sollte für immer darin leben. Später sollte er irgendwann aus der Gower Street fortziehen, aber der Ruß und die Trümmer, die ihn umgaben, würden ihn überallhin begleiten. Er sollte wieder heiraten und eine neue Familie haben, aber im Grunde würde er sich nie mehr ändern. Wo auch immer er hinginge, was auch immer er täte, er würde beständig die unauslöschlichen Narben des Krieges tragen, und durch ihn bekamen wir eine Ahnung davon.

Im Jahre 1947 dauerte eine Reise von London nach Paris einen ganzen Tag. Nach den Unbilden Britanniens bot sie Eleganz und Luxus. Wir bestiegen den *Golden Arrow*, einen Luxuszug, der seinen Namen zu Recht trug, und in Dover gingen wir an Bord der *Invicta*, mit der wir das kabbelige Wasser des Ärmelkanals überquerten und nach Calais fuhren. Dort wartete das französische Alter Ego des *Golden Arrow*, der *Flèche d'Or*, auf uns. Die schicken Kellner, die die Gänge entlangeilten, machten uns mit Leckereien bekannt, die Londoner Tafeln völlig fremd waren – Rindfleisch, Melone und sahnige Pasteten. Und schon waren wir nicht bloß in Frankreich, wir waren in einer anderen Welt.

Wir lernten immer mehr von dieser Welt kennen, und uns wurde klar, dass England den Problemen der Nachkriegswirtschaft mit strengen Regeln und Restriktionen begegnete, während Frankreich auf den Schwarzmarkt setzte. Ein saftiger Pfirsich war für den ungeheuerlichen Preis von fünfzig Francs zu haben. Der Schwarzmarkt belieferte jedoch nicht das Hôtel Lutétia. Dort war das Frühstück von »Ersatz«* geprägt – Ersatzkaffee oder Ersatztee –, ergänzt durch Konfitüre aus Afrika, die, wie der Maître d'Hôtel es ausdrückte, »pas fameux« war. Die Bücher in Paris waren ebenfalls »pas fameux«. Die Stände am Seine-Ufer boten Postkarten oder moderne Taschenbücher an. Viele der Antiquariate waren noch geschlossen, wegen der alljährlichen Urlaubszeit. 1947 lernten wir, unsere zukünftigen Bücherjagden unter Berücksichtigung der unwandelbaren französischen Gewohnheiten zu planen. Es gab kaum einen Grund, unseren Aufenthalt in Paris auszudehnen.

Stattdessen fuhren wir erneut nach Straßburg am Rhein. Über zehn Jahre waren vergangen, seitdem Leona hier studiert hatte – zehn furchtbare Jahre. In dem Buchladen, wo wir in Schweinsleder gebundene Folio-Bände aus der Renaissance gesehen hatten, gab es keine *livres anciens* mehr. In der Bibliothek begrüßte François Ritter seine einstige Inamorata mit tiefer Zuneigung und Wärme, aber seine Gesichtszüge verrieten die Leiden, die die elsässische Stadt erduldet hatte. Wir hatten unseren Luther-Sammelband* bei uns und legten ihn ihm vor. Als er die Vignette von Martin Luther auf dem Titelblatt der Predigt von 1519 erblickte, sah er sie aus jedem Winkel an, holte tief Luft und fällte sein Urteil: »*C'est inconnu*; es ist unbekannt. Sie haben eine große Entdeckung gemacht.«

Die Stadt selbst war ein Symbol des beendeten Krieges. Die bunten Glasfenster waren aus dem Straßburger Münster verschwunden. Das wurde für uns zum Sinnbild des Nachkriegs-Europa: Europa hatte seinen Elan, seine Farbe verloren – Europa hatte seine bunten Fenster verloren.

Wir verwöhnten Amerikanerinnen waren bereits kriegsmüde und flohen auf der Suche nach Erholung und Komfort in die Schweiz. Brötchen und frische Eier, der Ausblick auf die Jungfrau aus unserem Fenster, die Vertrautheit des herrlichen Höhenweges waren Wohltaten, die uns erquickten. Interlaken stellte uns ganz wieder her, und auf dem Weg nach Den Haag nahmen wir uns Zeit für einen Besuch in Basel. Dort eilten wir sogleich zum Haus der Bücher*, einer Buchhandlung in der Bäumleingasse, auch bekannt als das Erasmushaus. In ebenjenem Gebäude hatte Desiderius Erasmus, der große niederländische Humanist aus dem sechzehnten Jahrhundert und Verfasser des *Lobes der Torheit*, eine Zeit lang als Gast des Verlegers und Druckers Froben gewohnt. Der Lagerraum hatte noch immer seine ursprüngliche Holzdecke von 1534, inzwischen von der Zeit schwarz eingefärbt. Erfreut über unser großes Interesse, führte uns der Besitzer, Herr Doktor Seebass, durch die Gemächer des »Stupor Mundi« Erasmus. Er zeigte uns auch Bücher, und zu unserer großen Freude konnten wir einige Renaissanceschönheiten kaufen. Die Krönung aber war für uns ein Exemplar von Erasmus' *Lob der Torheit*, veröffentlicht 1524 in Paris bei dem berühmten Drucker Badius und in geprägtes Maroquin gebunden. Das Juwel einer jeden Sammlung.

Die S. S. *Veendam* sollte Ende September von Rotterdam aus ablegen. Wir wollten uns in Den Haag auf unsere Abreise vorbereiten. Dort wollten wir auch auf Last-Minute-Bücherjagd gehen. Wir kamen mit dem Nachtzug an und fanden eine

Stadt vor, die ebenso heruntergekommen und verfallen war, wie die Schweiz hell und sauber war. In der alteingesessenen Firma von Martinus Nijhoff in der Lange Vorhout wurden wir von einem älteren Herrn, Mr. Kern, empfangen. Durch ihn lernten wir eine der zukünftigen Leidenschaften unseres Bücherlebens kennen.

Wir saßen nebeneinander an einem Tisch in seinem Büro, als Mr. Kern uns eine kleine Sammlung von fünfzehn französischen Flugschriften im Oktav-Format vorlegte, gedruckt zwischen 1604 und 1610. Die meisten waren anonym oder unter Pseudonym veröffentlicht worden, eine angeblich von einem Maître Guillaume, einem Koch, der unter Heinrich IV. Hofnarr wurde. Diese kleinen, kurzlebigen Nichtigkeiten, zu einer Sammlung vereinigt, schienen für uns Bedeutung zu bekommen. Besonders Leona spürte, als sie die Seiten durchblätterte, dass diese vergänglichen Ausgaben die Zeitungen ihrer Epoche gewesen waren, die von politischen Intrigen, ausländischen Bündnissen, Finanzproblemen, der Bedrohung durch die Türken, Spannungen zwischen Katholiken und Hugenotten, Kriegen und der Sehnsucht nach Frieden berichteten. Das gesamte Zeitalter schien hier zusammengefasst. Eine der Flugschriften hatte ein Titelkupfer, das den französischen Soldaten in voller Rüstung darstellte. Dies war im wahrsten Sinne des Wortes *multum in parvo* – Flugschriften, die dafür gedacht waren, schnell gelesen und dann fortgeworfen zu werden, die ein Spiegelbild der Epoche waren, die sie hervorgebracht hatte, Flugschriften, die jetzt Schätze waren. Uns kam es so vor, als enthielten diese Flugschriften in gewisser Weise zugleich die Essenz der Nachkriegswelt, die wir bald verlassen würden. Dreieinhalb Jahrhunderte später waren auch wir Augenzeuginnen eines grauen, aus Krieg geborenen Friedens. Diese Geschichte hatten wir selbst gesehen.

Wir bezahlten unsere französischen Flugschriften in Gulden und nahmen sie mit. Auf unserer ersten europäischen Bücherjagd hatten wir 280 Bände zusammengetragen, für die wir etwa 2000 Dollar bezahlt hatten. Nun war das Abenteuer vorbei. Am 19. September gingen wir an Bord unseres Schiffes, das nach New York fahren sollte. Zu unseren Mitpassagieren gehörten einige Juden, die die Konzentrationslager überlebt hatten, und viele nichtjüdische Europäer auf der Suche nach einer besseren Welt. Unter ihnen war ein kleiner Junge mit ständigem Heißhunger auf Zucker, der ihm so lange verwehrt gewesen war. Er saß an unserem Nachbartisch mit seinen Eltern, die uns auch erzählten, dass er nicht mehr die Wahrheit sagen konnte, weil ihm beigebracht worden war, die Nazi-Invasoren in seinem Land immer anzulügen, wenn es um seine Identität ging. Wir gaben ihm all unseren Zucker, aber wir konnten ihm kein Wahrheitsempfinden geben.

Wir beide empfanden nur Freude. Wir waren auf dem Weg in unser eigenes Land. Wir waren auf dem Weg nach Hause. »Gott helfe dem armen, bemitleidenswerten Europa«, schrieben wir in unsere Tagebücher. »Wir sind froh, dass wir es hinter uns lassen können, dass wir unsere wundervollen Bücher haben und dass wir zusammen sind.«

✍ Fingerspitzengefühl ✍

LEONA UND MADELEINE   In den Dekaden von »Bücher nach dem Blitzkrieg« bis zu unseren jüngsten Bücherjagden in Übersee ist unser Fingerspitzengefühl* von Zeit zu Zeit regelrecht explodiert. Ständig auf der Suche nach Gebrauchsliteratur, sahen wir in einer kleinen Buchhandlung im Londoner West End einen Stapel Dekrete des British Commonwealth durch. Mühsam versuchten wir, eine Flugschrift im Quarto-Format, herausgegeben 1652 in London, zu entziffern, als sich plötzlich Leonas Fingerspitzengefühl* meldete. Sie hatte einige Forschungen über englische Drucker und Verleger im siebzehnten Jahrhundert angestellt, und der Verleger dieser kleinen Druckschrift war ihr wohl bekannt. Er hieß William Dugard und hatte mehre weltbewegende Werke eines gewissen John Milton herausgebracht. Konnte John Milton irgendetwas mit der Flugschrift zu tun haben, die wir vor uns hatten? Sie war 1652 veröffentlicht worden, als Milton Lateinsekretär der Ratsversammlung des Commonwealth gewesen war, und es handelte sich um eine Kriegserklärung des Commonwealth an die Staaten der Niederlande. Nirgends in dem lateinischen Text war Miltons Name auch nur erwähnt. Und doch sandte das Fingerspitzengefühl* heftige elektrische Impulse aus, und in aller Eile versuchte Leona eine Verbindung herzustellen.

Erst als sie die Schrift genauestens untersucht hatte, konnte Leona die Verbindung entdecken, deren Existenz sie schon geahnt hatte – als Verantwortlicher für die Mitteilung von Staatsakten an die Presse hatte John Milton in der Tat mit diesem unscheinbar aussehenden Traktat zu tun gehabt. Als Lateinsekretär der Ratsversammlung hatte er den Text vorbereitet und seinen Druck überwacht. Dieses schmucklose *Scriptum* trug die stilistischen Kennzeichen des zweitgrößten Dichters der englischen Sprache. Zudem war es Milton nie zuvor zugeschrieben oder auch nur mit ihm in Verbindung gebracht worden. Leonas Fingerspitzengefühl* hatte zu einer außerordentlichen Entdeckung geführt, die sogleich der großen Milton-Sammlung der University of Illinois hinzugefügt wurde.

Es geschah in einer größeren und weitaus bekannteren Buchhandlung unter der berühmten Adresse 84 Charing Cross Road, dass Madys Fingerspitzengefühl* erregend kribbelte. Obwohl wir selten mit Autographen handelten, wurde sie sofort von einem fünfundneunzig Seiten langen, handgeschriebenen Notizbuch angelockt. Es war in italienisches Velin gebunden, trug die Jahreszahl 1820 und enthielt mit Bleistift und Tinte geschriebene Aufzeichnungen. Wie sie sah, war das Notizbuch von einem William Paget geführt worden, und es beschrieb die Reise, die er von April bis Oktober in Italien unternommen hatte. So wie Leona sofort an John Milton gedacht hatte, als sie das lateinische *Scriptum* sah, dachte Madeleine an Percy Bysshe Shelley, als sie die handgeschriebenen Seiten durchblätterte, auf denen die Straßen von Pisa, die Sehenswürdigkeiten von Genua und Legnano, Lucca und Florenz beschrieben wurden. Hatte Shelley die italienischen Städte und Dörfer nicht genau zur selben Zeit besucht wie Mr. Paget? Hatte er dort nicht seine »Witch of Atlas«, seine »Skylark« und seine »Sensitive Plant« geschrieben? Pagets Notizbuch war nicht nur voller Beschreibungen von Weinstöcken und Olivenhainen, sondern auch von Essen und Kleidung, Theatern und Kutschen, der Politik, die dem »eisernen Regime« Napoleons unterworfen war. All das hatte auch Shelley zur selben Zeit erlebt.

Also war dieses kleine Notizbuch, das William Paget in Pisa gekauft hatte, um seine italienischen Reiseeindrücke darin festzuhalten, eine Sekundärquelle für die Erforschung von Shelleys Leben. Ohne es zu wissen, war der Reisende Shelleys Spuren gefolgt und hatte das Italien gesehen, das den großen Dichter verzaubert hatte. Das Fingerspitzengefühl* hatte seine elektrischen Signale ausgesandt, die Verbindung konnte hergestellt werden. Eine bis dahin unbekannte Quelle zur Romantik war in 84 Charing Cross Road entdeckt worden. Sie kann heute in der erneuerten Shelley-Sammlung der Pforzheimer Library eingesehen werden.

In einem Buchladen am Ende der Rue Bonaparte entdeckten wir mehr als eine Quelle zur Romantik – wir entdeckten einen Kontinent. Natürlich war uns das nicht bewusst, als wir die sechzehnseitige französische Flugschrift fanden, die 1617 in Paris gedruckt worden war. Wir waren auf acht ungebundene französische Traktate aus dem siebzehnten Jahrhundert gestoßen, die Sorte Kleinigkeiten, die wir so zu schätzen gelernt hatten. Eines davon hatte ein paar Worte auf der Titelseite, die das Fingerspitzengefühl* elektrisierten. Der Titel lautete: *Copie de la Reqveste Presentee Av Roy d'Espagne ... sur la descouuerte de la cinquiesme Partie du monde, apellee la terre Australle* – Kopie der Denkschrift an den König von Spanien ... über die Entdeckung des fünften Teils der Erde, genannt das Australland. Wenngleich Australland so klang wie Australien, dachten wir beide gleichzeitig, dass dies Erfindung oder Schwindel gewesen sein musste. Wie konnte dies ein Bericht über die Entdeckung eines Fünftels des Planeten Erde sein, hier, am Ende der Rue Bonaparte und nun in unseren Händen?

Wir kauften den ganzen Posten Flugschriften für 2,90 Dollar und beruhigten uns wieder. Erst als wir nach Hause zurückkehrten und unser Traktat untersuchten, wurde uns klar, dass wir tatsächlich eine große Entdeckung gemacht hatten, und unsere Aufregung wuchs. Die Flugschrift las sich für uns wie ein packender, reißerischer Thriller. Sie war von Pedro Fernandes de Queiros verfasst worden, der, wie wir herausfanden, ein portugiesischer Navigationsoffizier in spanischen Diensten gewesen war. Im Jahre 1606 war er von Peru aus in See gestochen und hatte, wie er glaubte, einen neuen Kontinent entdeckt. Er nannte ihn Australia del Espiritu Santo und reklamierte ihn für die spanische Krone. Als er von seiner Erkundungsfahrt zurückkehrte, schrieb er über seine Entdeckung, warb um Gelder und Schiffe, um das neu gefundene Land zu kolonisieren. Eine der Abhandlungen, die er in Umlauf gebracht hatte, war nun in unseren Händen. Darin beschrieb der verzückte Seefahrer die Terre Australle, die ein Fünftel der Landmasse der Erde ausmache. Sie sei bewohnt von Indianern, so schrieb er, und ihr Boden sei urbar, ihre Flüsse und Wälder voller Früchte, ihre Vögel wunderschön. Sie sei reich, berichtete er, an Silber und Perlen, Gewürzen und Bodenschätzen. Sie sei so ähnlich, wenn nicht sogar noch besser als Amerika oder Peru, Nicaragua oder die Philippinen. Ob unser Autor nun tatsächlich Australien – ein Fünftel des Universums – entdeckt hatte oder nicht, er glaubte es jedenfalls. Und seine *Denkschrift* wurde in wissenschaftlichen Bibliographien über Australien aufgeführt.

Es gibt tausende französischer Flugschriften aus dem siebzehnten Jahrhundert über jedes nur erdenkliche Thema, von den Hugenottenkriegen bis zu Friedensverträgen, von der Geburt eines Kronprinzen bis zum Tod eines Königs, vom Preis des Weizens bis zu den Kosten einer Beerdigung. Einzeln kosteten sie nicht besonders viel, als wir nach ihnen zu suchen begannen. Viele trugen tatsächlich nicht mehr als die kärgliche Summe auf dem Preisschild, die wir für unseren Fernandes de Queiros bezahlt hatten: siebenunddreißig amerikanische Cents. In den Jahrzehnten, die seit diesem Kauf vergangen sind, ist der Preis gestiegen. Einmal haben wir unsere *Denkschrift* im Katalog eines Händlers für 2000 Dollar gesehen. In jüngerer Zeit wurde die englische Übersetzung unserer Flugschrift nicht auf eine vierstellige, sondern auf eine fünfstellige Summe geschätzt. Fernandes hatte geglaubt, er habe einen Kontinent entdeckt. Wir wussten, dass wir eine Goldgrube entdeckt hatten. Aber – und das war viel wichtiger – auch wir hatten etwas gewagt und erforscht, und wie unser portugiesischer Seefahrer waren auch wir Entdeckerinnen.

Reisen nach Yale, Harvard und Cornell ließen unser Einkommen anwachsen, und bald begannen wir, nach einem Büro downtown Ausschau zu halten. 1948 veröffentlichte die *New York Times* unsere Anzeigen unter der Rubrik »Geschäftsräume gesucht«. Was wir wollten, war ein »Ladenlokal oder Vorderhauszimmer im Erdgeschoss für Antiquariatsbuchhandlung zwischen East 40er und East 70er«. Gelegentlich besichtigten wir Räume, die in Frage kamen, darunter auch einen in Herbert Reichners East Sixty-second Street. Aber unsere Suche blieb sporadisch. Obwohl wir von einem idealen Laden im Zentrum Manhattans träumten, der die Elite der Sammler und Bibliothekare anziehen würde, waren wir uns doch nicht recht einig über die Realisierung dieses Traums. Für diese Ambivalenz gab es einen guten Grund.

Wir waren nicht bereit, unsere Freiheit durch den »Neunbis-fünf«-Zeitplan, den ein ständig geöffnetes Geschäft nötig machte, beschränken zu lassen. Wir beschäftigten uns beide nicht nur mit seltenen Büchern, sondern auch damit, was wir »unsere eigenen Bücher« nannten – die Bücher und Artikel, für die wir recherchierten und die wir schrieben. Wenn wir durch die Öffnungszeiten an unser Geschäft gebunden gewesen wären, hätten wir nicht in die Bibliothek gehen und lange Tage mit Nachforschungen verbringen können, wann immer wir wollten, wir hätten nicht nach Concord oder Cambridge fahren können, wann immer uns danach war. Die Doppelleben, die wir zu führen begonnen hatten, waren in Frage gestellt, wenn wir uns strikt an Geschäftszeiten halten mussten. Und um die Miete eines Geschäfts downtown bezahlen zu können, hätten die Öffnungszeiten in der Tat lang sein müssen. Und so machten wir weiter wie bisher, verschönerten unser Quartier in der Bronx mit wunderhübschen Eichen- und Mahagoniregalen mit Glastüren und hielten an der Freiheit unserer Doppelleben fest.

Die Jahrhundertmitte war folgenschwer für uns. Das Jahr 1950 brachte uns das Schlimmste und das Beste zugleich. Für Leona war es das Jahr, in dem ihr Vater starb:

Schon lange hatte ich von seiner Herzerkrankung gewusst und mich vor dem nahenden Ende gefürchtet. Als es dann tatsächlich kam, war es nicht nur eine Tragödie, sondern auch ein Melodram. Dienstags war ich immer mit Mady zum Dinner, so dass ich nicht dabei war, als es passierte. Mein Onkel war an jenem Abend bei uns in der Bronx eingeladen, und er brach bei Tisch zusammen. Mein Vater – Arzt wie eh und je, trotz seines schwachen Herzens – stand auf, um ihm zu helfen, und brach ebenfalls zusammen. Babette rief an und beorderte mich nach Hause. Mady und ich fanden ein Haus voller Polizisten und eine von Schmerz und Verlust überwältigte Mutter vor. Ich begriff sofort, dass mein On-

kel einen tödlichen Herzinfarkt erlitten hatte, aber vom Tod mei-
nes Vaters erfuhr ich erst später. Er hatte einen Schlaganfall erlit-
ten, als er versuchte, seinem Schwager zu helfen, und war auf der
Stelle gestorben. Der Schock der doppelten Tragödie machte bald
der alleinigen Trauer um meinen geliebten Vater Platz. Über Mo-
nate hinweg war ich überwältigt von obsessiver, egoistischer
Trauer. Ich würde ihm nie mehr von meinen kleinen Triumphen
erzählen können, ich würde mich nie mehr an seiner Freude über
unseren zunehmenden Erfolg freuen können. Ein Teil von mir
war abgetrennt worden.

Im Gegensatz dazu brachte 1950 auch Grund zur Freude, denn
es war das Jahr, in dem Madys *Louisa May Alcott* veröffentlicht
wurde.

MADELEINE   Einem Artikel, den ich für die Zeitschrift *Pu-*
blishers Weekly über »Das Geheimnis der Brüder Leon« geschrieben hatte – zwei polnische Flüchtlinge, die in New York
Buchhändler geworden waren und 1885 den ersten Katalog
amerikanischer Erstausgaben herausgebracht hatten –, fügten
die Herausgeber eine biographische Notiz über »Miss Stern«
bei, die mit dem Hinweis endete, dass ich »kürzlich mit einem
Stipendium der Guggenheim Foundation eine Biographie
Louisa M. Alcotts vollendet« hätte. In dem Bewusstsein, dass
die öffentliche Aufmerksamkeit sich weniger auf die Laufbahn Louisa May Alcotts als auf Bücher über die Folgen des
Zweiten Weltkrieges richtete, hatte der Verlag E. P. Dutton
auf die Option auf mein zweites Buch verzichtet. Anders als
Dutton reagierte Savoie Lottinville, der Geschäftsführer der
University of Oklahoma Press, enthusiastisch auf die Notiz in
Publishers Weekly und bat mich sofort, ihm das Manuskript zu
schicken. Der Krieg hatte sein Interesse an den Alcotts nicht
vermindert, im Gegenteil, er hatte gerade erst eine Biographie

über Louisas Mutter, *Marmee* von Sandford Sayer, ins Programm genommen. Savoie Lottinville, der ebenso geschäftstüchtig wie charmant war, wusste die Gelegenheit einer Ergänzung zu *Marmee* zu schätzen und nahm meine *Louisa May Alcott* unter Vertrag.

Er kündigte das Buch als Rekonstruktion von Alcotts Leben an, »wie sie es gelebt hat, eingebettet in die Epoche, in der sie gelebt hat«, und er wies auch darauf hin, dass es eine Bibliographie von Alcotts Schriften enthielt, »die neu identifizierten anonym und unter Pseudonym publizierten Storys eingeschlossen«. Die Zahl der Vorbestellungen war erfreulich, die Besprechungen lobend, viele von ihnen hoben den Durchbruch im Hinblick auf Louisa Alcotts Pseudonyme hervor. Das wohl größte Kompliment kam von der Zeitschrift des Clubs »Buch des Monats«, die feststellte: »Sich mit dieser gründlichen, liebevollen und detaillierten Biographie über Louisa May Alcott und ihre Familie zu beschäftigen ist beinahe ebenso fesselnd wie einst in der Kindheit die Lektüre von *Betty und ihre Schwestern*.« Eine britische Ausgabe wurde veröffentlicht, und Encyclopaedia Britannica Films drehte auf der Grundlage meines Buches einen Dokumentarfilm.

All das war Ansporn genug, meine nächste Biographie zu schreiben und mein Fingerspitzengefühl* auf eine weitere amerikanische Frau des neunzehnten Jahrhunderts anzuwenden. Wie immer führte dabei eins zum anderen: Louisa Alcott machte mich mit Mrs. Frank Leslie bekannt, Journalistin, Herausgeberin, Verlegerin, eine faszinierende Mischung aus Feministin und Femme fatale. Mrs. Leslie könnte Louisa Alcott zu einer ihrer »Blut- und Donner«-Storys inspiriert haben, jedenfalls hatte ihr zweiter Ehemann Alcotts Geschichte »Paulines Leidenschaft und Sühne« den ersten Preis zuerkannt und sie veröffentlicht, und sein Brief, in dem ihr mitgeteilt wurde, dass er ihre Geschichte annehme, brachte mich auf das Thema meiner nächsten Biographie.

Die Frau, die zu Mrs. Frank Leslie wurde, hieß zuerst Miriam Squier. Während ihres langen Lebens war sie unter mehreren Namen bekannt, nicht alle stammten von ihren Ehemännern, von denen sie vier hatte. Ihr letzter Mann war Oscar Wildes labiler Bruder Willie, ihr vorletzter der New Yorker Verlagsmagnat Frank Leslie, dessen Zeitschriften im neunzehnten Jahrhundert fester Bestandteil eines jeden Haushalts waren. Aus seiner verführerischen Frau wurde seine unwiderstehliche Witwe, Managerin seines riesigen Verlagsimperiums, Salondame, Protagonistin öffentlicher und privater Affären, Feministin, die der Frauenrechtsbewegung zwei Millionen Dollar stiftete. Es ist überflüssig zu erwähnen, dass eine solche Frau den Beifall der Menge höher schätzte als wahrheitsgemäße Berichterstattung, vor allem, wenn es dabei um ihr eigenes Leben ging. Wenn für die Wiederbelebung von Louisa May Alcott detektivische Fähigkeiten hilfreich gewesen waren, dann waren sie für eine Schilderung des Lebens von Mrs. Frank Leslie unerlässlich. Meine Biographie über sie, die den Titel *Purple Passage* trug, erschien 1953 bei der University of Oklahoma Press und erregte die Aufmerksamkeit, die der faszinierenden Laufbahn dieser Frau angemessen war.

Aber nicht alle Detektivkunst trägt Früchte, nicht aller Spürsinn führt zum Erfolg. Trotz unserer vielen aufregenden Entdeckungen haben wir auch manch schmerzliche Enttäuschung erlebt. In Cambridge, England, besuchten wir in einem Jahr das Geschäft von R. C. Pearson, M.A., in der Hobson Street. Sein Sortiment war insgesamt unbedeutend, aber kurz bevor wir gingen, verfiel Leona plötzlich in einen Zustand höchster Erregung. Sie betrachtete einen Band im Quarto-Format von einem Elias Heckmanns, 1634 auf Niederländisch gedruckt und üppig illustriert. Sein Titel, *Der Zeevaertloef – Der Seefahrt Lob –*, erinnerte sie an irgendetwas. Entweder durch ihre Jahre bei Reichner oder aus einem der Tausende von Katalogen, die sie studiert hatte, wusste sie, dass dieses Buch etwas Besonderes war. Sie war sich sicher, dass eine der siebzehn Illustrationen darin von Rembrandt stammte. Was konnte es für eine Antiquarin Größeres geben? Vor lauter Angst, die Aufmerksamkeit von R. C. Pearson, M.A., auf ihren Fund zu lenken, wagte sie es nicht, nach dem wertvollen Stich des großen Malers zu suchen, sondern legte den Band einfach auf den kleinen Stapel Bücher, die wir ausgewählt hatten, und bat Mr. Pearson, sie uns zuzuschicken.

Mit ungezügelter Aufregung kehrten wir nach London zurück. Bei einem Besuch bei E. P. Goldschmidt diskutierten wir über unsere Entdeckung, und der große E. P. war angemessen beeindruckt. Er zerstörte jeden Zweifel, den wir gehabt haben mochten. Dieser eine Stich von Rembrandt machte das Buch zu einem der begehrtesten illustrierten Werke aus dem siebzehnten Jahrhundert. *Der Zeevaertlof* würde mehr als nur unsere *Zeevaert* bezahlen.

Mit kaum zu bändigender Vorfreude öffneten wir später zu Hause das Paket aus der Hobson Street, Cambridge, England. Zitternd begannen wir den illustrierten Quarto-Band durchzublättern. Er musste siebzehn Stiche enthalten. Irgendetwas stimmte nicht. Wir zählten noch einmal nach. Wir entdeckten einen verräterischen Stummel, wo die Seite herausgeschnitten worden war. Unser Exemplar von *Der Zeevaertlof* hatte nur sechzehn Illustrationen. Rembrandt van Rijn fehlte. Irgendwann nach 1634 hatte ein leidenschaftlicher Kupferstichsammler oder ein skrupelloser Kupferstichhändler das Bild aus dem Buch entfernt und dessen Wert zerstört. Trauriger und klüger als zuvor, schickten wir es zurück nach England auf seine vermutlich letzte *Zeevaert*.

Die Enttäuschungen waren immer schwer zu verkraften, vor allem, wenn es um die wirklich großen Gestalten in der Kunst – wie Rembrandt – oder der Literatur – wie John Milton – ging. In den frühen fünfziger Jahren verspürten wir beide eine enge Verbundenheit mit dem Verfasser des *Verlorenen Paradieses*. Hatte Leona nicht seinen Anteil an einem *Scriptum des Comonwealth* von 1652 aufgedeckt, und hatte Madeleine nicht einen Großteil ihres Englisch-Studiums am Barnard College mit der Lektüre seiner erhebenden Jamben verbracht? Also waren wir immer auf der Pirsch nach John Milton.

Während unserer jährlichen Einkaufsreise glaubte ich, in einem Buchladen in St. John's Wood in London ein weiteres Mal auf ihn gestoßen zu sein. Hastig stieg ich von einer Leiter herab, ein kleines, in Kalbsleder gebundenes Buch in der Hand, meine Augen rund vor Staunen, die Titelseite aufgeschlagen. »Sieh dir das an!«, flüsterte ich Leona dramatisch zu. Der Anblick, der meinen Atem stocken ließ, war ein Besitzvermerk, der mit Tinte an den Rand der Titelseite geschrieben war: »Jn Milton«. Bestand die entfernteste Möglichkeit, dass dies ein Buch war, das John Milton berührt, gelesen und besessen haben könnte? Uns erschien es in dem Augenblick in der Tat wahrscheinlich, dass er wirklich seinen Namen auf das Titelblatt von Giovanni Marlianis *Vrbis Romae Topographia* (*Topographie der Stadt Rom*) geschrieben hatte. Das Buch, das wir in Händen hielten, war 1588 in Venedig erschienen und war ein Führer, eine Art Baedeker, über die Herrlichkeiten der Ewigen Stadt. Es war für Rom-Touristen konzipiert, und Ende der 1630er Jahre war Milton Tourist in Rom gewesen. Was lag näher, als dass er während seines Aufenthalts einen Führer gekauft und seinen Namen auf die Titelseite geschrieben hatte? Wir durften nicht zögern. Gewiss, der Name John Milton war nicht ungewöhnlich, aber wenn es sich wirklich um *den* John Milton handelte, dann hatten wir derartig schwindelnde Höhen erreicht, dass wir eines Tages sogar ein Buch finden könnten, das einem anderen Barden gehört hatte – aus Avon.

Holmes und Watson setzten ihre Detektivmützen auf, sobald sie nach Hause zurückgekehrt waren. Die mehrbändige Columbia-Ausgabe von Miltons Werken im Freihandmagazin der New York Public Library enthielt ein Kapitel über Miltons Bibliothek. Die Bücher, die sich nachweislich in der Sammlung des Dichters befunden hatten, waren dort aufgeführt. Auf der Liste stand der Marliani – *unser* Marliani –, und der Besitzvermerk, der dazu abgebildet war, war identisch mit unserem. Laut Columbia-Ausgabe war der auf diese Weise gekennzeichnete Band in den 1920er Jahren auf einer Londoner Auktion verkauft worden und schien seitdem verschollen zu sein.

»Wir besitzen ein Buch, das Milton gehört hat!« Mit diesem Refrain wachten wir jeden Morgen auf, mit diesem Refrain gingen wir jeden Abend zu Bett. Es war, mein lieber Watson/mein lieber Holmes, elementar. Zu elementar. Wir ermahnten einander immer wieder, dass nichts elementar war. Obwohl das Buch die Inschrift »Jn Milton« trug und obwohl es in der Columbia-Ausgabe erwähnt war, hatten wir noch immer keinen hieb- und stichfesten Beweis dafür, dass die Unterschrift die des Dichters war und sich das Buch tatsächlich in seinem Besitz befunden hatte. Miltons Unterschrift hatte sich beinahe von Jahr zu Jahr verändert. Unsere Versuche, unser Exemplar mit Faksimiles der Unterschriften, von denen man wusste, dass sie seine waren, zu vergleichen, erwiesen sich als fruchtlos. Wir mussten einen Milton-Experten ausfindig machen, um unsere Hoffnung bestätigen zu können.

Wir fanden einen Experten, den inzwischen verstorbenen Professor Harris Fletcher von der University of Illinois. Er war skeptisch: »Schicken Sie mir einfach eine Kopie der Titelseite.« Wir warteten ab, und unser nächtlicher und täglicher Refrain wurde leicht abgewandelt: »Besitzen wir ein Buch, das Milton gehört hat?« Ein Telefonanruf aus Illinois beantwortete diese quälende Frage bald. »Hier ist Robert Downs, Bibliotheksdirektor der University of Illinois.« Holmes und Watson warfen sich triumphierende Blicke zu. »Es geht um diese Milton-Unterschrift.« Holmes und Watson begannen mit dem Kopfrechnen. »Professor Fletcher hat mich gebeten, Ihnen mitzuteilen, dass es sich um eine Fälschung aus dem achtzehnten Jahrhundert handelt.«

LEONA UND MADELEINE   Nach vorangegangener, ausgiebiger Korrespondenz mit dem Kurator der Rara-Abteilung der Bibliothek von Cornell folgten wir schließlich seinem Vorschlag und unternahmen unsere erste Verkaufsreise nach Ithaca, New York. Felix Reichmann war ein Charmeur. Er war ein Mann mittleren Alters, aber der Flüchtling aus Wien verströmte noch immer kontinentale Bonhomie. Wir mochten einander auf Anhieb. Er suchte sich manch ein Buch aus unserem Säckel aus, und wir bekamen viel Vorkriegstratsch über europäische Buchhändler zu hören, selbstverständlich auch über Leonas jähzornigen Herbert Reichner. Wir hörten auch die Geschichte eines anderen, früheren politischen Flüchtlings aus Europa und eines sensationellen Buches, das er geschrieben hatte.

»Im Jahre 1822«, begann Reichmann, »verschwand ein junger mährischer Mönch namens Karl Anton Postl aus einem Kloster in Prag. Er floh«, fuhr Reichmann fort, »vor der diktatorischen Herrschaft Metternichs, und nachdem ein Jahr vergangen war, tauchte Postl in der Stadt New Orleans wieder auf, mit neuer Identität und neuem Namen: Charles Sealsfield.« Als Sealsfield sollte er bis zu seinem Tod 1864 viele Bücher schreiben, aber das, wonach Felix Reichmann gierte, trug den Titel *Österreich, wie es ist.* Das 1828 anonym veröffentlichte Werk war eine beißende Anklage österreichischer Zwangsherrschaft, wie sie sowohl den Verfasser als auch den Kurator von Cornell zu Flüchtlingen gemacht hatte. *Österreich, wie es ist* war von der teutonischen Obrigkeit als verleumderisch verboten worden. Heute war es wirklich eine Seltenheit. Felix Reichmann sehnte sich nach einem Exemplar. Und wir beschlossen, eines für ihn zu finden.

Einige Jahre später, während einer Bücherjagd im Ausland, besuchten wir einen Händler, den wir noch nicht kannten, einen schwer einzuschätzenden Gentleman namens Burke, dessen Geschäft an der Peripherie Londons und ganz am Ende der U-Bahn-Linie zu liegen schien. Unsere Briefe nach Hause haben das Ereignis festgehalten:

L. hat gestern einen großartigen Fund gemacht. Hier ist die Story: Bei einem kleinen Buchhändler, Burke … in einer Gegend, die nach Gas und Schmieröl riecht, erspähte sie – in seinem Regal mit Reisebüchern – Österreich, wie es ist. In Wirklichkeit ist das überhaupt kein Reisebuch, sondern eine anonym veröffentlichte Satire, die verboten wurde & eine faszinierende Geschichte hat. Schon immer, seitdem wir darauf aufmerksam gemacht wurden, hatten wir gehofft, es zu finden. L. hat es sich gegriffen & nur ihre ungewöhnliche Redseligkeit & Liebenswürdigkeit hätten einen Händler, der sie kennt, den Verdacht schöpfen lassen, dass etwas Außergewöhnliches geschehen war. Es ist ein wundervolles Exemplar, aber Burke hatte keine Ahnung und hatte einen Preis von 10 Shilling dafür festgesetzt – 1,40 Dollar.

Genau wie sein Autor begann *Österreich, wie es ist* ein neues Leben in Amerika. Felix Reichmann war überwältigt vor Freude, und wir dankten Fortuna dafür, dass wir seine Geschichte gehört und eine lange U-Bahn-Fahrt auf uns genommen hatten.

In Paris war Fortuna noch gnädiger zu uns als in London. So wie Felix Reichmann uns auf eine faszinierende politische Streitschrift aufmerksam gemacht hatte, wies uns ein französischer Kollege auf ein utopisches Manifest hin. Michel Bernstein war ein Überlebender des Krieges. Er und seine Frau waren Mitglieder der Resistance gewesen und hatten Stempel gefälscht, um die Deutschen irrezuführen. Als Antiquar hatte er sich passenderweise auf politische Ideologie spezialisiert und kannte sich darin aus wie kein Zweiter. Wir wurden ihm vorgestellt – man musste ihm ganz formell vorgestellt werden, bevor er einen als neuen Kunden akzeptierte – und gehörten bald zu seinem auserwählten Kreis.

Im Pariser Distrikt Issy-Les-Moulineaux residierte er in einem kleinen, baufälligen Château, das seine Frau Monique, seinen Boxer Zouboulou sowie seine herrliche Sammlung mit Büchern und Flugschriften über politische Theorie und französische Geschichte beherbergte. Seine Belesenheit wurde nur von seinem Patriotismus übertroffen: Monsieur Bernstein war tatsächlich der Ansicht, dass die Französische Revolution die amerikanische beeinflusst hätte! Wir besuchten ihn jedes Jahr, studierten seine *fiches*, die Kärtchen, auf denen seine Bücher beschrieben waren, und händigten ihm unsere Auswahl aus. Untersetzt, blass, genau, wie er war, warf er einen kurzen Blick darauf, nickte anerkennend, ging mit quietschenden Gummisohlen zu seinen bis zur Decke reichenden Regalen, fand auf Anhieb das Buch, das wir suchten, und übergab es uns stolz. Er sprach ausschließlich Französisch, obwohl wir uns sicher waren, dass er mehrere Fremdsprachen beherrschte. Ein Tag mit Monsieur Bernstein war ungemein anstrengend – aber man lernte auch ungemein viel. Er war es, der uns über die Bedeutung eines bestimmten Buches von einem berühmten französischen Publizisten aufklärte.

Monsieur Bernstein war mittlerweile ins Herz des linken Seine-Ufers umgezogen, ins sechste Arrondissement, das Zentrum des Antiquariatsbuchhandels. Sein Verfahren blieb jedoch unverändert. Als wir seine *fiches* durchgingen, zog Leona eine Karte heraus, die einen *Discours sur la Polysynodie* von Abbé Saint-Pierre beschrieb, veröffentlicht 1719. Als Monsieur Bernstein uns das kleine Oktav-Bändchen brachte, blickte er es geringschätzig an und bemerkte: »Diese zweite Auflage ist nichts Besonderes. Aber, meine Freundinnen, sollten Sie jemals die Erstausgabe von 1718 in einem größeren Quarto-Format finden – kaufen Sie sie. Kaufen Sie sie, was auch immer sie kostet, und verkaufen Sie sie an mich. Ich habe mein ganzes Leben lang danach gesucht und würde alles bezahlen, um sie zu besitzen.« Als wir ihn nach seinen Gründen fragten, erklärte Monsieur Bernstein, dass der Abbé Saint-Pierre in seiner *Polysynodie* ein neues Regierungssystem entworfen und einen Meilenstein in der Geschichte politischer Theorien geschaffen hatte. Wie die meisten Neuerungen war seine Abhandlung jedoch als Angriff auf das Establishment betrachtet und zensiert worden. Der Verleger wurde verhaftet, und fast alle Exemplare der ersten Auflage wurden konfisziert. Falls es noch welche gab, so waren sie »*rarissime*«.

Ein paar Tage nach Monsieur Bernsteins Vorlesung über die revolutionäre Schrift des Abbé Saint-Pierre schlenderten wir die Kopfsteinpflaster-Straßen des linken Seine-Ufers entlang zur Rue des Écoles und betraten die Buchhandlung von Monsieur Thiebaud. Trotz seiner blauen Augen und weißen Haare sah Monsieur Thiebaud aus wie ein listiger Fuchs. Er wurde von drei Assistentinnen bewacht, während er selbst sein Geschäft bewachte, besonders die obere Etage. Im Erdgeschoss waren wir stets willkommen, aber die obere Etage durften wir nicht betreten. Dort befanden sich nämlich nicht nur Monsieur Thiebauds noch nicht katalogisierten Neuerwerbungen, sondern auch sein WC – eine Situation, die für manch unangenehmen Moment sorgte. Diesmal waren wir jedoch mit dem Erdgeschoss vollauf zufrieden. Beinahe unmittelbar nachdem wir eingetreten waren und begonnen hatten, die Regale anzusehen, erblickten wir einen großen, in Kalbsleder gebundenen Quarto-Band, auf dem Buchrücken eine Prägung mit dem Wappen eines Edelmannes. Wir zogen ihn aus dem Regal und trauten unseren Augen nicht. Monsieur Bernstein hatte uns einen langen Vortrag über die Erstausgabe des *Discours sur la Polysynodie* gehalten, 1718 im Quarto-Format publiziert, zensiert und konfisziert. Nun hielten wir sie in Händen. Wir hatten Monsieur Bernsteins lange gesuchte »*rarissime*«-Erstausgabe gefunden, und das in seinem eigenen Hinterhof.

Fortuna begleitete uns nicht nur im sechsten Pariser Arrondissement, sondern einmal sogar im abgelegenen vierzehnten. Dort beschlossen wir unseren Paris-Aufenthalt mit einem Kauf, der passender nicht hätte sein können. Obwohl wir uns ursprünglich kennen gelernt hatten, als wir beide an einer Sabbat-Schule unterrichteten, und uns des Tages eigentlich hätten bewusst sein müssen, hatten wir so weit von zu Hause entfernt vollkommen vergessen, dass das jüdische Neujahrsfest unmittelbar bevorstand. Wir waren ein wenig überrascht darüber, dass uns der Besitzer, Monsieur Lévy, ziemlich verwirrt ansah, als wir seine Buchhandlung betraten.

»Ich bin gerade dabei zu schließen, wegen des Feiertages«,

sagte er. Da dämmerte es uns. »Wir brauchen nur eine Minute«, antworteten wir entschuldigend.

»Ich rufe meine Frau an und sage ihr, dass ich ein bisschen später komme.«

Wir brauchten nicht viel länger als eine Minute, um das passendste Stück für den bevorstehenden Feiertag zu finden. Der Kauf, den wir in diesem günstigen Augenblick bei Monsieur Lévy tätigten, war *Der Judenstaat* von Theodor Herzl. Das Plädoyer des großen Zionisten für einen Nationalstaat der Juden war 1896 in Warschau erschienen, die erste hebräische Ausgabe eines Buches, das wirklich Taten nach sich ziehen sollte. 1948 wurde der Traum des Verfassers Wirklichkeit, und Israel nahm seinen Platz unter den Nationen der Welt ein. Jetzt, am Vorabend des jüdischen Neujahrsfestes, hatten wir den *Judenstaat* gefunden. Monsieur Lévy schüttelte uns nach dem Kauf die Hände. »Sie hätten nichts Angemesseneres auswählen können zu Ehren dieses Tages«, sagte er. »Frohes neues Jahr. Gut Yontef!«

Mit einigen unserer Fundstücke protzten wir in unseren Katalogen. Meistens versuchten wir jedoch, unsere Kataloge an einem bestimmten Thema auszurichten – einem Land wie in *La belle France*, einer Epoche wie in *Das Jahrhundert der Konfrontationen* (das siebzehnte Jahrhundert). Anstatt das *Zeitalter* der Renaissance wieder aufzuwärmen, betonten wir die *Persönlichkeiten* der Renaissance und nannten unseren Katalog *Der Mensch der Renaissance*. Er enthielt 425 Titel, aufgeteilt in siebenundzwanzig Abteilungen. Jede Abteilung war den Vertretern eines bestimmten Berufsstandes gewidmet, von »Der Advokat« und »Der Maler« bis zu »Der Staatsmann« und »Der Steuereintreiber«. Dazwischen gab es »Hofmann« und »Dramatiker«, »Historiker« und »Philosoph«,

»Arzt« und »Dichter«, »Herrscher« und »Wissenschaftler«. Damit gaben wir nicht nur der Renaissance ein menschliches Gesicht, sondern auch unserem Katalog. Zu unseren Glanzlichtern gehörten Vasaris *Leben der ausgezeichnetsten Maler, Bildhauer und Baumeister*, Macchiavellis *Fürst*, Petrarcas *Sonette*, Rabelais' *Briefe*. Aber alle 425 Stücke, ob Glanzlichter oder nicht, reflektierten das Zeitalter durch die Individuen und brachten es den Sammlern auf persönliche Weise nahe. Das Titelblatt unseres Katalogs strahlte etwas vom Geist der Renaissance aus. Es war verziert mit einem Porträt des *condottiere*, des Marquis von Pescara, mit Federbusch auf dem Helm und in voller Rüstung.

Trotz unseres Zögerns, ein Büro downtown zu mieten, gab es keinen Zweifel daran, dass unser Geschäft expandierte. Viele unterschiedliche Kunden fanden den Weg zu unserem Haus auf dem Hügel in der Bronx. Einen oder zwei Tage nach unserer Rückkehr von unserer Überseereise 1949 stand David Wagstaff aus Tuxedo Park vor unserer Tür. Er war ein bekannter Sammler von Büchern über Hunde und die Jagd und hatte irgendwie in der bibliophilen Gerüchteküche gehört, dass Rostenberg und Stern ein lateinisches Buch mit dem Titel *De Canicis Britannicis* (*Über britische Hunde*) gekauft hatten. Aufgeregt streichelte er den Band und ignorierte dabei vollständig unseren amerikanischen Hund, Leonas wunderschönen Irischen Terrier Bonaventure Elzevier Rostenberg.

Anders als Mr. Wagstaff, der hinter einem einzelnen Buch her war, kam Mabel Erler in die Bronx gereist, um en gros einzukaufen. Mabel war stolz auf ihre Position als Chef-Einkäuferin von Chicagos Newberry Library, aber sie hatte überhaupt nichts Steifes oder Förmliches an sich: »Ich bin ganz schön gut für ein Kleinstadtmädchen aus Kansas.« Mabel liebte Bücher, Bridge und Gin – nicht unbedingt in dieser

Reihenfolge. Sie erschien morgens um 11 Uhr während eines heftigen Schneesturms in der East 179th Street, setzte sich an einen Tisch und durchpflügte unsere Buchbeschreibungen, einen Martini vor sich. Am Abend hatte sie um die fünfzig Bücher ausgewählt, gestärkt von weiteren Martinis, und war bereit, sich bei einer Partie Bridge zu entspannen. Später heiratete sie den Direktor der Newberry Library. Mabel hat es weit gebracht, aber sie hat sich nie wirklich verändert. Offenherzig, natürlich, für jeden Spaß zu haben, blieb sie immer das Kleinstadtmädchen aus Kansas und die Freundin der Buchhändler.

Von der stillen und schönen »Molly« Pitcher von der Folger Shakespeare Library bis zu Lord John Kerr, der eine Prise Tabak schnupfte, während er die Regale absuchte, begrüßten wir eine Vielzahl verschiedener Kunden oder Interessierter, die sich nur umsehen wollten. Als George White, Direktor des Fachbereichs Geologie an der University of Illinois, zum Lunch und Bücheransehen kam, gab Leonas liebenswürdige Mutter sich besondere Mühe, damit er sich wohlfühlte, und erörterte lebhaft interessiert die Geologie des Grand Canyon mit ihm.

1957 wählte die New York Public Library uns dafür aus, sie bei den New Yorker Auktionen zu vertreten, und später agierten wir auch als Repräsentantinnen der Library of Congress bei der langwierigen und von der Öffentlichkeit stark beachteten Streeter-Auktion, einer Versteigerung von Americana in den Parke-Bernet Galleries. Langsam, aber sicher machten wir uns.

Unsere Korrespondenz bezeugte unsere Expansion. Uns erreichten Briefe, die in Buenos Aires, Australien oder Nigeria abgeschickt worden waren, und einige darunter waren bibliophile Kuriositäten. Ein Herr aus Buenos Aires ließ uns wissen,

dass er kein Interesse am Thema, Verleger oder Erscheinungsdatum eines Buches hatte; alles, was er wollte, waren Bücher,
die kleiner waren als acht Zentimeter – für eine »Bibliothek
kleiner Bücher«. Ein australischer Sammler hoffte, von uns
Bücher, Gemälde und Autographen erwerben zu können,
»vorzugsweise aus der Zeit vor 1000 v.Chr.«. Ein Nigerianer
schrieb hoffnungsvoll, es sei sein »ernsthafter Wunsch, 2400
medizinische Bücher zu bestellen, zur Wiederherstellung einer
zerstörten Sammlung«. Und aus dem nahe gelegenen New Jersey wurde uns eine Lutherbibel von 1569 angeboten, fünfunddreißig Zentimeter hoch, vierzig Zentimeter breit und fünfundzwanzig Zentimeter dick (ein paar hundert Dollar wert),
von der die Besitzer »nichts weiter« erhofften, »als dafür einen
vernünftigen Preis zu erzielen, der es meinem Ehemann, mir &
unseren 4 kleinen Kindern erlauben würde, ein kleines Eigen-
heim zu erwerben«.

MADELEINE   Unseren Müttern bereiteten solche Briefe genauso viel Vergnügen wie uns selbst. Sie kicherten darüber
und sahen sie als Zeichen für unsere zunehmende Reputa-
tion an. Anfang 1957 begann Leonas Mutter, die Professor
White mit ihrem liebenswerten Charme willkommen geheißen hatte, sich zurückzuziehen. Anfang März erlitt sie einen
tödlichen Herzanfall. Dieser große Verlust ließ das Haus auf
dem Hügel leer zurück, und Leona war für die folgenden Monate tieftraurig. Sie blieb bei Babette und den Büchern. Nach
und nach begann sie, sich freier zu fühlen, und verbrachte viel
Zeit mit meinem Bruder und mir.
    Meine Mutter war für mich immer mehr als eine Mutter ge-
wesen. Sie hat mir nicht nur ein Zuhause geboten, das mich
mit Wärme und einem liebenden, beschützenden Mantel umgab, sie war auch eine intellektuelle Gefährtin für mich, Pu-

blikum für mein Schreiben, Quell der Kreativität. Sie mag mich angespornt und vorangetrieben haben, aber niemals hat sie irgendetwas anderes von mir verlangt. »Du musst dein eigenes Leben führen«, darauf hatte sie immer bestanden. 1958 verstarb sie nach kurzer Krankheit. Durch diesen schockierenden Verlust, das Ende einer solch besonderen Beziehung, fühlte ich mich wie amputiert. Selbst während unserer kurzen Bücherjagd im Ausland im Herbst 1958 hielt dieses Gefühl an. Die Heimkehr war besonders schwierig, weil diesmal keine Mutter am Pier stand, um uns zu begrüßen.

Es gab niemals wirklich eine Frage über unsere Zukunft. Ich zog einfach in das Haus auf dem Hügel in der Bronx ein. Aus Partnerinnen und Freundinnen wurden jetzt Gefährtinnen für das weitere Leben. Nun waren wir auf uns selbst gestellt – aber auch wirklich zusammen.

❧ ABAA ☙

MADELEINE Die ABAA ist eigentlich ein Widerspruch in sich. Die Buchstaben stehen für Antiquarian Booksellers Association of America (Vereinigung der amerikanischen Antiquariatsbuchhändler). Antiquariatsbuchhändler – nicht nur in Amerika, sondern überall auf der Welt – sind beinahe ausnahmslos Individualisten, die sich selbst genug sind, und das Wort »Vereinigung« müsste ihnen im Grunde wesensfremd sein. Wenn Antiquariatsbuchhändler auch nicht in einem Elfenbeinturm leben mögen, so leben sie doch auf jeden Fall in einer eigenen Welt. Und dennoch hat sich 1949 – im selben Jahr, in dem von den Alliierten des Zweiten Weltkrieges der Nordatlantikpakt begründet wurde – eine Gruppe dezidiert individualistischer Antiquariatsbuchhändler zusammengetan, um eine Vereinigung zu gründen.

Wir gehörten dazu. Gewiss, als Neulinge in der Branche waren wir schüchtern, wenn nicht sogar ängstlich, saßen bei den Versammlungen in der letzten Reihe und meldeten uns nie zu Wort. Aber wir waren dabei, und als fünf Jahre vergangen waren, rückten wir in die erste Reihe vor. Mit der Zeit gehörten wir zu einem engmaschigen Netzwerk von Antiquaren, die über Bücher diskutierten, gemeinsam Secondhand-Läden erkundeten, im Sommer Picknicks auf dem Lande und im Winter lärmende Dinner-Partys genossen. Über die Rolle der Frauen in der ABAA wurde niemals diskutiert. Wir wurden ohne Vorbehalte in den Reihen der Antiquare akzeptiert, aber unter den – bis heute – vierundzwanzig Präsidenten unserer Vereinigung hat es nur drei Frauen gegeben. Leona war eine von ihnen, aber das sollte noch bis 1972 dauern.

In der Zwischenzeit lernten wir, wie alle anderen Mitglieder, die Bedeutung des Begriffs »Vereinigung« kennen und entwickelten ein Profil unseres Berufsstandes, das wir der Öffentlichkeit präsentieren konnten. Als der Radiosender WNYC unter der Leitung von Ben Grauer, dem bekannten Moderator, Bibliophilen und treuen Freund der Antiquare, eine Sendereihe über das Sammeln von Büchern ins Leben rief, nahm Leona daran teil. Wie alle Diskussionsteilnehmer beklagte sie Schlagzeilen, die Millionäre und Prinzen als Bibliophile zeigten, aber die eigentliche tragende Säule des Geschäfts, den treuen, spezialisierten Sammler mit bescheideneren Mitteln, ignorierten.

Antiquaren in der ganzen Welt war klar geworden, dass sie trotz aller nationalen und individuellen Unterschiede ein gemeinsames Ziel verfolgten: das Verständnis für seltene Bücher zu fördern, für sie zu werben und sie zum Bestandteil des modernen Lebens zu machen. Die ABAA war Mitglied der International League of Antiquarian Booksellers (Internationale Vereinigung der Antiquariatsbuchhändler), die sich alle zwei Jahre in einer anderen Stadt versammelte. 1954 war Wien Schauplatz des Kongresses, und wir gehörten zur amerikanischen Delegation. Nach zwei Tagen im besetzten Wien hielt ich meine Eindrücke in meinem Tagebuch fest:

Europa im Schwebezustand – Wien zwischen allen Stühlen – kaiserlich, königlich, monströse Architektur im Verfall – Steinhäuser zertrümmert & häufig von Einschusslöchern durchsiebt. Viel Militärpolizei. Ost und West. Die russischen Soldaten sind überall, aber vollkommen unzugänglich & unkommunikativ. Es ist eine Stadt in Gefangenschaft, die Beute von 4 Nationen ... Eine Stadt der größten Kontraste: Renaissance, Habsburger, Barock, 19. Jahrhundert-Öde, Genossenschaftshäuser im Karl-Marx-Hof & russische Besatzung, kombiniert mit entzückendem Kaffeehausleben, Bettlern, Tiroler Trachten und köstlicher Sachertorte & Apfelstrudel!

Anfang September waren außerdem Antiquariatsbuchhändler aus der ganzen Welt in Wien. Sie trafen sich zur Vollversammlung, und wir saßen bei der amerikanischen Delegation; unsere Flagge aufgepflanzt, begrüßten wir uns chauvinistisch untereinander. Trotz Parteiinteressen und Cliquenbildung lernten wir einander kennen und schätzen – beim Abendessen im Café Mozart, beim Tee im Café Sacher, beim Heurigen oder bei einer Aufführung der *Fledermaus*. Wir kauften Bücher von den Wiener Händlern, bestärkten unsere Freundschaft mit den amerikanischen Delegierten und erfuhren mehr über das Wesen von Vereinigungen.

Wir lernten auch ein bisschen über Internationalismus. Leona löste eine kleine Krise aus, als sie der Verantwortlichen für die Sitzordnung des Abschlussbanketts mitteilte, dass sie sich dort, wo sie platziert worden war, nicht hinsetzen würde – neben die deutsche Delegation. Nach ihren Erfahrungen in Straßburg, nach den Enthüllungen über den Holocaust konnte sie sich nicht dazu durchringen, mit den deutschen Buchhändlern Höflichkeiten auszutauschen. Daraufhin wurden wir zurechtgewiesen, dass wir, wenn wir nicht ausreichend international gesinnt seien, eben nicht zu einer internationalen Konferenz hätten kommen sollen. Das war natürlich richtig, aber damals war keine von uns beiden objektiv genug, um das zu begreifen.

Wie die ABAA Teil einer internationalen Dachorganisation war, so war das Middle Atlantic Chapter (MAC, Sektion Mittlere Ostküste) Teil der ABAA. 1956 wurde Leona zur Vorsitzenden des MAC gewählt. Die Treffen, die sie organisierte, waren lebendig und stets gut besucht. Sie boten Vorträge von Bibliothekaren und Sammlern, Diskussionen über Gemeinschaftskataloge, die von einer Gruppe von Mitgliedern herausgegeben wurden, und viel Geplauder über Bücher. Einige Jahre später folgte ich ihr als Vorsitzende des MAC nach, erzielte Rekordteilnehmerzahlen mit Versammlungen im Restaurant des Club 1407 und setzte einen Meilenstein in der Geschichte des amerikanischen Antiquariatsgeschäfts: die erste Antiquariatsbuchmesse in den Vereinigten Staaten.

Dieses folgenreiche Unternehmen, das eine regelrechte Epidemie von Buchmessen auslösen sollte, die selbst die entlegensten Marktflecken unseres Landes erreichte, begann mit meiner Frage bei einer MAC-Versammlung: »Warum haben wir keine Buchmesse?« Die Nachricht von der ersten britischen Antiquariatsmesse und ihres Erfolgs hatte uns alle erreicht, und die Mitglieder des MAC waren überzeugt, dass wir tatkräftig und konstruktiv zusammenarbeiten könnten. Sie hatten Recht. Das erste Buchmessen-Komitee war kein Beratungsausschuss, sondern ein Arbeitsausschuss. Als Veranstaltungsort wählten wir die Steinway Concert Hall auf der Fifty-seventh Street in New York und kamen oft und regelmäßig zusammen, um all die Kleinigkeiten, die für eine Buchmesse essenziell sind, zu organisieren: Regale, Ausstellungsvitrinen und Stoff für deren Auskleidung, Hinweisschilder und Plakate, Werbung, Ankündigungen und Andenken, ein Budget, Öffnungszeiten und Termine. Ich würde nicht denselben Fehler machen wie damals am Barnard College, als ich für die Ausstellung von Ben Shahn alles tat, außer sie anzukündigen.

Die Messe wurde am 4. April 1960 um fünf Uhr nachmittags mit einer Vorschau eröffnet und dauerte fünf weitere lange Tage, von zehn Uhr morgens bis zehn Uhr abends. Zweiundzwanzig Händler zeigten an zwanzig Ständen eine Vielfalt seltener Bücher, von Inkunabeln bis zu Erstausgaben aus dem zwanzigsten Jahrhundert, und genossen die lange Woche des Zusammenseins so sehr, dass sie ihre Kolleginnen und Kollegen bitterlich vermissten, als die Woche vorüber war. Unmittelbar bevor die Messe ihre Pforten öffnete, kurz vor fünf, fragte Leona laut, was alle anderen sich schon die ganze Zeit leise gefragt hatten: ob unsere Messe wohl überhaupt Besucher anziehen würde? Dann, noch bevor ich begriff, was sie tat, war sie nach draußen verschwunden, um nachzusehen, ob irgendjemand gekommen war. Als sie zurückkehrte, spiegelten sich in ihrem Gesicht Freude und Ungläubigkeit. »Sie stehen Schlange, um reinzukommen! Da draußen sind Massen!«

Unsere Besucherinnen und Besucher waren begeistert. Sie schienen nicht zu bemerken, dass wir all unsere leeren Kartons einfach hinter einen Vorhang auf die Bühne der Konzerthalle geworfen hatten. Sie hatten nur Augen für unsere Ware, von einem Beichtbuch aus dem fünfzehnten Jahrhundert zu einer Erstausgabe von *Ulysses*, von einem Buch, das auf Velin gedruckt war, zu einem Poe, illustriert von Manet. Und sie schauten nicht nur, sie kauften auch. Obwohl eine leibhaftige

Primadonna in den Konzertsaal geschwebt kam und ausrief: »Was haben Sie nur aus der Steinway Hall gemacht?«, hatte auch Arthur Rubinstein seinen Auftritt – und nicht nur das, er kaufte auch zwei Musikhandschriften. Und während der Flauten an diesen langen Tagen kauften wir alle voneinander. Zwar handelte ich mir im Verlauf der Messe einen monströsen Nesselausschlag ein, aber der Erfolg krönte alle Bemühungen, und die Reaktionen der Händler waren mehr als erfreulich. Als die Messe schließlich vorüber war, waren sich bei einer Umfrage alle einig, dass sie »auf jeden Fall nächstes Jahr wieder teilnehmen« würden, und Elisabeth Woodburn, die Gartenbücher verkaufte, drückte die einhellige Meinung aller aus, als sie ausrief: »Ein echter Grund zum Jubeln! Hab seit Jahren nicht so viel Spaß gehabt! Hab viel verkauft, werde noch mehr verkaufen. Wann ist die nächste Messe?«

Die nächste Messe folgte – und die nächste und die nächste, Jahr für Jahr, und wenn auch die Schauplätze wechseln sollten und sich in New Yorker Hotels, darunter das Plaza, und das Zeughaus des Siebten Regiments verlagerten und die Dauer verkürzt werden sollte, blieb die Struktur doch dieselbe wie bei unserer Premiere.

1969 wurde unsere Messe international; Rostenberg und Stern gaben einen Katalog heraus und kündigten an, sie seien zu finden an Stand Nr. 33 von

NEW YORKS RAZZLE DAZZLE BUCHMESSE
Die beiden Ladys haben
Geisteswissenschaften, Kunst, Judaica, Philosophie,
Naturwissenschaften, Turcica und
ANGENEHME KONVERSATION
zu bieten.

1971 hatten wir, neben vielen anderen, ein einzigartiges Buch zu bieten: Gedichte von Papst Urban VIII., erschienen 1634, mit einem von Peter Paul Rubens gemalten Porträt als Titel-kupfer und einem Einband, der eigens für einen berühmten französischen Sammler, François Auguste de Thou, angefertigt worden war. Es wurde von der University of Rochester durch Robert L. Volz, Leiter der Rara-Abteilung, angekauft, der uns anschließend schrieb: »Meinen Dank an Sie und an Madeleine Stern für die Zeit und die Aufmerksamkeit, die Sie mir letzten Freitag in New York gewidmet haben. Ich füge unsere Bestellung bei ... für das prächtigste oder zumindest aufregendste Buch der gesamten Messe.«

Buchmessen schossen überall im Land aus dem Boden, und 1964 bauten wir unsere Stände bei unseren Kollegen in San Francisco und 1967 in Los Angeles auf. Im Laufe der Jahrzehnte sollten aus den zweiundzwanzig Händlern, die die erste amerikanische Antiquariatsmesse auf den Weg gebracht hatten, über zweihundertzwanzig werden. Aber es ist fraglich, ob die späteren, professionelleren Auflagen ebenso viel Aufregung hervorgerufen haben wie die erste von 1960.

Nur wenige Jahre nach der Messe in der Steinway Hall erlebte die Buchhändlervereinigung einen weiteren Höhepunkt. Die Antiquariatsmessen dienten jeweils für drei oder vier Tage als eine Art kooperative Buchhandlung. Die Besucherinnen und Besucher hatten die Gelegenheit, die Bestände der teilnehmenden Händler unter die Lupe zu nehmen und eine Vielfalt von Büchern über die verschiedensten Themen und aus fünf Jahrhunderten kennen zu lernen. Aber wenn alles vorüber war, wurden die Stände geräumt; die Buchmesse war naturgemäß ein befristetes Ereignis. Warum, so wurde gefragt, könne man sie nicht verlängern? Warum keine dauerhafte kooperative Buchhandlung einrichten? Solch ein Geschäft könnte, wenn es zentral gelegen wäre, ein Treffpunkt für die Sammler sein, wo sie nicht nur Bücher kaufen, sondern auch darüber fachsimpeln könnten; für die Händler würde es eine Fülle von Möglichkeiten eröffnen, denn in solch einem Geschäft würden sie nicht nur Bücher verkaufen, sondern auch selbst kaufen und außerdem durch Weiterleitung von Kunden und die unmittelbare Kontaktaufnahme untereinander zusätzliche An- und Verkäufe tätigen. Solch ein Geschäft könnte ein Mikrokosmos der amerikanischen Antiquariatsbranche werden.

Durch die gemeinsamen Anstrengungen eines MAC-Komitees wurde am 14. Oktober 1963 in der Wandelhalle des zum Rockefeller Center gehörenden International Building das Antiquarian Booksellers Center eröffnet. Vor seinem Eingang stand die riesige Statue des Atlas, der die Welt auf seinen Schultern trägt. Genauso trug das Center auf den dreihundert Quadratmetern, die es einnahm, die unendliche Fülle der Welt antiquarischer Bücher in sich. Das Komitee hatte nicht nur diese Lokalität aufgetan, es hatte auch um die fünfzig teilnehmende Buchhandlungen angeworben. Außerdem hatte es für die Regalausstattung gesorgt, Ausstellungen geplant, eine Sekretärin eingestellt und sogar den Vorhang für die Auskleidung der riesigen Schaufenster zusammengenäht.

Am Eröffnungstag waren Putz, Farbe und Beize noch nass, und in den Regalen gab es noch keine Bretter. Aber kurz danach war alles fertig. Berichte über diesen einzigartigen Buchladen erschienen in Zeitungen und Zeitschriften, vom *Saturday Review* bis *Cue*, vom *Börsenblatt des deutschen Buchhandels* bis zu *Publishers Weekly*, vom *Christian Science Monitor* bis zur *New York Times*. Ich fungierte als erste Leiterin des Centers und beobachtete voller Freude, wie es sich zu einer florierenden und belebten Ausstellungshalle entwickelte. Es sollte ein Vierteljahrhundert lang Bestand haben, die meiste Zeit unter der hingebungsvollen und enthusiastischen Führung seiner Sekretärin, der inzwischen verstorbenen Edith M. Wells. Dieser wahrhaftig kooperative Buchladen im Herzen Manhattans sollte Besucherinnen und Besucher aus der ganzen Welt anlocken.

Schon bald, in der Woche um den 18. November 1963, fand unsere erste Ausstellung im Center statt. Wir warben dafür, indem wir in den vier riesigen Schaufenstern Bücher präsentierten, von denen wir hofften, dass sie die Menschenmassen, die daran vorbeikamen, ansprechen würden. Durch ihre Lage in der Wandelhalle im Kellergeschoss des International Building öffneten sich die Fenster des Centers zu Fluren hin, in denen es von Menschen nur so wimmelte – Menschen unterwegs zu einem Café oder zur U-Bahn, Geschäftsleute, Müßiggänger, Touristen. In die Schaufenster legten wir unsere besonders alten Bücher und rückten dabei diejenigen von oder über Frauen besonders in den Vordergrund. Zu unserer wegweisenden feministischen Schaufensterauslage gehörten eine französische Komödie aus dem achtzehnten Jahrhundert mit dem verlockenden Titel *La Femme Fille et Veuve* (*Die Frau, Tochter und Witwe*), eine aus dem sechzehnten Jahrhundert stammende italienische Übersetzung von Boccaccios faszinierendem Werk über berühmte Frauen, *De claris mulieribus*, Madame Pompadours *Briefe* sowie ein illustrierter utopischer Roman von Rustaing de Saint-Jory aus dem Jahre 1739, der in Amerika spielt. Dieses Buch mit dem Titel *Les Femmes Militaires* proklamierte die völlige Gleichstellung von Mann und Frau bei der Arbeit, im Staatsdienst, im Krieg und im Alltagsleben. Aufgeschlagen auf einer Seite mit der Abbildung einer Frau in militärischer Kleidung, musste es unweigerlich die Aufmerksamkeit der Passanten erregen. Und das tat es; selbst als wir noch dabei waren, die Bücher in der Auslage zu arrangieren, blieben die Leute stehen und staunten.

Unsere liebe Freundin, die Bibliophile Miriam Holden, schickte ein großes Blumengesteck, um uns zu gratulieren. Klein und rundlich, wie sie war, mit Rouge geschminkt und immer mit einem Venida-Haarnetz versehen, sah Mrs. Holden eher feminin als feministisch aus. Aber sie war eine standhafte Feministin, nicht nur in politischer Hinsicht, sondern auch als Büchersammlerin, und in den sechziger Jahren kaufte sie uns viele unserer feministischen Schätze ab. Aber die Woche des 18. November, die so großartig begonnen hatte, endete mit einer Tragödie. Als wir am 22. November aus der Mittagspause ins Geschäft zurückkehrten, hatte unsere Sekretärin die entsetzliche Nachricht per Telefon erfahren. Ein kleines tragbares Radio bestätigte sie: John Fitzgerald Kennedy war in Dallas erschossen worden. Der fünfunddreißigste Präsident der Vereinigten Staaten war tot. Wir stellten Miriams Blumengesteck in ein hell erleuchtetes Schaufenster, schlossen die Tür ab und gingen. Die Glocken der St. Patrick's Cathedral hatten ihr unvergessliches Geläut begonnen. Wie betäubt gingen wir zur U-Bahn und begegneten unterwegs Massen von verstörten, zornigen und trauernden Menschen, die alle das Gnadengeschenk dieser einen kurzen Phase in der Geschichte unserer Nation verloren hatten.

Unser Bücherleben lief friedlich weiter, nur gelegentlich unterbrochen von größeren Ereignissen. Die Aufregungen, die wir erlebten, hatten weiterhin zum größten Teil mit unseren Buchentdeckungen zu tun. Die Stücke, die wir dabei fanden, landeten in den Schaufenstern des Antiquarian Booksellers Center und unseren Katalogen, auf unseren Messeständen und unseren Regalen in der Bronx.

In gewisser Weise hatte die Gegend der Pariser Quais mit ihrer Ansammlung von Bücherständen Ähnlichkeit mit unseren Messen und unserem Center. Was konnte also passender sein als die Entdeckung, die wir eines Tages machten, als wir durch eine zweiunddreißigseitige französische Broschüre von 1622 blätterten und darin eine »*boutique mobile … d'vn marchand Libraire en liures du temps passé*« erwähnt fanden, einen »mobilen Laden eines Buchhändlers für Bücher aus vergangenen Zeiten«? Gewiss waren wir solche Buchhändlerinnen, und dies war wahrscheinlich die früheste Erwähnung der Pariser Bücherstände – und zweifellos war sie dem Rest der Welt unbekannt. Wir hatten diese Broschüre im Pariser Sortiment von Monsieur Michel Bernstein, in einer Sammlung von vierhundert Flugschriften, gefunden und umgerechnet drei Dollar dafür bezahlt. Die *Povrmenade Dv Pré Avs Clercs*, ungebunden, broschiert, wie sie 1622 aus der Druckerei gekommen war, beschreibt den Spaziergang eines Büchersammlers aus dem siebzehnten Jahrhundert über die neu erbaute Pont Neuf in Paris, wo er die »*boutique mobile*« findet, die Bücher in der Auslage betrachtet und eines auswählt, um darin zu lesen oder es zu kaufen. An den sonnenüberfluteten Quais der Stadt der Lichter fanden wir unser gemeinsames Leben vorgezeichnet.

Eine andere französische Broschüre, die wir bei einem Pariser Händler kauften, verwies nicht nur auf unsere buchhändlerischen Wurzeln, sondern auf unsere Herkunft. *Diverses Pieces Servans de Reponse Avx Discovrs Pvbliez Par Les Hollandois* erwähnte im Titel zwar weder Amerika noch New Amsterdam, aber sie kamen zweifellos darin vor. Das Erscheinungsdatum der Broschüre ließ das Fingerspitzengefühl* vibrieren: 1665. Waren die Holländer nicht im August 1664 aus New Netherlands vertrieben worden und New Amsterdam hatte sich in New York verwandelt? Wurde dieses bedeutende Ereignis vielleicht irgendwo in diesen *Diversen Stücken, als Antwort der Holländer auf öffentliche Äußerungen dienend* erwähnt? Das wurde es in der Tat, und man musste dafür nicht einmal zwischen den Zeilen lesen. Dort stand es klar und deutlich: Von New Netherlands war die Rede, das Verhältnis zwischen niederländischen und englischen Einwohnern sowie die Bedeutung der West India Company wurden darin erörtert. Als »bemerkenswerte Rarität« klassifizierten wir diese Broschüre, als »anscheinend wenig bekannt« und »doch eine weitere Quelle über New Netherlands«. Sie landete schließlich genau dort, wo sie hingehörte: in der Bibliothek der New York Historical Society.

Eine unserer denkwürdigsten Entdeckungen ereignete sich in einem kleinen Londoner Buchladen auf der Grape Street, einer Seitenstraße der Shaftesbury Avenue. Wir kamen ausgerechnet in dem denkbar günstigsten Augenblick dort an, nämlich als der Händler soeben seinen neuen Katalog fertig gestellt, aber noch nicht in Druck gegeben hatte. »Ich habe einen Katalog in Vorbereitung. Möchten Sie vielleicht einen Blick auf die Korrekturfahnen werfen?«, ist wahrscheinlich die verlockendste Aufforderung, die eine Buchhändlerin auf der Jagd zu hören bekommen kann. Wir beide hockten uns an seinen Tisch und sahen die kostbaren Fahnen durch. Mit »A« waren wir schnell durch. Es geschah, als wir zu »B« kamen, genauer gesagt, zu BEAUMONT, WILLIAM, dessen *Neue Versuche und Beobachtungen über den Magensaft und die Physiologie der Verdauung* 1833 in Plattsburgh, New York, gedruckt worden waren. Das Buch war eine medizinhistorische Pioniertat, denn der Chirurg Dr. Beaumont hatte darin als Erster die Physiologie der Verdauung bei einem lebenden Menschen beschrieben. Wir kannten die außergewöhnliche Geschichte von dem kanadischen Mestizen, der 1822 durch einen Schuss aus einer Muskete verwundet worden war und ein kleines Loch an der Seite seines Leibes zurükbehalten hatte. Durch dieses Loch hatte Dr. Beaumont die Tätigkeit seines Magens studiert. Was er dabei beobachtet hatte, hatte er später in seinen *Neuen Versuchen und Beobachtungen über den Magensaft und die Physiologie der Verdauung* niedergeschrieben. Wir rissen den Korrekturbogen an uns, blickten uns triumphierend an und fragten den Buchhändler nach dem Beaumont. Ein paar Minuten später hielten wir ihn in Händen – einen unscheinbaren Band im Oktav-Format, schlecht gedruckt im Staate New York und dennoch ein unvergleichlicher Schatz, der heute etwa 2500 Dollar wert ist. Er sollte 19 Dollar kosten.

Wir haben die Geschichte unseres Beaumont-Fundes immer wieder erzählt. Zuletzt bei einem Vortrag in einem Seminar über seltene Bücher in Colorado. Nachdem er im Druck erschienen war, bekamen wir einen liebenswürdigen Brief von einer Antiquarin aus Plattsburgh. Sie schrieb:

Es war spannend, über Dr. Beaumonts Buch zu lesen … Mein Laden liegt einen Häuserblock von Dr. Beaumonts damaliger Praxis entfernt. Wir haben einmal, in der Anfangszeit unseres Geschäfts, ein Exemplar der 1. Aufl. erworben. Wir haben es für 400 $ gekauft & für 800 $ an einen örtlichen Geschichtsprofessor verkauft, der anschließend 1200 $ ausgegeben hat, um es in einem Kloster in Vermont restaurieren zu lassen. Danach hat er es der Plattsburgh State Univ. gestiftet, und dort ist es jetzt in der Bibliothek in einer Vitrine ausgestellt.

Ein anderes Buch, das wert wäre, in einer Vitrine ausgestellt zu werden, fanden wir in dem rußigen, verstaubten Regal von Francis Normans Buchhandlung. Als er aus seinem Kellergeschoss in der Gower Street nach Hampstead Heath umgezogen war, hatte er nicht nur seine Bücher mitgenommen, sondern auch den Ruß und den Schutt, und darunter machten wir eine erstaunliche Entdeckung. Der große englische Chemiker

Robert Boyle war 1691 gestorben, und ein Jahr darauf war seine Bibliothek verkauft worden. In den darauf folgenden Jahrhunderten war kein einziges Buch aufgetaucht, das als einstiger Besitz von Robert Boyle identifiziert werden konnte. Jetzt, in dem Durcheinander von Normans Laden in Hampstead Heath, fanden wir das erste. Das Buch, eine 1688 erschienene französische Streitschrift gegen die Jesuiten, trug auf dem Vorsatzblatt eine lateinische Inschrift, die besagte, dass das Werk aus der Bibliothek des »außerordentlich angesehenen und berühmten Robert Boyle« stammte. Der berühmte Verfasser des Buches *Der skeptische Chemiker* hatte sich sehr für theologische Fragen interessiert, und dieser Angriff auf die Jesuiten wäre genau sein Fall gewesen. Unser kleiner Band hatte einst in Boyles Bibliothek in Pall Mall gestanden. Nach Boyles Tod war er auf den Verfasser der lateinischen Inschrift gekommen. Und ein paar Jahrhunderte später war er irgendwie zu dem vom Krieg gebeutelten Buchhändler Norman gelangt. Nun gehörte er uns, und wir sollten ihn weitergeben an Dr. John F. Fulton von der Yale University Medical Library, wo er zweifellos in einer Schauvitrine ruhen würde – vielleicht neben einem Exemplar der *Neuen Versuche und Beobachtungen* von Dr. Beaumont.

Wir führten unsere besonderen Fundstücke, zusammen mit den »normalen« Büchern, die für unser täglich Brot sorgten, in unseren Katalogen vor. Die meisten unserer Kataloge – *Das Jahrhundert des Konflikts, Menschen und Orte, Lesefutter für die Messe* – enthielten jeweils ein paar hundert Titel zu speziellen Themen und wandten sich vor allem an die Bibliotheken des Landes. Immer hungrig nach Büchern, kauften Institutionen wie Folger und Newberry, Yale und Princeton, Michigan, Texas und Stanford gern frühe Druckwerke an, und wir waren froh, sie liefern zu können.

Jetzt, in den sechziger Jahren, kam uns der Gedanke, dass wir nicht bloß versuchen sollten, drei oder vier oder sechs oder acht einzelne Bücher an eine Bibliothek zu verkaufen, sondern einen kompletten Katalog – eine ganze großartige Sammlung von thematisch verwandtem Material, die wir zusammenstellen und dann als Ganzes zu einem Paketpreis – oder, um im Buchhändlerjargon zu sprechen, *en bloc* – abgeben würden. Und was wäre dafür besser geeignet als unsere französischen Broschüren aus dem sechzehnten und siebzehnten Jahrhundert, in denen sich ein Panorama der ganzen dramatischen Geschichte Frankreichs entfaltete?

In unserem Haus in der Bronx gab es genug Platz, um Bücher und Flugschriften zu lagern und sie auf Eis zu legen, bis wir Zeit fanden, uns mit ihnen zu beschäftigen. Das riesige Zimmer im dritten Stock hatte einst Adolph jun. gehört und zu seiner Zeit eine Tischtennisplatte und all die anderen Utensilien beherbergt, die ein junger Mann mit sechs oder sieben Hobbys so angesammelt hatte. Jetzt würden wir dort unsere Sammlungen aufbewahren, sie katalogisieren und *en bloc* verkaufen.

Unser Katalog Nr. XXXIV trug den Titel *Hundert Jahre Frankreich, 1547–1652: Geschichte in Dokumenten*. Er umfasste 755 Flugschriften, die über Ereignisse in Frankreich aus diesem Jahrhundert berichteten, das mit der Thronbesteigung Heinrichs II. und seiner berüchtigten Ehefrau Katharina von Medici begann und mit den böswilligen Machenschaften Mazarins endete. Dazwischen schilderten unsere Broschüren den Machtkampf der Dynastien Valois, Guise und Bourbon, die Hugenottenkriege, den Siegeszug des großen Bourbonenkönigs Heinrich IV. und seine Ermordung, den Aufstieg Richelieus – ein ganzes Jahrhundert, gesehen mit den Augen der Reformer und Kritiker, Soldaten und Kaufleute, mit Protagonisten wie Coligny und Condé, Sully und Richelieu. In diesen 755 Beispielen tagesaktueller Gebrauchsliteratur kamen die Ansichten von Kirchenmännern und Nonkonformisten, Hofleuten und Bauern, Wissenschaftlern und Diplomaten zum Ausdruck, der Verlauf von hundert ereignisreichen Jahren wurde in ihnen nachgezeichnet. Das Vorwort zu unserem Katalog hob die Bedeutung der unmittelbar auf das Tagesgeschehen zielenden Flugschrift hervor: »Eine Sammlung von Flugschriften spiegelt die vielfältigen geschichtlichen Facetten eines bestimmten Zeitalters wider.« Die *en bloc* zu erwerbende Sammlung wurde darin als »kostbarer Grundstock für die Erforschung der politischen, religiösen, sozialen und ökonomischen Geschichte dieser Epoche« empfohlen. Einige der königlichen Wappen und Holzschnitt-Porträts aus den Flugschriften wurden in unserem Katalog nachgedruckt, und unser Vorwort endete mit den Worten: »Vive la France!«

Die Freude, die uns die Zusammenstellung des Katalogs Nr. XXXIV bereitete, wurde nur durch die Freude über seinen *En-bloc*-Verkauf übertroffen. Drei Bestellungen gingen für diese Sammlung bei uns ein, die erste von der University of Buffalo, wo ein begeisterter Geschichtsprofessor begierig darauf war, sie zu kaufen, die zweite aus Yale, die dritte aus Michigan. Der Inhalt des Katalogs Nr. XXXIV wurde an die University of Buffalo verkauft, und unsere übrigen Exemplare des Katalogs wurden stolz mit dem Stempelaufdruck »Katalog Nr. XXXIV – Hundert Jahre Frankreich / Verkauft En Bloc / Ansichtsexemplar – bitte keine Bestellungen daraus vornehmen« versehen.

Es dauerte nicht lange, bis wir auf den Gedanken kamen, dass die Flugschrift, wenn sie schon das sechzehnte und siebzehnte Jahrhundert in Frankreich so anschaulich reflektieren konnte, doch erst recht den Aufruhr des späten achtzehnten Jahrhunderts, der als Französische Revolution bekannt ist, darstellen müsste. Tausende und Abertausende von Pamphleten waren in diesen ereignisreichen Jahren gedruckt worden, und uns schien es, als ob die Revolutionäre, selbst als sie schon auf den Karren standen, die sie zur Guillotine brachten, noch Traktate verfasst hätten.

Katalog Nr. XXXVII – *Die Französische Revolution* – war in blutrote Buchdeckel gebunden. Er enthielt über 1650 Flugschriften, die die Geschichte des revolutionären Frankreich und deren wichtigste Abschnitte dokumentierten: die Versammlung der Generalstände von 1789, die Abschaffung des Feudalismus, die neuen Führer, die Zerschlagung der Monarchie, die Ausbreitung des *terreur*, die Reaktion des Thermidor und die Diktatur Napoleons. In diesen »Vor-Ort-Berichten« wurden die Menschenrechte und die neuen Sozialprogramme diskutiert, hier hörten wir die Stimmen von Danton und Robespierre, Mirabeau und Marat, Girondisten und Jakobinern. Das Vorwort unseres Katalogs zur Französischen Revolution bat um »Anfragen« nach einem *En-bloc*-Kauf und endete mit den Worten: »Vive la Liberté, l'Egalité, la Fraternité!«

Die erste »Anfrage« kam telefonisch von der Eleutherian Mills Historical Library bei Wilmington, Delaware. Diese Bibliothek, die vor kurzem von der Familie Du Pont gegründet worden war – hatten wir nicht Pierre Samuel Du Pont einmal bei einer Auktion vertreten? –, konzentrierte sich auf den Zeitraum von 1752 bis 1820 in Frankreich, als die Familie dort Einfluss und Bedeutung erlangte. Die Französische Revolution war wichtig für Eleutherian Mills. Wir kamen zu einer Einigung, und Ende November 1966 fuhren wir nach Greenville in der Nähe von Wilmington, um die 1659 Flugschriften unseres Katalogs auszuliefern. Unsere Branchenzeitschrift, der *Antiquarian Bookman*, berichtete: »Dies ist das zweite Mal in zwei Jahren, dass Rostenberg einen kompletten Katalog en bloc verkauft hat! Sie und ihre Partnerin Madeleine B. Stern sind auf den Aufbau von Sammlungen zu bestimmten Schwerpunktthemen spezialisiert.« Und Miss Grace Ottey, die Bibliothekarin der Eleutherian Library, schrieb uns: »Meiner Ansicht nach ist diese Sammlung die herausragende Neuerwerbung in den zehn Jahren unseres Bestehens.«

Unser dritter En-bloc-Katalog, *Die Druckerei Aldine*, war noch eine weit herausragendere Neuerwerbung. Schon seit einigen Jahren hatten wir die Regale des großen Zimmers im dritten Stock nach und nach mit den Velin-, Maroquin- und Kalbslederbänden gefüllt, die zwischen 1495 und 1595 in der großartigen Druckerei Aldine in Venedig erschienen waren. Als wir im Jahre 1967 die Beschreibung der 258 Stücke unseres Katalogs Nr. XXXIX fertig gestellt hatten, waren wir davon überzeugt, dass Aldus Manutius, der Gründer der Druckerei, und seine Familie die bedeutendsten Drucker aller Zeiten waren. Der Meinung sind wir noch heute.

Mit wachsender Bewunderung und Freude prüften wir jedes einzelne Aldine-Buch, das wir gesammelt hatten, und an zwei Bridge-Tischen im großen Zimmer sitzend katalogisierten wir sie: den großartigen *Thesaurus Cornucopiae* von 1496, herausgegeben von Aldus selbst, die Horaz-Edition von 1501, die erste Taschenausgabe eines Klassikers, die in der Satteltasche eines fahrenden Scholaren verstaut werden konnte, Artemidorus' Abhandlung über Träume und Castigliones Buch über den Hofmann in der Erstausgabe, die erste Ausgabe von Platons gesammelten Werken, die *Terze Rime*, Dantes *Göttliche Komödie* in der Ausgabe von 1502, der ersten im Taschenformat, gesetzt nach einem Manuskript, das der Drucker von seinem Freund, dem Humanisten Pietro Bembo, erhalten hatte, und Bembos eigene Geschichte Venedigs, in die der Verfasser unerwartet einen Bericht über Amerika und Kolumbus eingefügt hattte, den er darin charakterisierte als »scharfsinnigen Mann, der viele große Flächen Landes und einen großen Teil des Ozeans überquert« habe. Das Haus Aldus hatte in der Geisteswelt ebenfalls »viele große Flächen Landes« überquert, von der Gelehrsamkeit der Antike bis zur wissenschaftlichen Avantgarde des sechzehnten Jahrhunderts.

Im Vorwort zu seinem *Thesaurus Cornucopiae* hat Aldus Manutius seiner Freude darüber Ausdruck verliehen, dass er derartige Schriften vor den »Totengräbern der Bücher« gerettet habe, und sich zu dem Wunsch bekannt, sie »freisinnig der Welt« zu übergeben. Unser Katalog Nr. XXXIX war eine Hommage an Aldus und seine Erben. Seine weißen Umschlagdeckel waren mit dem schwarzen Aldine-Signet verziert: Anker und Delfin – der Anker stand für Beständigkeit und Bedachtsamkeit, der Delfin für die Geschwindigkeit bei der Herstellung. Mit beträchtlicher Geschwindigkeit ging unsere Aldine-Sammlung denn auch an das beständig expandierende Geisteswissenschaftliche Forschungszentrum der University of Texas. 1982 gab der stellvertretende Direktor dieses Zentrums ein Buch heraus, *Große Kataloge bedeutender Buchhändler*, in das er auch unseren vollendetsten Katalog, die Nr. XXXIX, aufnahm.

Es war der Titel Nr. 113 aus diesem Katalog, die Erstausgabe von Lorenzo de Medicis *Poesie uolgari*, der uns bald darauf vom Haus Aldus auf das Haus Medici brachte. Am Ende der sechziger Jahre hatten wir unsere vierte große Sammlung beisammen. Die Kulisse dafür bildete eine Stadt, die wir beide liebten: Florenz, ein Füllhorn, aus dem Mittelalter und Renaissance gespeist wurden. Wir hatten vor den von Michelangelo entworfenen Grabmälern der Medici gestanden, wir waren durch den Palazzo Ricardi gewandelt und hatten Gozzolis Fresko von Lorenzo auf einem weißen Schlachtross gesehen, wir waren oft am Baptisterium mit Ghibertis goldenen Türen vorbeigegangen, in der Nähe eines unserer Florentiner Buchhändler hatten wir wieder und wieder Michelangelos *David* angestaunt. Im Palazzo Vecchio an der Piazza della Signoria hatten wir die *studiola*, die »Arbeitsräume« Francescos de Medici besichtigt. Die Festung Palazzo Strozzi hatte uns die Medici nahe gebracht. Als wir durch die engen Gassen von Florenz gewandert waren, mit ihren einförmigen gelben Häusern, den verblichenen antiken Fresken, ihren Ausblicken auf den Arno, hatten wir stets die Gegenwart der Medici gespürt. Ihr Schatten war überall – in Santa Croce und im Dom, in Giottos Campanile, in all den Schreinen und Nischen, den Kreuzgängen und Mönchszellen, den Kapellen und Palästen dieser unglaublichen toskanischen Stadt. In Florenz, in der Via Vente Settembre, betrieb der reizende Signor Cesare Olschki sein Antiquariat. In seinem Geschäft, das er uns so bereitwillig öffnete, kauften wir viele der Bücher, die die Medici wieder zum Leben erweckten.

Jetzt, Ende der sechziger Jahre, stellten wir sie alle zusammen, insgesamt über dreihundert. Aldus Manutius der Jüngere hatte eine Lebensbeschreibung des ersten Großherzogs der Toskana, Cosimo I. de Medici, verfasst, und wir fanden es passend, dieses Werk als Höhepunkt unseres Katalogs zu präsentieren. Es war das erste Buch, das in der Bologneser Filiale des Hauses Aldine gedruckt worden war. Außerdem enthielt unser Katalog Festreden von Freunden wie von Schmeichlern zu Medici-Geburten und -Todesfällen, von Vasaris Bericht über die Feierlichkeiten aus Anlass der Taufe von Francesco de Medicis Tochter im Jahre 1567 bis zu Traueransprachen zum Tode von Cosimo I. de Medici 1574. Es gab Bücher zur Geschichte der Medici und ihres Stadtstaates aus dem sechzehnten Jahrhundert und ein prächtiges Porträt-Buch aus dem achtzehnten Jahrhundert mit ganzseitigen Stichen von 104 Medici *illutrissimi*. Auch die Bullen, die Papst Leo X. erlassen hatte, fanden sich in unserer Sammlung, denn Leo X. war ein Medici, der Sohn Lorenzos des Großen. Ein Bericht über einen Karnevalsumzug am Hofe der Medici in Florenz am Fastnachtsdienstag 1565 gehörte dazu, und obwohl wir selten Autographen verkauften, nahmen wir auch einen Brief darin auf, den Katharina de Medici in ihrer Eigenschaft als Königinmutter Frankreichs unterzeichnet hatte. Wir fügten sogar eine illustrierte, zweibändige Ausgabe von George Eliots *Romola* hinzu, gebunden in weißes Velin mit roter und goldener Prägung. Dieser historische Roman war nach dem Florenz-Aufenthalt der Autorin im Jahre 1860 entstanden, 1890 war er in Boston als Luxus-Geschenkausgabe nachgedruckt worden, und 1902 hatte meine Mutter ihn als Hochzeitsgeschenk erhalten. Wir fanden, dass er als Teil unserer Medici-Bestände gut aufgehoben sei.

Viele große Namen zierten diese Sammlung – Autoren, die die Medici oder deren Reich in ihren Büchern verewigt hatten: Boccaccio, dessen *Decamerone* aus Geschichten bestand, die zur Zeit der Pest in Florenz, 1348, erzählt worden sein sollen, ein Werk, das unter der Schirmherrschaft des Großherzogs der Toskana herausgegeben worden war, Aretino, dessen Geschichte der Stadt Florenz Aufstieg und Einfluss der Medici beschrieb, Michelangelo der Jüngere, der Neffe des großen Künstlers, der 1621 in der Kirche Santa Croce eine Trauerrede auf Cosimo II. de Medici gehalten hatte. Wir nahmen auch Cellinis Autobiographie zu unseren Medici-Büchern hinzu, denn die Medici waren seine Mäzene. Zu Cellinis *Vita* kamen seine Schriften zur Kunsttheorie und über die Meisterwerke, die er für die Medici geschaffen hatte. Vasari, der Cosimos »rechte Hand in allen Fragen der bildenden Kunst«

gewesen war, war mit der ersten illustrierten Ausgabe seines Buches *Leben der ausgezeichnetsten Maler, Bildhauer und Baumeister* vertreten, passenderweise dem großen Kunstmäzen Cosimo gewidmet. Die Florentiner Dichter standen den Medici in all ihrer Pracht zur Seite: Dante mit einer Aldine-Ausgabe von 1515, umhüllt von einem goldgeprägten Grolier-Kalbsledereinband, Petrarca, dessen Ruhm die ganze Toskana überstrahlte, mit einer hübschen Ausgabe von 1539 mit seinem lorbeerbekränzten Porträt auf der Titelseite. Macchiavelli war mit seinem *Fürst* vertreten, der List und Verschlagenheit der Medici-Herrschaft rechtfertigte, und auch Savanarola, der Mönch und Prediger, der mitten während der Glanzzeit von Lorenzo de Medici den Untergang des Hauses prophezeit hatte, war mit einer Ausgabe seiner Psalmenauslegungen enthalten.

Ende 1969 folgten unsere Medici unseren Aldines an die University of Texas. Wir hatten jetzt vier Sammlungen *en bloc* verkauft. Das hatte uns insgesamt ungefähr 125000 Dollar brutto eingebracht. Auch wenn ein stattlicher Anteil davon an den Steuereintreiber ging, blieb doch auch eine beträchtliche Summe für uns übrig. Für die beiden Bücherladys aus der Bronx war es an der Zeit, ihre Adresse und ihr Domizil zu wechseln.

Unser Umzug hatte schon lange in der Luft gelegen. Die steigende Kriminalität des Viertels bedrohte das hübsche Haus. Die geräumige Veranda zur Straße hin und die Terrassentüren im Esszimmer waren allzu einladend. Der Garten nach hinten und die Hecken vorne litten regelmäßig unter den Attacken zerstörungswütiger Jungen. Auch der Alterungsprozess setzte dem Haus zu: Es wurde immer schwerer, gegen zerborstene Rohre, abblätternde Farbe, zerbrochene Fensterrahmen und das undichte Dach anzukämpfen. Wenn wir selbst uns auch extrem mobil fühlten mit unserem Auto, das in der Gasse neben dem Haus allzeit bereitstand, konnten wir die Bemerkungen von Freunden und Kunden doch nicht überhören. Wir wären so weit »außerhalb«, klagten sie, so schwer zu erreichen.

Schon seit drei Jahren hatten wir immer wieder halbherzige Versuche unternommen, besser erreichbar zu werden. Aber jedes Mal, wenn ein Makler uns ein Apartment oder ein Stadthaus in Manhattan gezeigt hatte, waren wir hinterher erleichtert in unser geräumiges Haus in der Bronx zurückgekehrt. Wo sonst hätten wir so viel Platz für unsere Bücher und für uns selbst? Wo sonst hätten wir es so gemütlich? Wo sonst sollten wir eine andere, ebenso geliebte Haushälterin finden? Wir wussten, dass Babette nach Deutschland zurückkehren würde, sobald wir auszögen. Ihr Herz hing an dem Haus, genau wie unseres. Nun würde es verkauft und höchstwahrscheinlich abgerissen werden, die Andenken an die Vergangenheit würden ausgelöscht werden, bis auf die, die wir im Herzen trugen.

1969 zogen wir schließlich nach Manhattan. Ein fürsorglicher und beharrlicher Makler hatte eine schöne Genossenschaftswohnung in Carnegie Hill für uns gefunden, zwischen der Madison und der Park Avenue. Zugleich bezogen wir ein kleines Büro an der East Eighty-sixth Street. Als der Umzug abgeschlossen war, fragte eine Freundin, ob Leona das Haus in der Bronx noch vermisse, wo sie doch jetzt so ein wunderschönes Downtown-Apartment habe. »Natürlich vermisse ich es.« – »Aber was vermisst du denn überhaupt?« »Das schöne Treppenhaus«, antwortete sie. »Ich vermisse mein Zuhause.«

Nüchtern betrachtet gab es jedoch außer Kindheitserinnerungen tatsächlich nichts zu vermissen. Die Bronx hatte sich verändert, und im Grunde passten wir nicht mehr in dieses Viertel. Als wir uns schließlich fertig eingerichtet hatten, versandten wir am 4. Dezember 1969 eine Mitteilung an unsere Kunden, die besagte, dass die Bücherladys aus der Bronx umgezogen waren. Aber aus Sorge, dass der Hausbesitzer etwas gegen unsere Geschäftstätigkeit einzuwenden haben könnte, formulierten wir unsere Benachrichtigung äußerst geheimniskrämerisch, wir erwähnten darin nicht einmal das Wort »Bücher« und schlossen mit dem Hinweis: »Termine nur nach Vereinbarung.« Dieses kleine Anhängsel ließ bei einigen Leuten die Augenbrauen in die Höhe schnellen. Unsere unschuldige Karte gelangte irgendwie auch bei dem nicht so sehr an Büchern interessierten Teil der Bevölkerung in Umlauf, und eines Abends, zu später Stunde, rief uns ein Kartenempfänger aus dieser Gruppe an. Er sprach mit ausländischem Akzent und fester Stimme. »Ich finden eure Karte in Flughafen Boston«, sagte er. »Ich möchte Termin.« Erfreut darüber, dass unser Ruf inzwischen auch auswärtige Flughäfen erreicht hatte, waren wir zugleich doch ein bisschen erstaunt und fragten: »Was ist denn Ihr Spezialgebiet?« »Mein Spezialgebiet?« »Ja«, fragten wir unbeirrt, »was sammeln Sie?« Jetzt war *er* verwirrt, und bevor er auflegte, fragte er ziemlich wütend: »Sagt mal, Ladys, was macht ihr eigentlich?«

Was wir machten, nach dem Umzug nach Manhattan, war dasselbe wie zuvor in der Bronx: entdecken und einkaufen in Übersee, herumschnüffeln und recherchieren, schreiben und katalogisieren, Sammlungen aufbauen und verkaufen. Die Aufregungen, die unsere Entdeckungen mit sich brachten, verschafften uns tiefe innere Befriedigung. In einigen wenigen Jahren sollten sich diese Aufregungen noch intensivieren, und wir beide rückten stärker in den Blickpunkt der Öffentlichkeit. Im April 1972 wählte die Antiquarian Booksellers Association of America eine neue Präsidentin namens Leona Rostenberg.

♘ *Unsere zwei Doppelleben* ♞

LEONA Mir war wohl bewusst, dass dies erst das zweite Mal in dreiundzwanzig Jahren war, dass eine Frau in das hohe Amt der Präsidentschaft gelangte. Ich wollte sicherstellen, dass das auch allen Mitgliedern klar war, und darum gab ich in meiner Antrittsrede einen kurzen Überblick über die Rolle der Frauen in der fünfhundertjährigen Geschichte des Buchdrucks und des Antiquariatsbuchhandels. War nicht eine Frau – so erinnerte ich meine Wählerschaft sanft – verantwortlich gewesen für die Erfindung des Buchdrucks mit beweglichen Lettern? Hatte der alte Johann Gutenberg sich nicht von seiner Mutter das Geld geliehen, um sein großes Experiment starten zu können? Und waren im Laufe der Jahrhunderte Frauen nicht auf allen Gebieten des Buchdrucks, des Verlagswesens und des Buchhandels tätig gewesen, oft als Gehilfinnen oder Erbinnen ihrer Ehemänner und manchmal auch auf eigenen Füßen stehend? In meiner Studie über Verlagswesen, Buchdruck und Buchhandel im England des siebzehnten Jahrhunderts nahm die Laufbahn der produktiven englischen Verlegerin Anne Baldwin breiten Raum ein, und meine Geschäftspartnerin hatte einer faszinierenden amerikanischen Verlegerin des neunzehnten Jahrhunderts, Mrs. Frank Leslie, ein ganzes Buch gewidmet. Jetzt, im zwanzigsten Jahrhundert, standen wir, Frauen und Männer der Buchbranche, doch auf der gleichen Stufe, oder? Natürlich gab es Ausnahmen. Am verdrießlichsten war die Tatsache, dass die angesehenste Vereinigung von Bibliophilen, der Grolier-Club, noch keine Frauen zuließ. Dennoch, wo es Freiheit und Brüderlichkeit gab, da musste es früher oder später auch Gleichheit geben. Das würde eines meiner Ziele sein für eine Branche, die sich dem Erwerb und dem Vertrieb von Büchern widmete, zur Freude und zum Nutzen der Menschen – Männern wie Frauen.

Die feministischen Absichten, die ich in meiner Antrittsrede äußerte, wurden eher subtil und mehr oder weniger implizit in die Tat umgesetzt. Die Tatsache, dass ich eine Frau war, wurde von mir nicht zu stark betont, denn was ich erreichen wollte, war nicht bloße Akzeptanz, sondern vollkommene Gleichberechtigung. Die Methode scheint funktioniert zu haben. Mein »Regime« war die meiste Zeit ein sanftes.

Der Höhepunkt meiner Amtszeit ereignete sich in einer weit entfernten Stadt, fast auf der anderen Seite des Globus – in Tokio. Dort wurde im Herbst 1973 der alle zwei Jahre stattfindende Kongress der International League of Antiquarian Booksellers (Internationale Vereinigung der Antiquariatsbuchhändler) abgehalten, veranstaltet vom japanischen Verband. Als ich davon erfuhr, reagierte ich mit einer Mischung aus Aufregung, Angst und Eifer. In dem Wissen, dass beim Abschiedsbankett von jedem Präsidenten oder jeder Präsidentin eines nationalen Verbandes eine Dankesrede erwartet wurde, bemerkte ich gegenüber Madeleine beiläufig: »Ich wünschte, ich könnte meine Rede auf Japanisch halten.«

Ich hätte es besser wissen sollen. Das Mädchen, das 1943

Rostenberg-Firmenpapier hatte drucken lassen, überreichte mir 1973 wieder ein Überraschungsgeschenk: vier Langspielplatten mit vierzig Lektionen *Lebendiges Japanisch*. Ich hatte das Briefpapier damals nicht vergeuden dürfen. Nun durfte ich die Schallplatten nicht vergeuden. Während unserer Sommerferien in East Hampton saß ich auf der Terrasse und lauschte den *dóozos* und *arigatos* und *konichi was*, und wenn ich auch nach sechs Wochen noch nicht, wie verheißen, fließend sprechen konnte, war ich doch in der Lage, eine kurze Rede auf Japanisch zu schreiben – oder darin, was ich für Japanisch hielt. Mady war nicht so überzeugt. Auf ihren Vorschlag hin probierte ich meine Ansprache vor den beiden liebenswürdigen Besitzern eines asiatischen Kramladens in der Fiftyseventh Street aus. Sie waren höflich erfreut, merkten allerdings an, dass die Rede im Japanisch des neunzehnten Jahrhunderts geschrieben sei. Mady war besorgt. Nachdem wir uns auf die lange Reise begeben hatten, beschloss sie, dass meine Komposition einen zweiten Testlauf benötigte. In Tokio lauschte ein auf Orientalia spezialisierter Buchhändler aus San Francisco meinem Vortrag, strich die übrig gebliebenen altertümlichen Wendungen, verbesserte den Satzbau und erteilte schließlich, verbunden mit Zuspruch und Ermutigungen, das Imprimatur.

Dem Abschlussbankett waren nicht nur der Kongress, sondern auch Exkursionen zu den Schreinen von Nikko und Nara, den Palästen Kyotos und der großen Bibliothek von Tenri vorausgegangen. Wir hatten in dem wunderhübschen Restaurant Hanya Yen gegessen und heißen Sake getrunken, Kimono- und Teezeremonien erlebt und uns in Tokios Buchhändlerviertel, der Kanda, umgesehen. Nun kam der krönende Abschluss des Kongresses, das Gala-Bankett im eleganten Hotel Imperial. Der Bankettsaal strahlte im Glanz der herrlichen

Kimonos und Obis der japanischen Frauen. Zum ersten Mal war es den Ehefrauen der asiatischen Buchhändler gestattet, an einer derartig bunt gemischten Versammlung teilzunehmen, und ihre Schüchternheit war ebenso auffällig wie die Schönheit ihrer Kleidung. An den Tischen saßen die Besucher aus aller Welt neben den Japanern. Ich war auf dem Podium, zusammen mit all den anderen ausländischen Präsidenten, während Mady, wie ich sah, an einem Tisch platziert worden war, an dem hauptsächlich Japaner saßen. In Japan war es Sitte, die Ansprachen vor, nicht nach dem Essen zu halten. Vielleicht waren sie der Ansicht, dass leere Mägen der Aufmerksamkeit zuträglicher waren als übersättigte. Einer nach dem anderen, in alphabetischer Reihenfolge der englischen Namen ihrer Länder, erhoben sich die Präsidenten – alles Männer – und hielten langweilige Reden, jeder in seiner Sprache. Belgien folgte auf Österreich, Deutschland und Großbritannien folgten auf Frankreich, ihrerseits gefolgt von Italien, den Niederlanden, Norwegen, Schweden und der Schweiz. Auf Französisch und Deutsch, Englisch und Italienisch, Schwedisch und Schweizerdeutsch folgte eine Dankesfloskel auf die andere. Die Japaner an Madys Tisch und überall im Saal gingen offensichtlich vor Langeweile ein, unfähig, ein einziges Wort zu verstehen. Mägen rumorten. Endlich kam die Aufforderung: »The United States of America.« Ich war die Letzte, die sprechen sollte. Last but not least.

In dem Augenblick, als ich meinen Mund auftat, erwachte der ganze Saal. Madys Tisch – wo die Japaner eben noch allesamt geschlummert hatten – begann zu applaudieren, und von da an hörten sie wie gebannt zu. Ich sprach das Publikum so taktvoll an, wie ich konnte, charmant, prägnant und auf Japanisch. Als ich meine Ausführungen über die Gastfreundschaft des Ostens gegenüber dem Westen beendet hatte, erwachte das Abschlussbankett zum Leben. Der Applaus glich einem Orkan. Der Bruder des Kaisers, der Prinz, erhob sich und verneigte sich tief vor mir. Ich, die amerikanische Präsidentin und Spezialistin für europäische Bücher, hatte eine Rede auf Japanisch gehalten und damit sozusagen die Bedeutung des Internationalismus auf den Punkt gebracht. Das Tüpfelchen auf dem i war, dass die Sprecherin zufällig eine Frau war.

Für besagte amerikanische Präsidentin war 1973 ein *annus mirabilis*. Im selben Jahr wurde mir endlich der Titel einer Doktorin der Philosophie verliehen, der mir so lange verwehrt geblieben war. Die Zeitschrift *AB Bookman's Weekly* schrieb: »Dr. Leona Rostenberg: Columbia University korrigiert sich selbst.« Und in einem Glückwunschschreiben hieß es: »Ich bin der Ansicht, dass die Glückwünsche genau betrachtet eigentlich der Columbia University gebühren – dafür, dass sie sich als so selten vernünftig erwiesen hat.«

Die Korrektur hatte mit der Ausgabe der *Columbia Reports* vom Juni 1972 ihren Lauf genommen. Unter der Überschrift »Neuer Titel soll auch rückwirkend gelten« stand ein Artikel des Dekans Richard C. Robey, der mit den Worten begann: »Die Columbia University wird in Kürze einen neuen, ›mittleren‹ akademischen Grad für Studierende einrichten, die alle Prüfungen für das Doktorat abgeschlossen haben, bis auf die Dissertation.« Der Artikel wies zudem darauf hin, dass »anstelle einer Dissertation mehrere originäre wissenschaftliche Publikationen zusammen« eingereicht werden könnten. Mady wurde immer aufgeregter. Ich selbst blieb unbeeindruckt. So viele Jahre waren seit der Ablehnung meiner Dissertation vergangen, dass ich das Interesse, die ganze Sache noch weiterzuverfolgen, längst verloren hatte. Abgesehen davon – was hätte ich denn davon, wenn ich diesen Titel bekäme? Die einzigen Menschen auf der Welt, für die er wichtig gewesen wäre –

meine Eltern –, waren nicht mehr da, um sich darüber zu freuen. Und wer wollte schon einen »mittleren« Titel? Mir stand ein vollgültiger Titel zu. »Jawohl!«, rief Mady aus. »Und der steht dir noch immer zu. Das ist einfach eine Frage der Gerechtigkeit, und du *musst* das durchsetzen. Recht soll geschehen.«

Zögerlich schrieb ich einen Brief an Dekan Rodey und legte ihm meinen Fall dar: meine mündlichen Prüfungen, die ich »mit Auszeichnung« bestanden hatte, meine Dissertation »Der Einfluss der Straßburger Drucker auf den Humanismus und die Reformation« und deren Ablehnung durch Lynn Thorndike. Ich zählte meine seitdem veröffentlichten Schriften auf, bot an, sie anstelle einer Dissertation einzureichen, und erklärte meine Bereitschaft, meinen Antrag auf »diesen lange verspäteten Titel« mit ihm zu besprechen.

Beinahe umgehend begannen die Mühlen zu mahlen. Ein Gespräch mit dem Direktor des Historischen Seminars, Dr. Eugene Rice jun., verlief ermutigend. Columbia besaß bereits zwei Exemplare von jeder meiner Publikationen, benötigte aber fünf. Außerdem würde ich meine Publikationen verteidigen müssen, genauso, wie ich meine Dissertation hätte verteidigen müssen, vor einer Kommission aus fünf Weisen der Universität. Die Verteidigung fand am 12. März 1973 in Fayerweather Hall statt, wo ich so viele Seminare besucht und so viele Vorlesungen gehört hatte. Meine Gefühle waren gemischt: Es war bewegend, an die Stätte der *temps perdu* zurückzukehren, ich brannte inzwischen darauf, mir Gerechtigkeit zu verschaffen, ich wollte den Titel. Als die ausführliche Befragung beendet war, wurde ich gebeten, mich in den Aufenthaltsraum für die Studenten zurückzuziehen, um auf die Entscheidung der Kommission zu warten. Die jungen Leute dort beäugten mich mit beträchtlicher Überraschung und Amüsement, aber schon bald wurde ich in den Prüfungsraum zurückgeholt. Als ich eintrat, erhob sich die Kommission und begrüßte mich unisono: »Herzlichen Glückwunsch, Dr. Rostenberg.«

Ein Artikel über »Dr. Leona Rostenberg« in der *AB Bookman's Weekly*, Ausgabe vom 9. April, begann mit den Worten: »Ja, Virginia, es gibt Gerechtigkeit. Am Montag, dem 19. März, wurde Leona Rostenberg, Präsidentin der ABAA, von der Columbia University der Titel einer Doktorin der Philosophie verliehen.« Ich war zufrieden darüber, eine Aufgabe erfüllt, ein Unrecht korrigiert zu haben. Das Hochgefühl, das ich vor über dreißig Jahren empfunden hätte, stellte sich nicht ein. Es war eher Mady, die dieses Hochgefühl empfand. Ihre Freude kannte keine Grenzen. Sofort arrangierte sie eine grandiose Feier – eine Examensparty –, zu der um die hundert Gratulantinnen und Gratulanten kamen. Eine von ihnen schenkte mir ein richtiges Poesiealbum, gefüllt mit all den bekannten Sinnsprüchen und Lebensweisheiten, wie sie sich für eine junge Absolventin geziemen, von »In allen vier Ecken soll Glück drin stecken« bis »Erfahrung bezahlt man teuer, obwohl man sie gebraucht billiger haben kann«. Diejenigen, die nicht kommen konnten, schrieben mir – einige triumphierend, denn es sei »gut, einer Institution einmal eine Lektion zu erteilen«, andere sahen darin nicht nur eine persönliche Ehrung für mich, sondern für »unseren ganzen Berufsstand«, aber die meisten fragten sich einfach: »Wohin soll es noch gehen, wenn man schon oben ist?«

Als Erstes ging es zur feierlichen Zeugnisübergabe. Ich mietete mir einen Hut und einen Talar, und am 16. Mai marschierte ich in der akademischen Prozession zum Terrassenhof der Low Memorial Library. Die Sonne schien an diesem herrlich klaren Tag, keine Proteste gegen den Krieg überschatteten die akademische Welt. Nur der Watergate-Einbruch trübte den Himmel über der Nation. Nichts konnte meinen Himmel trüben, außer vielleicht der Gedanke, dass das alles ein bisschen spät kam. Aber eine Doktorin der Philosophie, so ermahnte ich mich selbst, sollte doch bitte schön auch wirklich eine Philosophin sein.

MADELEINE   Seit vielen Jahren führte ich nicht nur ein doppeltes, sondern ein in sich verflochtenes Leben. Mein Leben für seltene Bücher war eng verbunden mit meinem Leben als Schriftstellerin, manchmal wurde das Letztere sogar von Ersterem beeinflusst. Ende der fünfziger Jahre verbrachte ich einen Großteil meiner Zeit mit der Arbeit an einem Buch, zu dem mich eine Kundin von uns, die feministische Sammlerin Miriam Holden, angeregt hatte.

Miriam war durch einen Telefonanruf in unser Leben getreten. Sie hatte einige Bücher aus unserem Renaissance-Katalog – die 1539 erschienenen Gedichte von Vittoria Colonna sowie die Briefe und Reden von Cassandra Fedele – angefordert, Bücher, die die Stellung der Frau im sechzehnten Jahrhundert beleuchteten. Und dann hatte sie gefragt: »Übrigens, ist die Madeleine Stern, die mit Ihrer Firma verbunden ist, dieselbe Madeleine Stern, die Biographien über Margaret Fuller und Louisa Alcott geschrieben hat?« Diese Frage und die Antwort darauf ebneten den Weg für eine dauerhafte Verbindung. Ich lieh mir beinahe genauso oft Bücher aus ihren Regalen aus, wie sie welche bei uns kaufte. Eines Tages sagte Miriam zu mir: »Wir brauchen ein gutes Buch über Frauen, die in unserem Land Pionierinnen im Berufsleben waren.« »Natürlich«, pflichtete ich ihr sofort bei. »Sie strebten nach ökonomischer Unabhängigkeit – dem Rückgrat der Frauenbewegung.«

Das war der Ausgangspunkt eines Buches, das dann *Wir, die*

Frauen: Berufseinsteigerinnen im Amerika des neunzehnten Jahrhunderts heißen sollte und das ich selbstverständlich Miriam widmete, »die vorgeschlagen hat, dieses Buch zu schreiben … und deren großartige Bibliothek mit Büchern von und über Frauen dazu beigetragen hat, es zu vollenden«. Ich versammelte darin zwölf Biographien von Frauen, die die Gleichberechtigung in die Tat umgesetzt hatten, indem sie Berufe und Branchen, Künste und Wissenschaften eroberten, die ihnen zuvor verschlossen waren: die ersten amerikanischen Frauen in der Architektur und im Justizwesen, in der Zahnmedizin und der Chemie, die ersten Innenarchitektinnen und Börsenmaklerinnen. Margaret Fuller hatte geschrieben: »Lasst sie meinetwegen Schiffskapitäninnen werden«, und meine Frauen hatten sie beim Wort genommen.

Im Unterschied zu Margaret Fuller und Louisa May Alcott waren die Protagonistinnen von *Wir, die Frauen* zum größten Teil vollkommen übersehen worden. Ihre Lebensläufe und Karrieren zu erforschen erforderte daher oft die Fähigkeiten eines Sherlock Holmes. Er kam mir häufig zu Hilfe, insbesondere im Fall der ersten amerikanischen Augenärztin, die zufällig auch die erste stenographische Reporterin war, die aus den Kongressausschüssen berichtete. Ich kannte ihren Namen, Isabel C. Barrows, aber sehr viel mehr wusste ich nicht über sie. Die Presse des neunzehnten Jahrhunderts hatte ihr offensichtlich nur spärliche Aufmerksamkeit geschenkt. Und doch musste es über eine Frau, die auf zwei so wichtigen Gebieten die erste gewesen war, Aufzeichnungen geben. Holmes und ich waren entschlossen, ihnen auf die Spur zu kommen.

Ein Faktum, das ich ausgraben konnte, war, dass sie aus Vermont stammte, ein anderes war der Name ihres Ehemannes: Samuel June Barrows. Der Name »June« war für einen Mann ungewöhnlich, und ich erinnerte mich plötzlich an einen anderen Mann mit diesem Namen. Im Zusammenhang mit Recherchen für ein früheres Buch hatte ich einmal Kontakt zu einem June Barrows Mussey gehabt, ebenfalls aus Vermont. Da konnte, da musste es eine Verbindung geben! Sherlock lotste mich weiter, und ich spürte Mr. June Barrows Mussey auf, der mittlerweile nicht mehr in Vermont, sondern in Düsseldorf, Deutschland, lebte. Hatte er, fragte ich ihn, je von Isabel, der Frau von Samuel June Barrows, gehört?

Er antwortete überraschend schnell. Mr. Mussey hatte in der Tat von Isabel Barrows gehört. Sie war seine Großmutter. Und mehr als das: Sie hatte ihre Autobiographie geschrieben – die unveröffentlicht geblieben war –, und er besaß einen Durchschlag des Typoskripts. Ob ich ihn haben wolle? Zehn Tage später lag das umfangreiche Dokument mit dem Titel »Strohhalme. Memoiren aus dreimal zwanzig Jahren« auf meinem Schreibtisch. In der Datumszeile stand Washington, D. C., 23. Februar 1908. Es wurde eine meiner wichtigsten Quellen für meine Wiederbelebung einer Frau, die sich von Vermont nach Washington, von New York nach Boston und Wien, von Indien nach Russland bewegt hatte – einer Frau mit vielen Leben, die gleich in zwei Berufen Pionierin war, deren Leben auf einer Farm in Vermont begonnen hatte und bei dem Versuch, im zaristischen Russland einen Gefangenen zu retten, endete. Der Zufallsfund der »Strohhalme« wurde mein Verbindungsglied zur Vergangenheit, meine Quelle für die Rekonstruktion eines Lebens.

Auch andere Lebensläufe in *Wir, die Frauen* wurden mit Sherlocks Hilfe rekonstruiert. Die erste amerikanische Zahnärztin, Lucy Hobbs Taylor, machte 1866 ihr Examen an der Zahnmedizinischen Hochschule von Ohio in Cincinnati, als einzige Frau in einem Jahrgang mit neunzehn Studenten. In der akademischen Abschiedsrede an die »Herren Absolventen« wurde sie vollkommen übergangen. Aber ihr wurde eine Urkunde überreicht, die ein historisches Dokument war, hielt sie doch den ersten Eintritt einer Frau in diesen Berufsstand fest. In der Kansas State Historical Society fand ich diese Urkunde – ein Dokument, das für die Biographin der Zahnärztin fast ebenso bedeutend war wie für die Zahnärztin selbst. Das Abschlusszeugnis dieses »jungen Mädchens, das seine Weiblichkeit so weit verleugnet hat, dass es Zahnmedizin studieren wollte«, war der Schlusspunkt ihres langen Kampfes um die Zulassung zur Zahnmedizinischen Hochschule. Es hatte die Praxis der »Frau, die Zähne zieht«, geschmückt.

Taylors Kampf um eine zahnmedizinische Ausbildung spiegelte sich in Ellen Richards' Kampf um die Zulassung am Massachusetts Institute of Technology, ein Kampf, dessen Dramatik durch die Entdeckung der Sitzungsprotokolle der Institutsgremien erst richtig lebendig wurde. Richards, eine Pionierin des Umweltschutzes, die sich ganz dem Dreieck widmen sollte, auf dem alles Leben beruht – Luft, Wasser, Nahrung –, hatte sich früh entschlossen, Chemie zu studieren, und nach ihrem Abschluss am Vassar College hatte sie sich als außerordentliche Studentin am MIT beworben. Die Geschichte ihrer Bemühungen ist in den Sitzungsprotokollen dieser Institution festgehalten. Am 3. Dezember 1870 wurde »die Frage der Zulassung weiblicher Studenten auf die nächste Sitzung vertagt«. Obwohl die Mitglieder des Lehrkörpers der Ansicht waren, »dass die Zulassung von Frauen als außerordentliche Studenten zum jetzigen Zeitpunkt noch den Charakter eines Experiments hat«, nahmen sie die Bewerberin in der darauf folgenden Woche an, unter der Bedingung, dass deren Zulassung keinen Präzendenzfall für die Zukunft darstellen dürfe. Meine Chemikerin kümmerte das nicht. Sie hatte »die Chance, etwas zu tun, was noch keine Frau je getan hatte …

die erste Frau zu sein, die auf das Massachusetts Institute of Technology ging und damit auch, soweit ich weiß, die erste Frau überhaupt an einer naturwissenschaftlichen Hochschule« war. Die Protokolle der Fakultätssitzungen vom 3. und 10. Dezember 1870, die noch immer im MIT aufbewahrt werden, wurden wichtige Dokumente für *Wir, die Frauen*.

Wir, die Frauen, das Ende 1962 erschien – kurz vor Betty Friedans einflussreichem Buch *Der Weiblichkeitswahn oder Die Selbstbefreiung der Frau* –, war der Vorläufer eines Feminismus, der dann in den sechziger Jahren einer von vielen »Ismen« wurde, der Anhängerinnen und Anhänger fand. Meine eigenen literarischen Beiträge zu dieser außergewöhnlichen Dekade waren zwei vollkommen unterschiedliche Bücher. In *Der Pantarch: Eine Biographie Stephen Pearl Andersons* ging ich den Ab- und Umwegen eines exzentrischen Reformers aus dem neunzehnten Jahrhundert nach, der sich gegen jede Einschränkung individueller Freiheit gewandt hatte. Der Gegner der Sklaverei und Fürsprecher der freien Liebe versuchte die texanischen Sklaven beinahe im Alleingang zu befreien und gründete auf Long Island eine Kommune souveräner Individuen, er machte Wahlkampf für die Präsidentschaftskandidatur der verführerischen Victoria Woodhull, erfand eine Universalsprache und hielt endlose Reden vor dem Manhattan Liberal Club. Als Mann, für den nur seine eigene Zeitrechnung galt, hätte er sich in den Sechzigern sehr wohl gefühlt.

Meine zweite Antwort auf diese verrückte Dekade war ein Buch über eine Firma von Phrenologen, die auch Verleger waren: *Köpfe und Kopfzeilen: Die phrenologischen Fowlers*. Meine Fowlers waren ebenfalls souveräne Individuen, die das delphische Evangelium predigten: Kenne dich selbst. Jedem, der zu ihnen kommen wollte, vermittelten sie Selbsterkenntnis durch Phrenologie, Vermessungen des Schädels zur Bestim-

mung der Fähigkeiten des Gehirns. Walt Whitman, der zeitweilig für die Fowlers arbeitete, war für ihre phrenologischen
Ansichten und Lehren ausgesprochen empfänglich. Als wissenschaftliches System fanden einige die Phrenologie attraktiv, andere abstoßend. Gewiss wäre es für die extravagante
Generation der 1960er attraktiv gewesen. Wenn es nur ge-
stimmt hätte, wäre es für uns alle attraktiv gewesen.

Im Zusammenhang mit den Fowlers machte ich eine weitere
aufregende Entdeckung: nichts Geringeres als das erste Buch
mit Daguerreotypien des Fotografen, der Mr. Lincolns Kame-
ramann werden sollte, des berühmten Mathew Brady. Das
Buch, das 1846 erschienen war, hieß *Ursachen des Verbrechens*
und war die illustrierte, kommentierte amerikanische Ausgabe einer englischen Publikation über die phrenologische In-
terpretation des Strafrechts. Die Phrenologen interessierten
sich sehr für das Verbrechen, glaubten sie doch, dass die Entdeckung krimineller Tendenzen eines Subjekts den potenziellen Verbrecher von seinem bösartigen Tun abbringen könnte.
Kriminelle Neigungen könnten, wie jede andere schlechte Eigenschaft auch, überwunden werden. Diese Ansicht passte
gut zum amerikanischen Optimismus im neunzehnten Jahrhundert und vergrößerte zweifellos auch die Kundschaft, die
in Scharen zum Firmensitz der Fowlers an der New Yorker
Nassau Street strömte, um ihre Schädel vermessen zu lassen.

Es war selbstverständlich für Lorenzo Fowler, dass er bei der
Erstellung der amerikanischen Ausgabe der *Ursachen des Verbrechens* selbst eine aktive Rolle spielen würde. Er war es, der
einige der Strafgefangenen, die auf Blackwell's Island einsa-
ßen, für die Fallstudien auswählte. Es war selbstverständlich
für Eliza Farnham, das Buch herauszugeben, denn sie war Vor-
steherin des Frauengefängnisses Sing Sing und eine über-
zeugte Anhängerin der Phrenologie. Als ich die *Ursachen des*

Verbrechens in der New York Public Library studierte, schlug ich zuerst Farnhams »Einführendes Vorwort« auf, in dem sie die Hilfe Mr. Fowlers und des Zeichners Edward Serrell würdigte. Als ich weiterlas, erwachte mein Fingerspitzengefühl*. »Ebenso wenig darf ich es versäumen … Mr. Brady zu erwähnen, dessen unermüdlicher Geduld mit einer Gruppe der schwierigsten aller Modelle wir den Vorzug sehr getreuer Daguerreotypien verdanken.« Mr. Brady! Konnte dies möglicherweise die früheste, bislang noch nicht identifizierte Arbeit des Mr. Brady sein, der mit Vornamen Mathew hieß? Es gab keinen Zweifel daran, dass die neunzehn Daguerreotypien großartig waren: der irische Landstreicher, der Mestize, der große oder kleine Dieb – sie alle wirkten ebenso lebendig wie verzweifelt.

Nun mussten Recherchen das Fingerspitzengefühl* unterfüttern. Es war nicht schwierig herauszufinden, dass der einundzwanzigjährige Mr. Brady – Mr. Mathew B. Brady – im New Yorker Adressverzeichnis 1844/45 mit einer »Daguerre'schen Miniaturen-Galerie« am Broadway Nr. 207, Ecke Fulton aufgeführt war. Die Ecke Fulton und Broadway lag nicht weit von der Nassau Street entfernt, wo die Gebrüder Fowler Schädel vermaßen. Der junge Daguerreotypist musste sich von dem phrenologischen Kabinett angezogen gefühlt haben, er interessierte sich für die Neuerungen eines Strafvollzugs, der Verbrechen als vermeidbar ansah. Es gab keinen Zweifel daran, dass der junge Mathew Brady mit seiner schwerfälligen Kamera und seinen mit Silber beschichteten Kupferplatten nach Blackwell's Island übergesetzt hatte und sich dort in »unermüdlicher Geduld mit einer Gruppe der schwierigsten aller Modelle« geübt hatte. Dort hatte er ausgezeichnete Porträts der Strafgefangenen geschaffen. Ihre Publikation in der amerikanischen Ausgabe der *Ursachen des Ver-*

brechens stellte den ersten öffentlichen Auftritt des ersten großen amerikanischen Fotografen dar. Mein Artikel im *Quarterly Journal of the Library of Congress* blies den Staub von den *Ursachen des Verbrechens* und gab den Blick auf Mathew Bradys früheste Arbeit frei. Er war das Ergebnis einer kurzen Danksagung in einem vergessenen Buch und eines Hauchs von Fingerspitzengefühl*.

Kurz bevor Mathew Brady seine »Daguerre'sche« Galerie am Broadway, Ecke Fulton eröffnete, starb in Paris ein achtzigjähriger Franko-Amerikaner. Mein Interesse an Joseph Nancrede rührte daher, dass er zwischen 1795 und 1804 in Boston Bücher geschrieben und verlegt hatte, die den amerikanischen Leserinnen und Lesern die revolutionäre französische Philosophie nahe brachten. Er war ein Bürger zweier Welten, hatte als junger Soldat in der amerikanischen Revolution gedient, in Harvard Französisch unterrichtet und das französisch-amerikanische Verständnis befördert. Für ein Buch über den französisch-amerikanischen Buchhandel wollte ich seinen Lebenslauf rekonstruieren, aber unglücklicherweise schien es an Originalquellen zu mangeln. Dann fiel mir ein, dass oftmals das Ende den Anfang erhellt. Vielleicht würde ein letzter Wille, ein Testament, die Beweggründe, Taten und Leistungen von Monsieur Joseph Nancrede erläutern. Und so war es. Sein Testament wurde in den Archives de Paris unter den »Déclarations des Mutations par Décès«, den »Verfügungen über den Besitz von Verstorbenen«, aufbewahrt. Es war auf den 15. Juni 1842 datiert, und darin fanden sich tatsächlich die Umrisse eines langen, reichen Lebens: sein Mobiliar, sein Silbergeld, seine Anlagewerte. In dem Testament waren auch die Objekte meiner Begierde erwähnt. Nancrede hatte seinem Freund Louis-Joseph Papineau, einem franko-kanadischen Exilanten in Paris, all seine Bücher und Papiere vermacht. Zu meinem

Glück erwies sich Louis-Joseph Papineau als getreuer Nachlassverwalter. Als sein Exil beendet war, war Papineau, wie ich herausfand, nach Kanada zurückgekehrt und hatte den größten Teil von Nancredes umfangreicher Korrespondenz mitgenommen. Wo hatte er das alles deponiert? Mein Briefwechsel mit kanadischen Handschriftenarchiven war extensiv, aber schließlich traf ich ins Schwarze. In den Public Archives of Canada, unter Papineaus eigenen Papieren, befanden sich alle Nancrede-Dokumente, nach denen ich gesucht hatte: seine Familienbriefe und seine Korrespondenz mit Druckern und Buchhändlern, mit denen er zu tun gehabt hatte, Schreiben von William Cobbett und Joel Barlow, Briefe von Staatsmännern und Regenten, von Timothy Pickering und John Jay, Lafayette, Bonaparte, Louis Philippe. Hier waren die Quellenmaterialien über ein Leben, die Steine, mit denen die Vergangenheit sich wieder aufbauen ließ.

LEONA   Was mich betraf, so lag mir noch immer die Kernthese meiner Doktorarbeit am Herzen, und ich war entschlossen, diese These als freie Wissenschaftlerin zu untermauern. Schließlich brachten mich die Druckvermerke vieler Bücher, die wir kauften, dazu, weitere Forschungen über den jeweiligen Verleger zu betreiben. Hatte er sie herausgebracht, weil sie seinen eigenen Ansichten entsprachen, wegen des finanziellen Gewinns oder beides?

1949 hatten wir von der angesehenen Londoner Firma Quaritch die Jahrgänge 1665 bis 1702 der monatlich erschienenen *Philosophical Transactions* der Royal Society erworben – sechsunddreißig wundervolle Jahre, in denen Newton und Boyle, Leeuwenhoek und Hooke die neuen Naturwissenschaften in England bekannt machten. Ihre Abhandlungen über das Licht und die Sehkraft, über Chemie und Biologie,

Bluttransfusion und Mikroskopie waren bahnbrechend. Ihre Entdeckungen wurden von John Martyn, Drucker der Royal Society, publiziert. Hatte er als Verleger die wissenschaftlichen Neuerungen seiner Zeit vorangetrieben?

John Martyn hatte, das war gewiss, mit den neuen Wissenschaftlern Umgang. Hooke stöberte in seinem Laden The Bell, und der Besitzer hielt sich diesen begierigen Käufer, aber langsamen Zahler warm. Martyn publizierte Hookes Meisterwerk *Micrographia*. Zweifellos war es diese Verbindung zu Hooke, durch die er zum Drucker der Royal Society wurde. Als Verleger all ihrer Mitglieder war er unmittelbar zuständig für die meisten Höhepunkte der Wiedererweckung der Naturwissenschaften. Ich beschloss, den Druck, Vertrieb und Verkauf dieser Werke sowie die Werbung für sie zu untersuchen. In unserem Bestand der *Philosophical Transactions* stieß ich auf John Martyns Kataloge und Bücherlisten, die Zeugnis für seine Spezialisierung auf die Naturwissenschaften ablegten. Ich folgte ihm durch die Pest und den Londoner Brand, untersuchte seine Karriere beim Verlag der Stationer's Company, studierte seine Werbeanzeigen und Gesuche in den *Philosophical Transactions*. Ich sah ihn mit den Augen seiner Zeitgenossen, deren Tagebücher ich las. In einem ausführlichen Artikel, der in den *Papers of the Bibliographical Society of America* erschien, erweckte ich diesen »prosperierenden Vertreter seiner Zunft« wieder zum Leben und legte dar, dass er, obwohl kein Wissenschaftler, durch seine Druckwerke zweifellos »die geistige und wissenschaftliche Entwicklung im England der Restauration stimuliert ... und ... dazu beigetragen [hat], der Nachwelt unauslöschliche Zeugnisse eines Zeitalters vielfältiger Experimente, großer Neugierde und von beneidenswertem Geist zu erhalten«.

Die neuen Naturwissenschaften hatten ihren Teil dazu beigetragen, den Puritanismus in England zu zerstören. Bevor der Geist der Erneuerung sich durchsetzte, erlebten jedoch die Kreuzzüge für die Alleinherrschaft des Glaubens mächtigen Zulauf. Der Erzpriester des Puritanismus in der ersten Hälfte des siebzehnten Jahrhunderts war William Prynne, beinahe krankhaft in seinem Streben nach Frömmigkeit. Seine Verachtung der Freuden des Lebens fand ihren Ausdruck in einem berühmten Buch, *Histio-mastix*, einer hitzigen Verdammung der Schauspieler. Publiziert wurde es 1633 von einem anderen standhaften Puritaner, Michael Sparke, selbst Verfasser eines Werkes mit dem passenden Titel *Brosamen des Trostes*. So wie Martyn die Naturwissenschaften befördert hatte, unterstützte Sparke den Puritanismus. Die damalige Königin von England, Henrietta Maria, die französische Gemahlin Karls I., verabscheute diesen Angriff auf die leichte Seite des Lebens. Die Königin hatte selbst Schauspieler aus Frankreich in ihr adoptiertes Land gebracht, und es dauerte nicht lange, bis die beiden Puritaner, Autor Prynne und Verleger Sparke, vor das Krongericht gestellt wurden, das Prynne zu lebenslänglicher Haft verurteilte. Alle Exemplare des *Histio-mastix* wurden verbrannt, wobei ihr Verleger neben dem Scheiterhaufen am Pranger stehen musste, umhüllt vom Gestank des Feuers. Als Konsequenz daraus erwies Sparke dem Verfasser des *Histio-mastix* seine Reverenz, indem er einen *Katalog der gedruckten Bücher, geschrieben von William Prynne … vor und während seiner Gefangenschaft* zusammenstellte und publizierte. Diese Kuriosität aus der Geschichte des Puritanismus erwarben wir auf einer Antiquariatsmesse in Boston; sie regte mich dazu an, die Biographie Michael Sparkes, dieses unnachgiebigen Moralisten, der mit seinen »schlichten und schmucklosen Quarto-Bänden« eine schlichte und schmucklose Doktrin predigte, in meine Galerie einflussreicher Verleger aufzunehmen.

Ein anderer Verleger, der mich sehr interessierte, war Nathaniel Thompson. Auch er wurde, genau wie Michael Sparke, dazu verurteilt, am Pranger zu stehen, aber aus genau dem entgegengesetzten Grund. Nathaniel Thompson aus der Fetter Lane war ein ebenso standhafter Katholik, wie Sparke Puritaner war, und betrachtete sich selbst als den Bewahrer des Glaubens. Von unseren alten Buchhändler-Freunden, den Gebrüdern McLeish in der Little Russell Street, kauften wir ein Exemplar des Buches *Der Prozess gegen Nathaniel Thompson … wegen des Schreibens, Druckens und Veröffentlichens von Verleumdungen*, erschienen 1682 in London. Wir sollten dieses Prozessprotokoll an die University of Sydney, Australien, verkaufen, aber vorher nutzte ich es als Hauptquelle für meinen Artikel über Thompson und die katholische Reaktion in England. Wie ich dem Drucker der Royal Society und dem puritanischen Eiferer nachgespürt hatte, so spürte ich nun auch dem papistischen Verleger nach – sie alle gehörten Minderheiten an, sie alle waren beharrliche Reiter von Steckenpferden, trotzige Streiter gegen Windmühlen, und ihre Waffe war das gedruckte Wort.

Als Frau repräsentierte Anne Baldwin in meinen Augen die interessanteste Minderheit, auch wenn ihr Impressum normalerweise »A. Baldwin« lautete, ganz im ambivalenten Stil von A. M. Barnard. Ihre Blütezeit fiel auf das Ende des Jahrhunderts; sie war die erste weibliche Verlegerin, deren Publikationen für »Recht & Freiheit« des Volkes stritten. Gewiss, sie hatte ihr Geschäft, das beim Oxford Arms in der Nähe der Warwick Road lag, von ihrem Ehemann geerbt, aber sie war stets weit mehr als dessen »Gehilfin« gewesen. Nach Richard Baldwins Tod wurde sie durch die Schriften, die sie herausbrachte, zu einer treibenden proletarischen Kraft. Antibourbonisch und antipapistisch gesinnt, publizierte sie

Druckwerke, die für die einfachen Leute Englands eintraten. Aus ihrer Druckerei floss ein steter Strom von Flugschriften und Büchern, die sich für die Verbesserung der Rechte der Seeleute und der Löhne der Kutscher einsetzten, die sich gegen ein stehendes Heer aussprachen und die Zustände in den Gefängnissen enthüllten.

Von 1709 bis 1710 erschien Anne Baldwins Impressum in einer Zeitschrift, *The Female Tatler*, herausgegeben von einer Mrs. Crackenthorpe, einer »Lady, die über alles Bescheid weiß«. Mrs. Crackenthorpe sollte später als Mary de le Rivière Manley identifiziert werden, über die Swift schrieb, sie sei »um die vierzig, sehr hausbacken und sehr fett« und habe ein erstaunliches Talent für Intrige und Verleumdung. Aber Anne Baldwin war jedes Mittel recht, auch *The Female Tatler*, um für soziale Gerechtigkeit in England einzutreten – so lange, bis die Zeitschrift, deren Herausgeberin und deren Verlegerin angeklagt wurden. Durch meine Recherchen bei der Stationer's Company in London und in der McAlpin Collection im Union Theological Seminary in New York nahmen der Lebenslauf der Anne Baldwin und ihr Kreuzzug für politische Freiheit in England Gestalt an. Meine Studie über sie folgte ihren Vorgängern in den *Papers of the Bibliographical Society of America*.

Mit der Zeit vermehrten sich meine Porträts englischer Drucker-Verleger-Buchhändler des siebzehnten Jahrhunderts, und als ich zwölf solcher Studien vollendet hatte, wurden sie zusammengestellt und in dem zweibändigen Buch *Literarisches, politisches, wissenschaftliches, religiöses und juristisches Verlagswesen in England, 1551–1700*, veröffentlicht.

In meiner Inbrunst, mit der ich Leben und Werken von Verlegern nachspürte, beschäftigte ich mich auch mit englischen Druckgrafik-Händlern, Verlegern von Porträt-Büchern und Werken über Kunst, mit den Landkarten- und Architektur-Verlegern des vom katastrophalen Brand heimgesuchten London – all jenen, die auf »meinem« Forschungsgebiet im England des siebzehnten Jahrhunderts die Kunst vertraten. Mein eigener Verleger, Burt Franklin aus New York, brachte 1963 mein reich illustriertes Buch *Englische Druckgrafik-Verleger* heraus. Burt war ein in jeder Hinsicht »großer« Mann. Er war ein unersättlicher Sammler von Büchern über Wirtschaft und zugleich Antiquariatshändler für dieses Spezialgebiet, ein zwanghafter Verleger von Büchern für Büchermenschen. Alles, was er tat, tat er in großem Maßstab. Er aß riesige Mengen, redete mit unermüdlicher Begeisterung, hatte hochtrabende Ideen. Er liebte es, den zahlreichen Reihen, die er herausgab, Bände hinzuzufügen. Mein Versuch zur Druckgrafik erschien als Nr. 42 der »Burt Franklin Bibliography and Reference Series«. Er war meinen Eltern gewidmet, »die erfreut gewesen wären«, enthielt ein Vorwort von A. Hyatt Mayor vom Metropolitan Museum of Art und wurde von der Kritik als »Beitrag von bleibendem Wert« begrüßt.

Der Verleger meines dritten Buches war das genaue Gegenstück zu dem üppigen Burt Franklin. Bob De Graaf war ein nüchterner Niederländer mit einer Leidenschaft für Bücher – für antiquarische, die er verkaufte, und moderne, die er verlegte. Einmal im Jahr verbrachten wir einen Tag in seinem Haus in der Nähe eines Kanals in Nieuwkoop, suchten Bücher aus seinen Regalen aus und genossen die Gesellschaft und die Kochkunst seiner Frau Emmy. Bei einem unserer Besuche erörterte ich meinen Plan zu einem Buch über Minderheitenverlage in England, einem Buch, das die Haltung Englands gegenüber religiöser Subversion während der Regentschaft Elisabeths I. und James' I. darstellen sollte. In jenen Tagen war Religion nicht nur gleichbedeutend mit Politik, sie *war* Politik. Abfall von der etablierten Kirche, ob katholisch oder puritanisch, war Häresie. Einmal mehr hatte ich mir vorgenommen, der Rolle des Verlegers und Druckers auf dem mehr oder weniger unerforschten Gebiet des Glaubens und Denkens von Minderheiten nachzuspüren. Das Ergebnis war mein Buch *Die Minderheitenverlage und die englische Krone: Eine Studie über Unterdrückung*, das 1971 bei B. De Graaf erschien.

Schon lange zuvor hatte ich erstmals mit einem aufregenden Beispiel für oppositionelle Drucktätigkeit zu tun gehabt. War mein erster bedeutender Fund nicht der Calderwood gewesen, veröffentlicht von der Pilgrim Press in Leiden von dem aus England verbannten William Brewster, bevor er an Bord der *Mayflower* ging? Hatten wir nicht ein weiteres Buch aus Brewsters Geheimdruckerei an die Leidener Universitätsbibliothek verkauft, die »ungefähr zweihundert Meter« vom Geburtsort dieser Druckerei entfernt lag? Dazwischen erwarben wir, unerwartet und durch einen unglaublichen, glücklichen Zufall, noch ein anderes, sogar noch bemerkenswerteres Buch aus der Pilgrim Press. Damals wussten wir, dass Brewsters allererste Publikation aus seiner Leidener Untergrund-Druckerei ein lateinisches Werk von einem puritanischen Geistlichen namens William Ames war, in dem dieser seine separatistischen Ansichten zum Ausdruck brachte. Ames' Buch war nicht nur Brewsters erstes, es war eines von lediglich dreien, in denen er tatsächlich seinen Namen ins Impressum gesetzt hatte. Es war ein Schatz, den zu suchen sich lohnte. Und wir fanden ihn auf dem Fußboden des Kellers einer Buchhandlung am Londoner Cecil Court.

Als wir den Laden das erste Mal betraten und den Besitzer nach Altem und Seltenem fragten, empfahl er uns, in die untere Etage hinabzusteigen, wo er »dies und das« aus einer theologischen Bibliothek aufbewahrte, die er vor ungefähr vierzehn Jahren angekauft hatte. Ohne uns große Hoffnungen zu machen, stiegen wir hinab. Im Grunde war Theologie generell nicht nach unserem Geschmack. Als wir im Kellergeschoss ankamen, waren wir erschlagen von der Menge in Kalbsleder gebundener Bücher, die uns umgab – auf Regalen, Stühlen, Tischen und vor allem auf dem Fußboden. Lustlos hoben wir ein kleines Duodez-Bändchen auf, das vermutlich vierzehn Jahre lang dort auf dem Fußboden geruht hatte. Wir schlugen die Titelseite auf. Es war ein lateinisches Werk von dem puritanischen Geistlichen William Ames. Wir schauten das Impressum an und brauchten keine detektivischen Fähigkeiten, nicht einmal Lateinkenntnisse, um zu lesen: »Leiden: William Brewster, 1617«. Hier war sie, die erste Ausgabe aus der Untergrund-Druckerei, die unsere Pilgerväter in Leiden betrieben hatten. Das Buch enthielt den Besitzvermerk eines ehemaligen Schatzkanzlers, George Baillie, und den Preis, den er 1704 dafür bezahlt hatte: 2,9 Pfund. Jahrhunderte später am Cecil Court unterboten wir ihn. Wir bezahlten eine Guinee – 1,5 Pfund oder 2,90 Dollar. Unser Exemplar sollte später für 900 Dollar an unseren Freund Donald Wing in Yale gehen.

Schon seit langem war ich fasziniert von der Freundschaft zwischen dem Drucker der Royal Society, dem Buchhändler John Martyn, und seinem illustren, aber schwierigen Kunden Robert Hooke. Für mich war Hooke der Inbegriff des englischen Bibliophilen des siebzehnten Jahrhunderts: Er stöberte stundenlang, feilschte um den Preis, nahm Bücher zur Ansicht mit nach Hause und brachte sie zurück, um dieselben Bücher dann bei einem anderen Händler zu kaufen. Er kaufte Bücher nicht zu Dekorationszwecken, sondern um sie zu benutzen. In meiner Studie *Die Bibliothek Robert Hookes: Der Handel mit wissenschaftlichen Büchern im England der Restaura-*

tion, das 1989 bei der Modoc Press in Santa Monica, Kalifornien, erschien, stellte ich den Handel mit wissenschaftlichen Büchern im England der Restauration ausführlich dar. Wie meine Hauptfigur es getan hatte, profitierte ich von der Einfuhr wissenschaftlicher Texte aus dem Ausland. Mit ihm reiste ich zu den Secondhand-Bücherständen in der Duck Lane und Moorfields, ich suchte Verleger mathematischer Texte sowie Spezialisten für Alchemie auf und nahm an Auktionen seiner Zeit teil. Als ich im British Museum über Hooke forschte, las ich den Katalog seiner Bibliothek, die nach seinem Tod am Exeter-Exchange im Strand versteigert wurde, und beschloss, ihn in meiner Studie über Hooke nachzudrucken, zu analysieren und bibliographische wie ideologische Rückschlüsse daraus zu ziehen.

Lange bevor ich mich am Leben und der Lektüre Robert Hookes gütlich tat, wandte ich meine Liebe zum Buch auch auf eine andere Manie an: Briefmarkensammeln. Jahrelang hatte ich Briefmarken gesammelt, auf denen jede Phase der Geschichte des Buches abgebildet war, von der Erfindung des Buchdrucks zu frühen Druckern und Verlegern, von der Druckerpresse zu Bibliotheken, von Erstausgaben zu Holzschnitten und Buchillustrationen, von Druckplatten zu Buchmessen. Marken aus Malta und dem Iran, den Cook-Inseln und Ceylon, Israel und Barbados, der Republik Kongo und den Malediven verliehen meiner Sammlung Farbe, und ich jagte einem Buch auf einer Briefmarke beinahe mit demselben Feuereifer nach, mit dem ich einem Buch in einem englischen Keller nachjagte. Ich erfand einen Namen für meine verrückte Leidenschaft, Bibliatelie, und beschloss, ein Buch über meine Bücher auf Briefmarken zu machen. *Bibliately* wurde 1977 von *The American Philatelist* als Serie und später auch in Buchform veröffentlicht. Es bot den Horden von Briefmarkensammlern ein neues »philatelistisches Thema« und den Bibliomanen ein neues Buch über Bücher.

Diese Bücher und Artikel entstanden alle, während unser Alltagsgeschäft kontinuierlich weiterlief. Alltagsgeschäft bedeutete etwa, an Auktionen teilzunehmen. Bei der großen Thomas-W.-Streeter-Versteigerung von Americana 1969 in den Parke-Bernet Galleries saßen wir auf glühenden Kohlen. Als Repräsentantinnen der Library of Congress sollten wir für diese zu einem möglichen Höchstgebot von 25 000 Dollar Pigafettas *Beschreibung der von Magellan unternommenen ersten Reise um die Welt* ersteigern und wurden immer trübseliger, als wir gequält mit ansehen mussten, wie die Gebote weit über unser Limit hinauskletterten, bis der Hammer schließlich bei 56 000 Dollar fiel.

Alltagsgeschäft bedeutete Kataloge, die die Jahre markierten und unserer Kundschaft Werke über *Den Hof Ludwigs XIV.*, *Quellen zur Geschichte*, *Die Französische Revolution* und *Die British Connection* anboten. In dem Jahr, als unser Messekatalog den Titel *Schaukasten* trug, feierten wir unser vierzigstes Firmenjubiläum und ließen für diesen Anlass ein Plakat drucken. Die Zierde unserer Messestände waren nicht nur unsere Waren, sondern auch unsere Kunden und Besucher. Bei einer Messe plauderte Irving Wallace mit uns über seine und unsere Bücher. Bei einer anderen Messe wurde uns Jacqueline Kennedy vorgestellt, die natürlich gar keiner Vorstellung bedurfte, und sie verließ uns mit einer verzauberten Erinnerung. Auf der Buchmesse 1989 wurden wir als »altehrwürdige Firma« bezeichnet. Die »altehrwürdige Firma« kommentierte das mit den Worten: »Wir denken niemals an Ruhestand, weil wir durch neue Entdeckungen immer wieder neu belebt werden.«

❧ Epilog ❦

DIE »BLUT- & DONNER«-SENSATIONEN IN unser beider Leben waren stets unmittelbare Folgen unserer Entdeckungen und wissenschaftlichen Schnüffeleien. Sie waren unsere lebenslange Leidenschaft, und sie sind es bis heute.

Noch immer, selbst als Achtzigjährige, packt uns das Jagdfieber, die Entdeckerlust. Und doch wird uns mittlerweile allzu oft unser Alter bewusst gemacht. Auf Antiquariatsmessen, wo wir weiterhin jedes Jahr mit einem Stand vertreten sind, bekommen wir aus dem Mund stöbernder Besucherinnen und Besucher immer wieder zu hören: »Wir können kaum glauben, dass Sie beide wieder bei der Messe mitmachen. Wir hätten nie gedacht, Sie hier zu sehen.« Was sie damit meinen, liegt auf der Hand.

Wenn wir uns auf diesen Messen umsehen, bemerken wir an uns selbst, dass wir nach dem suchen, was abwesend ist. Es gibt nur noch wenige Stände, die von unseren Altersgenossinnen und -genossen betrieben werden. So viele von ihnen sind verstorben. Die Geister von pensionierten Bibliothekaren besuchen unseren Stand, zusammen mit Sammlern, die das Sammeln aufgegeben haben. Dank dieser Erfahrungen und diverser gesundheitlicher Sorgen im Laufe der Jahre erkennen wir die Anzeichen der Sterblichkeit. Wir fliegen nicht mehr ein oder zwei Mal im Jahr nach Übersee, um Einkäufe bei unseren europäischen Kolleginnen und Kollegen zu tätigen, deren Reihen sich gelichtet haben. Doch wir sehnen uns noch immer nach dem muffigen Geruch einer *librairie* am linken Seine-Ufer oder dem Anblick von Kalbsleder und Velin in einem Buchladen am Cecil Court. Wenn wir heutzutage Händler in unserer näheren Umgebung aufsuchen, erklimmen wir keine Leitern mehr, um die obersten Regale zu inspizieren. Finderglück und Fingerspitzengefühl* haben uns jedoch nicht verlassen, und so entdecken wir unsere Schätze nun in den unteren Regionen der Bücherregale. Es ist keine Frage, dass wir noch immer nach ihnen suchen. Wenn wir ein Buch aufschlagen und eine Entdeckung machen, klopfen unsere Herzen wie wild – und das liegt nicht an Herzrhythmusstörungen, sondern an der Freude.

Junge Menschen – sagen wir, Menschen unter sechzig oder siebzig – betrachten uns als alt und gebrechlich. Wir erinnern an Walter Savage Landor[6], der, nachdem er »beide Hände am Feuer des Lebens gewärmt« hatte, schrieb, nun sei er »bereit zu gehen«. Die Pointe daran ist, dass er diese Zeilen mit fünfundsiebzig schrieb, aber fast neunzig Jahre alt wurde. Eine von uns beiden hat eine Sehschwäche, die andere ist schwerhörig. Wir sind jeweils Augen und Ohren füreinander geworden, und so überleben wir. Und wir tun mehr, als bloß zu überleben – wir durchleben und genießen die Leidenschaft, die unser beider Leben geprägt hat, wir setzen unsere Jagd nach Büchern fort, arbeiten mit unseren Sherlock-Holmes-Methoden und führen unsere Dopelleben, schreiben unsere eigenen und

---

6 Walter Savage Landor (1775–1864), englischer Schriftsteller. (Anm. d. Übers.)

gemeinsamen Bücher. Es mag sein, dass wir ein wenig kürzer treten. Aber wir treten nicht ab.

Wir sind genaue Beobachterinnen der Generationen geworden, die uns nachgefolgt sind. Jede Generation blickt kritisch auf die nächste, und wir sind da keine Ausnahme. Wir bewundern zwar viele junge Antiquare, die noch nicht Wert und Preis miteinander verwechseln, und haben uns mit einigen von ihnen angefreundet, aber wir beklagen die unter Händlern allzu weit verbreitete Auffassung, dass Bücher in erster Linie als Kapitalanlagen anzusehen seien. Solche Buchhändler schürfen nach Dollars statt nach Erkenntnis. Wir beklagen auch die Konzentration auf Bücher, die so gut wie keiner Recherchen bedürfen, die modernen Erstausgaben unserer Zeit, deren Bedeutung weniger in ihrem Inhalt als im tadellosen Zustand ihrer Schutzumschläge liegt. Wir halten uns lieber an unsere Oktav- und Quarto-Bände aus der Renaissance, gedruckt von Aldus Manutius und John Froben, von den Estiennes oder Colines, gebunden in verschmutztes Velin oder abgegriffenes Kalbsleder, und wenn wir ihre Seiten durchblättern, finden wir noch immer unerwartete, unbekannte Reichtümer. Wir greifen noch immer begierig nach dem kleinen Stapel französischer Flugschriften aus dem siebzehnten Jahrhundert, die vielleicht ganz beiläufig auf eine schöne neue Welt hinweisen. Unsere Bibliothek mit Nachschlagewerken ist voller Bücher, die – genau wie wir selbst? – ramponiert und abgenutzt sind. Aber sie halten für uns Hinweise und Einsichten bereit, wie wir sie mit einschüchternden Computern niemals zusammentragen könnten.

Es gibt nur wenig, was wir an unseren untraditionellen Lebensläufen bereuen. Gewiss hätten wir gern Kinder gehabt. Zugleich ist uns jedoch klar, dass die Kindererziehung uns bei aller Freude auch beständig unseren eigenen Alterungsprozess vor Augen geführt hätte. Ohne Nachkommen blieben wir wunderbar unbeschwert vom Vergehen der Zeit. Unsere geliebten Dackel haben es irgendwie geschafft, uns Freude zu schenken, ohne uns an den Sensenmann zu erinnern.

Eine große Enttäuschung aus den dreißiger Jahren, Mr. Thorndikes Ablehnung der Doktorarbeit über die Bedeutung des Druckers für den Humanismus, hatte sich als Segen erwiesen. Wäre die Dissertation damals angenommen worden, dann wäre eine von uns an irgendeinem kleinen College im Mittleren Westen gestrandet und hätte den Studierenden Namen von Königen und Daten von Schlachten beigebracht, während die andere unglücklich damit fortgefahren wäre, gelangweilten Schülerinnen und Schülern *Ivanhoe* und *Silas Marner* zu erklären. Zweifellos sind wir diesem finsteren Schwarzkünstler im grünen Anzug, der sich in den Hörsaal schlängelte und etwas über Magie vor sich hin murmelte, zu Dank verpflichtet, denn unwissentlich – magisch – hat er unsere Leben für immer verändert.

Statt in der akademischen Welt zu verharren, sind wir ausgezogen, um zu suchen und zu finden, unabhängig und doch gemeinsam. Wir haben die Vergangenheit in die Gegenwart eingeführt. Eines unserer aufregendsten Erlebnisse war unsere Entdeckung des literarischen Doppellebens von Amerikas beliebtester Kinderbuchautorin. Die Enthüllung, dass die Verfasserin von *Betty und ihre Schwestern* auch heimlich Sensations- und Schauerromane geschrieben hatte, war unsere eigene Blut- und Donner-Story.

Wir hatten allen Grund, in den Freuden von Wissenschaft und Schnüffelei zu schwelgen. Und das haben wir noch immer. Eine von uns sitzt noch immer bequem an der Schreibmaschine, während die andere Vorschläge macht, Pläne und Ideen entwickelt. Wenn Angehörige der jungen Generation sagen, wir seien legendäre Gestalten, dann denken wir manchmal, sie meinen in Wirklichkeit, dass unsere Zeit vorbei ist. Gewiss, sie studieren unsere Kataloge, kaufen unsere seltenen Bücher, fragen uns gelegentlich um Rat, lesen und sammeln unsere Publikationen. Doch in unseren Augen suchen sie nach einem Vermächtnis.

Unser Vermächtnis sind unsere Leben, ein Vermächtnis in der ersten Person Plural. Die Freuden, die wir durch unsere Entdeckungen erlebt haben, waren nur möglich, weil wir zusammen gesucht und gefunden haben. Wir waren Gefährtinnen bei der Suche, wir haben uns gemeinsam gefreut. Wir teilen unsere Leistungen wie unsere Hoffnungen. Noch immer führen wir jeweils die Sätze der anderen zu Ende. Zusammen blicken wir der Zukunft entgegen – unserer nächsten Entdeckung, unserem nächsten Buch, unserem nächsten Abenteuer.

❧ Danksagungen ❧

Diejenigen, die uns geholfen haben, unsere Leben zu gestalten, sind nicht mehr hier, um unseren Dank entgegenzunehmen. Aber denjenigen, die uns geholfen haben, unsere Leben zu rekonstruieren, sprechen wir unseren herzlichen Dank aus:

Betsy Lerner, unserer Herausgeberin, die vorgeschlagen hat, dieses Buch zu schreiben, und es sachkundig bis zu seiner Vollendung begleitet hat,

Francis Apt, unserem vorzüglichen Lektor,

Helen Keppler Miller, unserer lieben Freundin aus Kindertagen. Sie hat all unsere frühen Briefe aufbewahrt, mit Begeisterung hat sie das Manuskript von *Zwei Freundinnen, eine Leidenschaft. Unser Leben für seltene Bücher* Korrektur gelesen – und so in doppelter Hinsicht eine Rolle bei der Entstehung dieses Buches gespielt,

Jane Lowenthal, Archivarin am Barnard College, die uns Barnard-Zeitschriften aus den dreißiger Jahren zur Verfügung gestellt hat,

E. Dennis Rowley von der Brigham Young University für Fotokopien von Materialien aus der Louisa May Alcott Collection,

Dorothy Warms, Klassenkameradin an der Hunter College

High School, für ihre Erinnerungen und ein Exemplar des *Argus* von 1928,

Liane Wood-Thomas, Geschäftsführende Direktorin der Antiquarian Booksellers Association of America, für einige Fotografien von LR und MBS.

✑ Bibliographie ✑

Bücher von Leona Rostenberg

English Publishers in the Graphic Arts 1599–1700
Literary, Political, Scientific, Religious & Legal Publishing, Printing and Bookselling in England, 1551–1700 (2 Bände)
The Minority Press & The English Crown: A Study in Repression 1558–1625
The Library of Robert Hooke: The Scientific Book Trade of Restoration England
Bibliately: The History of Books on Postage Stamps

Bücher von Leona Rostenberg und Madeleine Stern

Bookman's Quintet: Five Catalogues about Books
Old & Rare: Forty Years in the Book Business
Between Boards: New Thoughts on Old Books
Quest Book – Guest Book: A Biblio-Folly
Connections: Our Selves – Our Books
Old Books in the Old World: Reminiscences of Book Buying Abroad

Bücher von Madeleine Stern

We are taken
The Life of Margaret Fuller
Louisa May Alcott
Purple Passage: The Life of Mrs. Frank Leslie
Imprints on History: Book Publishers and American Frontiers
We the Women: Career Firsts of Nineteenth-Century America
So Much in a Lifetime: The Life of Dr. Isabel Barrows
Queen of Publisher's Row: Mrs. Frank Leslie
The Pantarch: A Biography of Stephen Pearl Andrews
Heads & Headlines: The Phrenological Fowlers
Books and Book People in the United States: A History

Von Madeleine Stern herausgegebene Bücher

Women on the Move (4 Bände)
The Victoria Woodhull Reader
Behind a Mask: The Unknown Thrillers of Louisa May Alcott
Publishers for Mass Entertainment in Nineteenth-Century America
A Phrenological Dictionary of Nineteenth-Century Americans
Critical Essays on Louisa May Alcott
A Modern Mephistopheles and Taming a Tartar von Louisa M. Alcott
Louisa May Alcott Unmasked: Collected Thrillers
Modern Magic
The Feminist Alcott: Stories of A Woman's Power

Von Madeleine Stern mitherausgegebene Bücher

Selected Letters of Louisa May Alcott (mit Joel Myerson und Daniel Shealy)

A Double Life: Newly Discovered Thrillers of Louisa May Alcott (mit Joel Myerson und Daniel Shealy)

The Journals of Louisa May Alcott (mit Joel Myerson und Daniel Shealy)

Louisa May Alcott: Selected Fiction (mit Joel Myerson und Daniel Shealy)

Freaks of Genius: Unknown Thrillers of Louisa May Alcott (mit Joel Myerson und Daniel Shealy)

From Jo March's Attic: Stories of Intrigue and Suspense (mit Daniel Shealy)